「完人」培養 × 體制批判 × 理念實踐……
疑視教育的靈魂，重新理解知識的力量與成長的意義

經典教育三十講

重溯思想源頭

郭澤德，宋義平，關佳佳 著

站在巨人肩上的智慧思索

傳遞知識的火種，30部經典探索教育價值

育體系改革、道德本位思想、菁英再生產……
平實之筆導讀偉大之作，思考理論與實踐如何塑造個體、社會與時代精神

目錄

前言　喚醒心靈

教育的內涵是什麼

01　《什麼是教育》：關於教育本質的哲思 …………… 010

02　《教育的目的》：激發「活躍的智慧」，
　　引導學生走向自我發展之路 ………………………… 019

03　《教育過程》：教師應該如何教導學生新知識 …… 027

教育孩子的出發點

04　《把整個心靈獻給孩子》：
　　以心靈的力量走進兒童世界 ………………………… 036

05　《論教育學》：什麼樣的教育成就真正的人 ……… 044

06　《人的教育》：真正的教育，從讀懂「人」開始 … 051

07　《兒童的人格教育》：教育孩子的首要和核心問題 …… 060

08　《教育漫話》：培養實踐家的紳士教育體系 ……… 070

目錄

教育理論的探索

09 《教育知識的哲學》：教育理論的體系建構 ……………… 078

10 《高等教育哲學》：
在歷史程序中尋找實踐的理論基點 ………………… 087

11 《教育詩》：馬卡連柯的教育哲學 …………………… 097

12 《教育心理學》：心理特質、心理測驗與教育科學 ……… 109

13 《教育思想的演進》：
教育學、社會學的交叉研究之作 …………………… 117

14 《教育人類學》：
「非連續性教育」的基本思想及現實意義 ………………… 128

教育教學的具體實踐

15 《教學與發展》：建立一種發展性教學論 ……………… 140

16 《課程與教學的基本原理》：
現代課程理論「一本通」……………………………… 148

17 《論我們教育機構的未來》：
教育造就天才，天才創造文化 ……………………… 159

18　《教學的勇氣》：
　　走進教師心靈，喚醒教師職業激情 ………………… 169

19　《為生活而教育》：教學做合一的「生活教育」………… 180

學校教育改革的方向

20　《大學的理想》：探尋大學理念，實踐自由教育 ………… 192

21　《終身教育引論》：教育改革的新視角 ………………… 199

22　《學會生存 —— 教育世界的今天和明天》：
　　以終身教育和建設學習型社會的理念促進教育革新 …… 207

23　《學校與社會》：如何建設一所理想的學校 …………… 213

教育發展的新方向

24　《後現代課程觀》：建構一種新的課程觀 ……………… 222

25　《現代教育學基礎》：日本教育學理論的入門之作 …… 232

26　《羅素論教育》：
　　縱觀成長路徑，探究現代教育的本質 …………………… 247

27　《技術時代重新思考教育》：
　　在時代轉變中重新思考教育 ……………………………… 258

目錄

教育與社會的連結

28　《國家菁英》：
　　名牌大學如何進行菁英群體的再生產……………266

29　《意識形態與課程》：
　　知識如何造成社會結構與社會不平等……………276

30　《再生產》：教育背後的執行機制……………285

前言
喚醒心靈

　　真正的教育不在於灌輸知識，而在於激發心靈。如何理解教育，既關係到個體生存與發展，也關係到國家與社會的執行與革新。研究教育學經典，洞悉教育本質，是實現良好教育的必經之路。當我們站在教育的巨人肩上俯瞰歷史，我們不僅見證了知識的累積，更感受到了思想的力量。本書是對教育學精髓的一次探索之旅，旨在將教育學的深邃理論以平實的語言傳遞給每一位讀者，傳遞給每一位關心教育的人。

　　本書的初衷，是為了打破學術經典與大眾之間的隔閡，重新詮釋這些經典作品，將它們的智慧和見解以更加通俗易懂的方式呈現。在這個過程中，我們有幸邀請到一群卓越的大學教授和博士們，他們以自己的專業知識和深刻洞察，為經典著作注入新的活力，讓每一篇作品都充滿教育的溫度和光芒。編寫團隊認真討論了編寫思路，將每一本經典縮編為幾千字的精華，使讀者能夠在短時間內了解經典著作的撰寫背景、主要內容、理論觀點與知識體系，進而引發閱讀全書的興趣。

　　讀者既可以止步於此，將其作為了解經典的起點，也可以探步向前，透過閱讀全書獲得深度素養。本書精選30部教育學經典，讀者既可以在《把整個心靈獻給孩子》中感悟人文關懷和教育的熱情，也可以在《高等教育哲學》中洞悉大學教育的本質與目標，還可以在《教學的勇氣》當中感受身為師者的信念和勇氣。

前言　喚醒心靈

　　理論素養的提升、學識水準的提高非一日之功，站在巨人肩膀上思考問題，能夠幫我們建立洞察教育本質的思維方式，本書是在此方向上的一種嘗試。

　　鑑於解讀人學科背景與學識水準的差異，解讀經典需要極大的勇氣與自信，也難免出現一定程度的偏頗與不足，編寫團隊對此文責自負，也歡迎學友批評指正。

宋義平

教育的內涵是什麼

01
《什麼是教育》：關於教育本質的哲思

存在主義哲學家 —— 卡爾・雅斯培

　　卡爾・雅斯培（Karl Jaspers，西元1883～1969年），德國存在主義哲學家、心理學家和教育家，存在主義教育思想的代表人物，與馬克斯・韋伯（Max Weber）比肩，被譽為「20世紀兩大重要思想家」。雅斯培的《什麼是教育》（Was ist Erziehung?）是教育學的經典著作，也是存在主義教育思想的代表作。本書出版於1977年，並於1991年引進出版中譯版本。其與雅斯培另一重要著作《大學的觀念》（The idea of the university，1946年出版）共同闡釋了存在主義教育思想，對當今教育的觀念有著深遠影響。尤其是《什麼是教育》一書，至今仍然不斷被人們研討，每個有志從事教育事業之人或身負家庭教育重任的為人父母者都可以從中汲取智慧養分。

一、為什麼要寫這本書

　　雅斯培最初以精神病理學家的身分開始其學術生涯，受聘於德國海德堡大學，擔任心理學教授；1922年轉入哲學領域並以此為終生志業。1937年，由於德國納粹的反猶政策，因雅斯培的妻子是猶太人，他被迫離校，且嚴禁出版著述；1945年雅斯培夫婦差點被關進集中營。雅斯培身體與精神遭受納粹分子雙重折磨的同時，目睹人們在這場慘無人道的迫害中遭受苦難，這迫使他思考：為何經過理性主義啟蒙後的西方社會仍會陷入反覆的戰爭危機？理性和科學似乎並未改善人類的生存狀態，反而為人類社會

製造了更深的苦難。可以說，二戰後有良知的知識分子皆開始對西方現代社會危機根源進行思考，並提出各種理論。

雅斯培認為，西方社會的進步取決於三種因素：一是「現代人」，來自希臘哲學智慧的啟蒙和猶太先知教義的洗禮；二是科學的理性主義；三是進步的意識，即認為社會是不斷進步和完善的。在三種因素的共同作用下，西方社會在近代崛起並獲成功。其中，建立在科學理性主義基礎上的技術進步創造了前所未有的物質財富。人們過著食衣無憂的生活，人口數量大增。醫療技術的進步又征服了能夠導致人類滅絕的諸多疾病，延長著人類壽命。置身現代社會的人們逐步進入安逸的階段，於是開始迷信「技術能夠克服一切困難」，並馬不停蹄地發展科技。同時，資訊傳播技術（報紙、廣播、電報等）又方便了人們之間的超時空交流，人們越來越依賴廣告和新聞媒體獲得對世界的認知。於是在政治上，人們迷信「民主則是透過大多數的統治而走向所有人的自由的正確道路」。然而，先後兩次世界大戰如同兩記重拳，打破了人們建構的美麗童話，導致人類自身千瘡百孔，一時難以自癒，這不得不說是莫大的悲劇。雅斯培認為，西方現代社會的危機就隱藏在這兩大「迷信」之中。具體來說，人們運用現代科學思維製造各種模式化的社會規範制度，人在遵從這些制度的同時淪為工具。舉例來說，人類開創生產線型工廠和管理規範，極大地提升了生產效率；但同時，工人成了生產線上的「螺絲釘」，日復一日地重複著擰螺絲這一單調工作。人不再是人，只是生產線上的工具，這就是「人的異化」。而同時，看起來民主的大眾文化又製造了「技術性的群眾秩序」。簡單來說，就是人們盲目遵從大眾傳媒的高聲吶喊，失去了獨立思考的精神，淪為容易被洗腦的「庸眾」，助紂為虐而不自知。

最突出的表現是，現代社會的教育通常被科學主義影響，指向知識傳

遞，僅將教育視為知識傳遞的方法，以培養「科學技術接班人」為宗旨。教育者和受教育者都不再追問「人是什麼」、「人該如何完美地生活」等有關生命價值的問題。教育的目標變成培養「人力資源」，而不再關心人的靈魂。學校越來越多，學生越來越多，整個社會的教育似乎是越來越卓越。但雅斯培指出，這種卓越，只是「失去靈魂的卓越」。這樣的結果必然是人們精神日漸迷茫，人生價值日漸虛無，直至喪失愛與創造的能力。想想二戰期間，多少受過高等教育的社會菁英卻淪為納粹的幫凶。這些掌握人類頂尖科技，本該造福人類的菁英，竟會認可納粹的種族思想，在屠殺人類的殘酷戰爭中喪失人性、助紂為虐。因此，也就不難理解教育理念也「迷失」了。

二、主要脈絡：教育是現代社會的救贖之道

雅斯培認為，在西方現代社會裡，民族與個人精神價值的日益失落、愛與創造力的日漸衰退，導致了人類文化與精神的危機。能解救這種危機的，只能是教育。教育的目的是讓人重返生命之本真，擺脫現代性危機。教育最終指向的是復興民族與時代精神的救贖。

教育如何實現社會救贖呢？首先得釐清什麼是真正的教育。雅斯培認為，「所謂教育，不過是人對人的主體間靈肉交流活動（尤其是老一代對年輕一代），包括知識內容的傳授、生命內涵的領悟、意志行為的規範，並透過文化傳遞功能，將文化遺產交給年輕一代，使他們自由地生成，並啟迪其自由天性」。簡單地說，教育的本質是對人的靈魂的教育，而非知識的堆疊。要清晰地理解這點，我們可以從現實社會中的不同教育形式來辨別。

01　《什麼是教育》：關於教育本質的哲思

　　雅斯培認為，人類社會大概有三種教育形式：經院式、師徒式和蘇格拉底式。經院式教育中，教師照本宣科，毫無創新精神，教學僅僅限於傳授知識。教師往往採用聽寫和講解的方式教授教材中固定的內容；學生到學校只是學習固定的知識。師徒式教育的特色是完全以教師為中心，學生對教師絕對服從，學生和教師的關係具有從屬性質。這種教育形式滿足了人類不願為自己負責而願意依附別人的需求，或者是甘心歸屬一個群體去實現個人力所不能及的事情。在蘇格拉底式的教育中，教師和學生處於平等的地位，既沒有固定的教學方式，也沒有固定的教學內容。教師的是激發學生對探索求知的責任感，喚醒學生的潛力，促使學生主動學習，「教育及引導」。師生之間只有善意的辯論關係，沒有屈從依賴關係。蘇格拉底從不回答學生現成的答案，而讓學生自己探索下結論。在這種教育中，師生共同尋求真理，互相幫助，互相促進，圍繞真理對話並被真理所指引。師生平等地自由思索，教師的職責是喚醒學生沉睡的潛能，激發學生內在的力量，反對外部對學生施加壓力。教師是學生追求真理的領路人，因此學生對教師抱有一顆敬畏之心。教師以深邃的思想拓展學生的眼界。在教育中，師生獲得極度精神享受，遠離現實紛擾進入澄明之境。

　　雅斯培認為，蘇格拉底式的教育才是「真正的教育」，是對人的靈魂的教育。如果一個人真正體會了蘇格拉底的教育思想，他的基本思維方式就會受到影響。這是因為，當今社會的不合理現象，是無法透過政治行為消除。每一種社會的改善歸根究柢取決於每個人的改善。而教師的職責正是喚醒人潛在的本質，使人們能夠逐漸自我教育、探索道德。一個真正的人，同時也會是一個正直的公民。一個民族的將來如何，在於父母教育、學校教育和自我教育如何；一個民族如何培養教師、尊重教師，以及按照什麼樣的價值標準生活，決定了一個民族的命運。因此可以說，真正的教

育是廣義的政治，是現代社會危機的救贖之道。

在現代社會，知識以各種門類、各種學科為形式建構了各種界限，任何一種學科都無法實現全面的了解。人們不斷地追求知識，以尋求世界的確定性。然而在這個過程中，人就成了「他者」，成為知識的限定對象，知識體現的是人的分裂。最終也就產生了機器統治人和群眾壓抑個人的局面。然而，人之所以為人，在於人可以成為認知的主體，成為自己之所是，即本真的存在。真正的教育正是透過精神喚醒、生命生長和自我超越來擺脫被異化的局面，實現人的解放。現代社會危機的根源在於教育功能的弱化，也就是教育淪為知識傳承的工具。因此，要實現教育的重建，就必須澄清教育的本質。要振興教育，就必須讓教育的內涵超越實用的技術教育和宗教限制。科技追求的是生產力和強大的武器，而教育要求的是人的轉變。科技製造裝備，把人變成工具，並導致人類的毀滅；教育使人變成真正的人，才能掌握技術裝備，挽救人類的生存。

三、主要觀點：什麼是真正的教育

雅斯培的這本書像是哲思式的漫談，大量真知灼見散布在 19 個章節之中，顯得比較零散。總括起來，主要有三個核心觀點。

1. 教育的任務是喚醒

「教育是人的靈魂的教育，而非理智知識和認知的堆疊。」這句話振聾發聵，其真正的意思是：教育應該體現對人類命運的終極關懷，尊重人的尊嚴和價值、喚醒受教育者靈魂深處的道德本能，並激發受教育者對完美生活的無限嚮往。

01　《什麼是教育》：關於教育本質的哲思

　　知識內容和技能雖是人生存所必需的，但卻不是最重要的。真正的教育要能夠喚醒人的自我意識，使人在教育的境域中實現自我的連續不斷的「生成」，使人意識到人是多元度的統一的存在。科學技術無非是人實現自我的有效工具，除了科學技術，還有情感、態度、意志、德行和價值等。所以，真正的教育是自我教育，是人的一種存在方式，它給予人信仰和虔敬之心，使人在頓悟中意識到自我發展的無限可能性。

　　如果不能意識到這一點，那麼所謂的教育只是庸俗的教育、不完全的教育。而對那種在教學活動中讓學生處於被動地位、壓制學生發展的現象要嚴厲抨擊，並積極呼籲教育體制的改革，實現人在教育中的主體性。換個角度來看，教育並非只是國家和家庭的任務，也是每個人自身的任務；教育並非只是一個階段的任務，也是人終生的任務。

　　體現在具體的教育實踐中，雅斯培反對過分的教育計畫，認為教育絕不能按人為控制的計畫加以實行。強行的教育計畫是對人性的扼殺。這是因為，人只能自己改變自身，並以自身的改變來喚醒自己。在這個過程中如有絲毫的強迫之感，那教育的效果就會喪失殆盡。打個比方來說，在真正的教育中，教師是在「養成」，學生是在「生長」。誰能強行規定一棵樹什麼時候開花結果呢？但只要是陽光、雨露、肥料等條件充足，這棵樹就會自然而然地開花結果。

　　身為教師，在教室裡有對自身負責的自由，不應被官僚計劃者和學校「君主」控制。教師需要安靜的環境，透過優質的教材，並以良好的教學方法，在孩子心中播下種子，這一種子將貫穿於孩子的一生。在教學活動中，讀、寫、算的學習並不是技能的獲得，而是參與精神生活，細心地掌握其中的美。如果將計畫和知識變成教育的目的（比如規定必須考多少

分、會做多少題），教育就會成為訓練機器人的工具，人的生命力就會萎縮，而無法實現自我的超越。

2. 愛是教育的原動力

雅斯培認為，想要真正地了解一個人，只有透過愛；現代心理學透過心理測試來了解別人的方法是不可靠的。「真正的愛不是盲目的，它讓人的眼睛明亮。」當然，這種認知和雅斯培秉持的唯心主義哲學思想相關。他用詩意的語言表達對「愛的教育」的讚頌和期許，讀起來很有感染力，在這裡和大家分享一下。

「柏拉圖眼中的蘇格拉底才是真正的蘇格拉底。」
「愛把生命提升到真正存在的境界，它超越了感官的直觀。」
「愛只會在相同的水準上與愛相遇；愛在與愛的交往中成為自己。」
「昇華、實現潛能、成為你自己，是愛的三個次元。」
「愛的施與，例如在教育中對年輕一代的愛護不是降低格調，而是達到自我昇華。」
「愛在彼此存在中實現，一個真實的自我與另一個真實的自我在彼此互愛中連繫起來，這樣，一切事物才能在存在的光輝中敞亮。」

這些語言可以看作「哲學詩」，描述一個讓人心動的教育理想。這個教育理想是建立在「存在交往」的存在主義哲學基礎之上。雅斯培認為，人與人之間的交往是人類歷史文化的核心，而在交往的過程中，愛是核心。人的存在與交往都建立在人對一切事物、對一切人、對世界和智慧本身的愛。「哲學」一詞的原意就是「愛智慧」。在基於愛的存在交往中，一個靈魂喚醒另一個靈魂，猶如一棵樹搖動另一棵樹。人在基於愛的交往中，形成一種命運的共通感，並由此充分運用理智自覺去尋求人類的

共識，這便是教育。人只有透過這種「愛的教育」才能理解他人、理解自己、理解歷史、理解現實，人的精神就不會萎靡，不會成為別人意志的工具。簡單地說，在教育實踐中，師生之間的交往是基於「愛智慧」的共同理想，基於人類之間的互愛與信任，沒有「愛」的心靈，既無法成就自己，更無法成就他人。

具體在教學中，教師不應該直接給出答案或指明道路，那樣會剝奪學生思考和提問的機會；教師不應局限固定的思維路線，而是要開放問題庫，激發學生展開有分量、輻射性的思考和探討。師生間的真正平等應從問題和現實處境出發，而不是其中一方的居高臨下。師生之間的愛是社會交往和理解他人的基礎，只有愛的交流才能達到靈魂塑造的目的。

進一步講，如何區分什麼是「教育」、什麼是「控制」呢？當父母、教師以「愛」之名對孩子（學生）進行控制的時候，往往會造成隱蔽且深刻的悲劇。怎麼判斷什麼是真正的「愛的教育」呢？就看教育者和受教育者是否有共同的「愛智慧」的理想，雙方是否在教育過程中能夠共同完善自我，雙方的關係是否基於了解、平等、尊重與信任。也就是說，「愛的教育」是「敞亮」的。

3. 教育的過程是陶冶

哲學是從事真理的研究，那麼什麼是真理？雅斯培認為：「真理是對命運的共同體驗的清晰表述。」真理不會簡單存在於每個人的生命體驗中，而需要在一定時代背景下，人們透過對自身的培植才能夠獲得。這個培植的過程就是教育的過程，即「陶冶」。

根據功能的不同，陶冶教育分為自然科學陶冶和人文科學陶冶，自然

科學陶冶是指受教育者透過觀察自然和實驗，獲得精確而實際的理解訓練，這個訓練的過程具有陶冶的價值。在自然科學的陶冶下，人們培養了清晰、開放和公正的意志，這種潛移默化的陶冶對兒童來說，將作為一筆精神財富伴隨他們一生而受用不盡。雅斯培非常重視人文科學陶冶的教育作用。如藝術的陶冶教育，可藉助具體的藝術形象使純粹意識和抽象的內容得以具體化，從而帶來讓人震撼、心馳神往、愉快和慰藉的審美體驗，人們的心靈就會得到淨化。比如，人們看戲並不是簡單地看戲，而是看戲後的感動，在看戲中接觸駭人聽聞的事件，獲得極度的精神享受。人們評價劇中人，喜怒哀樂皆與他們情感共鳴，於是就逃離了紛擾的現實，進入澄明的境界。又如古代文化中的經典詩作是對人進行精神陶冶的重要力量，一個人如果受了這種古代文化的薰陶，那麼，他就擁有一個淨化後的精神世界，而這個世界充滿活力。

透過對陶冶的分析，雅斯培將教育視為一個過程而不是結果，這是偉大的貢獻。這意味著教育始終在征程中，師生的精神成長也處於不斷完善的狀態中。因此，學校應該為師生攜手走上精神成長之路創造條件；社會應該為每個人成為「真正的人」提供機遇；而我們每一個人更應該為自己的精神世界負責，主動尋求陶冶的機會。這就是「終身教育」思想的來源。

02
《教育的目的》：
激發「活躍的智慧」，引導學生走向自我發展之路

近代三大教育哲學家之一 —— 阿佛列・諾斯・懷海德

《教育的目的》(*The Aims of Education and Other Essays*)作者是英國著名數學家、邏輯學家、哲學家和教育理論家阿佛列・諾斯・懷海德（Alfred North Whitehead，西元 1861～1947 年），他在很多領域都頗有建樹。比如，在哲學領域，他創立了 20 世紀最龐大的形而上學體系，他也是「過程哲學」的創始人；在數學領域，他和羅素合著了《數學原理》(*Principia Mathematica*)，象徵著人類邏輯思維的巨大進步等等。除了哲學和數學領域外，懷海德在教育領域也是一位巨匠，被西方評論家列為近代三大教育哲學家之一，其代表作《教育的目的》首次出版於 1929 年，不僅在 90 多年前振聾發聵，即便在當今社會也有很大的研究價值。

一、為什麼要寫這本書

懷海德出身教育世家，他的祖父是家鄉一所私立中學的校長，是當地有名的教育家。他的父親也曾從事過教育、宗教等工作。受到家庭環境影響，懷海德從小就對教育事業很感興趣。19 歲那年他考入了英國劍橋大學中規模最大、名聲最響的三一學院，並在 24 歲畢業後留校任教。後來，他又到英國倫敦大學、美國哈佛大學擔任教授，直到去世。這些豐富的教育經歷讓他深刻了解了英美等國家的教育體系模式，並發現其中存在的弊

教育的內涵是什麼

端和問題。

懷海德在教育領域最著名的代表作就是《教育的目的》。這本書被世人認為是一本奇書，因為它早在 90 多年前就一針見血地指出了教育的目的，並且影響了歐美，甚至整個西方國家的命運。受到當時工業文明影響，物質主義、機械主義盛行，英國的教育也出現種種僵化的弊端，譬如對應試教育的片面追求、教育過程的僵化、對個性和自由的扼殺等問題，懷海德在他一系列有關教育的論文，包括這本《教育的目的》中對這些問題給予了批評。這本書一經問世，便震動了英美教育界，曾不斷再版，被翻譯成各個語種。這本書中有對英美教育的觀察與總結、指導和推動，除了第四章「大學」之外，其餘內容由懷海德在一些教育和科學團體中的演講彙編而成，其中有實踐證明的經驗之談，也有教育實踐後的反思，集結了懷海德教育思想的精華。

二、回歸學生中心，教育的目的是什麼

懷海德認為：「教育的全部目的就是使人具有『活躍的智慧』。」所謂「活躍的智慧」是指可以加以利用的知識，不是死板的知識。懷海德認為人類大腦的天生機制不是被動地接受知識，而是永恆活動著，能對外部刺激做出最精密的反應。他認為學生的大腦不是簡單的工具，不能把學生大腦當成工具一樣，試圖透過簡單傳遞知識把大腦打磨鋒利，那只會讓思維僵化，消滅大腦活力。懷海德指出，如果一堂課或者一個講座的目的是要讓學生能夠記住所有在下次考試中可能出現的問題，那麼這是一條邪惡之路，而不是教育。

懷海德認為教育是教人如何運用知識的一種藝術。他指出：學生是有

02 《教育的目的》:激發「活躍的智慧」,引導學生走向自我發展之路

血有肉的人,教育的目的是激發和引導學生的自我發展之路。他十分反對教育體制中僵化教條的教育模式,比如傳統的灌輸式教育,比如在課堂上過於強調教師權威、強調紀律等。他認為這種教育就是無活力的教育,教師僅僅把大量無活力的知識灌輸到學生腦子裡,完全達不到讓人活躍智慧的目的,比如學生看似學會了如何解二次方程式,但他們很可能並沒有真正理解應該如何在實際中運用。以數學學科為例,其核心是數學思維,而其他繁雜的公式等則是數學思維的具體呈現和衍生,我們要側重的是對學生數學思維的養成,這樣他們才可以透過舉一反三,利用所掌握的數學思維去解決實踐中遇到的各種問題。

那麼從國家和社會的角度來看,教育目的又是什麼呢?懷海德首先指出英國一直存在的兩種主流意見:一種是培養業餘愛好者,他們有一定的鑑賞力,可以出色地完成常規工作,但是缺乏專業知識所賦予人們的預見能力;一種是培養專家型人才,他們只在某個領域有專長,但有一定預見能力。

在懷海德看來,應該兼顧兩者。他認為教育工作者的目標是要塑造既有廣泛的文化修養又在某個特殊領域有專業知識的人才,他們的專業知識是他們進步、精進的基礎,而他們所具有的廣泛的文化修養,使他們既有哲學的深邃,又有藝術的高雅。

教育的目的是使學生具有「活躍的智慧」,既要激發和引導學生走向自我發展之路,又要兼顧學生在知識廣度與深度兩方面的發展。那應該如何去做呢?

懷海德從人本角度出發,提出兩條值得注意的教育戒律:一是不要同時教授太多科目;二是如果要教,就一定要教得透澈。

在懷海德看來，如果教授學生大量的科目，卻只是蜻蜓點水地傳授一點皮毛，只會促使學生被動接受一些毫不相干的知識，不能激發任何思想火花。相反，如果傳授給學生少而精的科目，則會促使他們舉一反三，對所學的知識進行想像和自由組合，進而利用所學的現有知識去探索和認識世界，在生活中靈活運用。這樣他們會發現所學的知識可以幫助他們理解生命周遭發生的一切，進而也會在探索中感受到發現世界的喜悅，進入一種良性循環。所以懷海德在書中寫道：「把學校學到的知識忘掉，剩下的那一部分才是教育。」

要達到這樣的教育目的，除了少而精的教學，還要打破科目、學科的壁壘，為學生提供與實際生活相結合的學習情境。懷海德認為教育應該與生活實際相結合，教育的唯一主題就是多彩多姿的生活。他極力主張應該根除科目之間毫無關聯的狀態。他認為這種局面扼殺了現代課程中的生動性，因為這會讓學生只見樹木不見森林，看似學了一些知識，但是知識之間毫無關聯。比如，我們教導學生代數、幾何、歷史或語言，但是並未教過他們如何將知識綜合運用。所以，應該為學生提供學習情境，促進學生生成「活躍的智慧」。比如，在教學生拉丁語的時候，需要為他們提供歐洲歷史的背景知識，同時也可以從中介紹歐洲幾何的知識。這樣學生就會在大的時空背景下綜合了解所學的知識，可以既見樹木也見樹林。

三、掌握成長規律，掌握教育的節奏

懷海德認為接受教育的學生是充滿活力的有機體，教育者是在與人的大腦打交道而不是與僵死的物質打交道，所以尊重人的成長規律至關重要。所謂「教育節奏」就是在學生心智發展的不同階段，應該採用不同的

02　《教育的目的》：激發「活躍的智慧」，引導學生走向自我發展之路

課程，採用不同的授課方式。很多人錯誤地認為學生個體的進步和學習是一種均速發展、持續穩定的程序，形式不變，速度一致，所以對學生的教育也可以簡單地遵循從易到難的過程。比如，人們可能會認為一個小男孩在 10 歲的時候開始學習拉丁語，按照均速、持續穩定的發展，他在 18 歲或者 20 歲的時候，就會成長為一名古典文學的專家學者。懷海德認為這種觀點極其錯誤，是對人類智力發展的錯誤理解。懷海德認為生命有週期性，人的智力發展也有循環往復的週期性，每一個循環週期各不相同，而且每一循環期中還會再生出循環的附屬階段。

懷海德把人的智力發展劃分為三個階段，分別是浪漫階段、精確階段和綜合階段。

浪漫階段就是開始有所領悟的階段。在這一階段，各種新鮮的知識和資訊對於孩子來說，都新奇而生動，這些知識和資訊本身包含著各種未經探索的可能存在的連繫，孩子們懵懂地對待各種若隱若現的內容，不知所措但又興奮異常。

精確階段代表了一種知識的累積。在這個發展階段，知識之間的廣泛連繫處於次要地位，從屬於系統闡述的準確性。這是文法和規則的階段，包括語言的文化和科學的原理。

綜合階段是綜合運用階段，這是在增加了分類概念和有關技能之後又回歸浪漫。這是精確訓練的目的，也是最後的成功。

懷海德認為教育應該是浪漫階段、精確階段和綜合階段的週期持續不斷地重複。比如，以智力發展的第一個循環週期——幼兒自然習得母語為例，幼兒從感知到語言能力的獲得，再從語言能力的獲得到分類思維和更敏銳的感知。等到循環週期結束了，孩子能夠說話了，他們的觀念可以

教育的內涵是什麼

歸類了,他們的感知變得更加敏銳了,這個循環週期就達到了目的。

但是在目前的教育體制下卻往往難以獲得這樣的成功,一是因為我們幫學生定了不適宜的目標,沒有找到一個適合發展的循環週期,比如勻速線性的目標,沒有節奏,沒有中間階段的成功帶來的鼓勵。二是因為學生缺少專注集中的過程,例如嬰兒學習母語,他們是全身心專注於發展循環週期的訓練,沒有其他東西打擾他智力發展的程序。而在教育體制中,過多的學科科目間相互競爭,脫離了多姿多彩的生活世界,也打亂了學生智力循環週期的自然發展。所以懷海德極力呼籲應該調整教學內容,適應學生的循環發展週期,就像在合適的季節收穫合適的作物一樣,遵循自然規律和教育節奏。

懷海德又把人的智力發展的三個階段,從年齡的角度進行了具體的劃分。

0～12歲是浪漫期,人生中最重要的教育應該是在12歲之前從母親那裡所受到的教育。其中0～8歲是智力發展的幼兒期,完成獲得感知到語言學習,同時兒童利用母語,利用已經掌握的觀察能力,應對周圍環境,並從環境中繼續學習。兒童在這一過程中受到的干擾較少,是一種自然狀態下的學習。8～12歲是青春期的浪漫,這個年齡層是人類最重要的浪漫階段,一個人的品性在此期間基本固化。一個人的青春期如何度過,胸懷什麼樣的抱負,擁有什麼樣的夢想,將會決定這個年輕人往後一生的道路。

12～15歲是語言的精確學習階段,也是科學的浪漫階段。這一時期兒童需要越來越專注於精確的語言知識。比如,這一階段兒童掌握了英語,同時可以流利地閱讀比較簡單的法語文章,還可以欣賞一些難易度比較合適的拉丁語作家的作品片段等等。懷海德認為,這時候其他科目應該

02 《教育的目的》：激發「活躍的智慧」，引導學生走向自我發展之路

占次要位置。對於那些半文學性的科目，例如歷史，可以融合於語言學習中，兩者互補融合發展。因為如果學習語言卻不了解語言背後的歷史文化，那麼即使會說英語、法語、拉丁語，也幾乎讀不懂英國文學、法國文學和拉丁文學。當然，懷海德也不是否定專門的歷史課學習，只不過在這個階段更應該採用浪漫的態度來學習歷史，而不是進行大量系統化的要求準確記憶細節的考試。

15～16歲語言的綜合階段和科學的精確時期。懷海德認為這雖然是個短暫的時期，但是至關重要。他認為這個時間段應該集中於科學課程學習，大大減少語言學習。這時候應該使每一個學生了解力學、物理學、化學、代數學和幾何學等諸多學科發展的主要原理；同時應該讓學生知道，他們不是開始學習這些科目，而是透過真正系統闡述這些學科的主要概念，來把以前分科學習的東西融合在一起。

除了要遵循教育節奏，懷海德認為還要在教育實踐中注意「自由」和「紀律」這兩個重要的教育要素。懷海德認為通往智慧的唯一途徑是在知識面前享有絕對自由，而通往知識的唯一途徑是在獲得知識時保持紀律。教育中自由與紀律的對立，並不像我們理解的那麼明顯。兒童的大腦是一個不斷發育的有機體。一方面，它並不是一個要被塞滿各種陌生思想的匣子；另一方面，用有序的方式掌握的知識，對正在發育的大腦是天然的肥料。因此，一種完美的教育，其目的應該是使紀律成為自由選擇的結果，自由則因為紀律而成為可能。「自由──紀律──自由」構成了三重循環週期。同樣地，一個具有理想結構的教育體系中，其目的應該是使紀律成為自由選擇的自發結果，而自由則應該因為紀律而得到豐富的機會。教育的節奏就是重視兒童身心發展過程中對自由和紀律的調節。在教育的開始和結束階段，主要的特徵是自由，但中間會有自由居於次要地位的紀律

教育的內涵是什麼

階段。對應起來，第一個自由階段為浪漫階段，中間的紀律階段為精確階段，最後的自由階段為綜合運用階段。

所以，在懷海德看來，只有明確了教育目的，並且在教育實踐中注重掌握教育節奏，處理好自由和紀律的關係，才能保障教育目的的順利達成。

03
《教育過程》：教師應該如何教導學生新知識

美國教育改革運動的倡導者之一 ── 傑羅姆・布魯納

傑羅姆・布魯納（Jerome S. Bruner，1915～2016年）是美國著名的教育心理學家、認知心理學家，他是真正將目光投向教育學的傑出的心理學家。布魯納也是一個會不斷反省、利用其他相關學科和先進思想的具有哲學頭腦的思想家。他一直致力於兒童認知結構和智慧發展等方面的研究，提出了認知結構學習理論和結構主義教學論。

1941年，布魯納在獲得哈佛大學心理學博士學位後，先後擔任哈佛大學教授、美國心理學會主席、牛津大學教授、紐約大學教授。他有多部著作，例如《論認識》（*On Knowing: Essays for the Left Hand*）、《心的探索》（*In Search of Mind*）、《思維研究》（*A study of thinking*）、《教育過程》（*The Process of Education*）等。

其中，《教育過程》首次出版於1960年，是將心理學研究成果應用在教育學上的一次嘗試，被譽為「現代最主要的、影響最大的教育著作之一」。布魯納身為美國教育改革運動的一名倡導者，他的影響遠遠超越了國界，他在書中提出的「發現法」教學理論，「發掘學生智慧潛力、調動學生思維」的教學主張，正日益為各國教育界所並產生正面影響。

教育的內涵是什麼

一、為什麼要寫這本書

每一本教育學或心理學理論著作都能體現一定的時代精神，都是當時的社會背景和學理背景的縮影，《教育過程》這本書也不例外。

1. 關於《教育過程》出版的社會背景

1957年蘇聯人造衛星發射成功後，引起了美國國內眾多人士的恐慌和對現行中小學課程的不滿，許多美國人認為他們當時培養的人才不能適應未來的發展，大批的科技人才缺失是必須面對的現實。為了解決這一問題，美國興起了改革中小學數學和自然科學課程的運動。1959年，美國國家科學院（National Academy of Sciences, NAS）在伍茲霍爾召開會議，討論如何改進中小學數理學科的教育。布魯納擔任會議主席，《教育過程》這本書就是當時他對這個會議作出的總結報告。布魯納認為，如果能夠將高深的知識以最直觀的方式教導小學生，就能提前奠定知識基礎，為學生將來進入大學學習更複雜的知識做好準備。他還表示，要改革美國的中小學課程，必須把活躍在某一領域的著名專家吸引進來，讓他們與一線的教師進行合作，以便更好地促進課程改革運動的推行。布魯納在《教育過程》一書中詳細論述了教學結構的重要性、學習的準備、直覺思維和分析思維、學習動機以及教學輔助工具，這些章節的論述都是為了能構造一個結構主義的教學框架以改進美國中小學的課程。可以看出，布魯納之所以撰寫《教育過程》一書其實是想推動美國中小學的課程改革運動，為國家培養大量的科技人才，實現教育強國的目的。

2. 關於《教育過程》一書的學理背景

在教育學領域，美國教育家杜威提出的「兒童中心論」，過分地關注兒童的經驗，認為兒童的經驗在過去、現在和將來的三個時期內都是連續統一的。這種「經驗論」、「兒童中心論」重視的是站在兒童的立場上，以兒童為出發點的社會教育，忽視了教學對兒童認知結構和智慧發展的作用，這是杜威思想在後期被批評得較多的地方。這也是促成布魯納結構教學論誕生的重要原因之一。

在心理學領域，美國心理學領域長期以來都是以心理學家約翰‧布羅德斯‧華生（John Broadus Watson，西元 1878～1958 年）、伯爾赫斯‧弗雷德里克‧史金納（Burrhus Frederic Skinner，1904～1990 年）等人的行為主義理論占據主導地位。行為主義追求的是撇開人的思維、意識等高級心理過程，將全部心理現象歸結為環境刺激下的反應，將人類心理學的研究歸為純客觀的條件反射的被動方式。行為主義忽視了「刺激──反應」過程中人的認知，也就是說，在外部刺激和人的反應行為之間，其實還存在著人的認知結構和轉換的問題。身為認知主義心理學的代表人物，布魯納發表了《思維研究》一書，這本書顛覆了以上這些行為主義的觀點，將人的內部認知機制的調節作用納入認知研究之中。

正是在壯大美國科技人才隊伍的社會背景和質疑杜威經驗論、質疑行為主義學派的學理背景下，布魯納的認知理論應運而生。作為伍茲霍爾會議的總結報告，《教育過程》是與會專家們共同參與的智慧成果，體現了一種多方主體共同參與的研究思路。

二、核心思想：倡導「認知──結構主義」教學論

《教育過程》一書的核心思想是倡導一種「認知──結構主義」的教學論，即強調學科結構的重要性，提倡學科結構的教學，認為任何學科都能夠用正確的方式，有效地教導任何發展階段的任何兒童。所謂「認知──結構主義」是指認知心理學派中的分支──結構主義理論，布魯納就是認知心理學派中結構主義理論的代表人物。

下面從結構學習理論和結構教學理論兩個方面具體闡述本書的核心思想。

第一個方面是結構學習理論，主要包括學習實質、學習過程、學習方式和學習結果四個內容。

一是學習實質。布魯納認為，學習就是學生透過認知表徵獲得內部認知結構系統的過程。所謂認知表徵，就是指學習者透過知覺將外部事物轉化為個體內在心理事實的過程。隨著學生的年齡增長，學生的認知表徵也逐漸發展，而這種發展大致要經過三個階段：第一階段是動作性表徵階段，兒童的腦力勞動主要是建立經驗和動作之間的連結，他們關心的是依靠動作去應對世界；第二階段是映像性表徵階段，主要是透過心理表象脫離具體事物來進行心理運算；第三階段是符號性表徵階段，相當於瑞士兒童心理學家尚‧皮亞傑（Jean Piaget）的形式運算階段，這一階段的兒童不必依靠動作或表象的幫助，只需依靠符號、語言文字即可發展出抽象思維，進而去推理或者解釋這個世界。

二是學習過程。布魯納認為，學習過程是類目化的過程。所謂類目化就是形成類別編碼系統，說的是學生能夠將一些新習得的知識進行分類，納入已有的認知結構中去。布魯納十分強調學生在學習過程中對新知識的

分類,他認為,只有當新知識經過分類這一過程時,學生才能將新知識與已有知識放到同一個認知結構中去,如此往復多次,他們才能形成系統的、有結構的認知。在布魯納看來,學習實際上就是學生將新知識主動分類的過程,學生透過分類,形成以類別編碼系統為主的認知結構。

三是學習方式。布魯納認為,學生學習知識的最佳方式應當是發現學習。所謂發現學習,是指學生利用教材或教師提供的條件進行獨立思考,自行發現知識,掌握原理和規律的學習方式。發現學習強調學生自己主動探索的過程,認為學習的內容必須由學生自己來發現,學生透過一步步地嘗試,或許會有一些正確答案或錯誤答案,這些答案都是具有回饋價值的。這種「發現學習法」有助於激發學生的發現潛能和創造欲望,培養學生獨立思考、自主解決問題的能力,激發起學生的內在學習動機。在《教育過程》一書中,布魯納也分析了學習動機的問題,他主張學生應當對學習本身有興趣,學習過程應當是一個積極主動的、從個人內部欲望出發的探索過程,這和灌輸式教學的基本理念完全不同。

四是學習結果。布魯納認為,學生透過發現學習的方式,最終可以形成金字塔式的認知結構。所謂金字塔式的認知結構,就是指在知識結構的頂端是最一般、最抽象、包容性最廣的概念和原理,從頂部到底部依次按照抽象層次排列,越靠近金字塔底部的知識,越具體、越細化,越靠近金字塔頂端的知識,越抽象。學生透過「發現學習」的方式逐步建構和改造自己的認知結構,以不斷深化和擴展自己的知識框架,這就是布魯納認知結構學習理論的核心主張。

第二個方面是結構教學理論。結構教學理論重視的是結構式的教學觀、發現式的教學模式、螺旋式課程的設計。

教育的內涵是什麼

一是結構式的教學觀。在布魯納看來，教學的最終目標是促進學生對學科結構的一般理解。所謂學科結構，是指學科內部的基本概念、基本原理、基本規律等內容，布魯納一直希望能夠將大學裡要教授的課程以直觀的方式教導中小學生，讓他們在接受更高難度的課程時有一個比較好的學科基礎。而要達到一個好的學科基礎，必定要有良好學科結構的教材，所以中小學的教材編排問題也是《教育過程》書中討論的主要議題之一。布魯納認為，教材的編排要體現出結構性和層次性，要像「螺旋式上升」那樣來編排中小學的教材，以此呈現出學科的基本結構。

這種結構主義教學觀需要遵守動機原則、結構原則、程序原則和強化原則。動機原則是指學習的動力來源於學生的內部動機，教師在進行教學時要善於激發學生的好奇內驅力、勝任內驅力、互惠內驅力三種內部動機，這樣才能更有效地達成學習目標；結構原則是指任何知識結構都可以透過動作、影像和符號來呈現，教師要根據學生的情況，適宜地進行選擇；程序原則是指不同的學科有不同的程序，語文有語文的程序，數學有數學的程序，歷史有歷史的程序，教師一定要根據學生的知識背景、智力階段、所教科目的性質以及個體差異等方面設計適合學生的教學程序；強化原則是指教師要幫助學生鞏固和強化已經學到的知識。

二是發現式的教學模式。發現式的教學模式，即學生是透過發現學習來獲得知識的，教師應當為學生提供一定的材料，創設問題的情境，引導學生獨立自主地發現解決問題的方法，從中發現事物之間的關聯和規律，獲得相應的知識，以形成和改造學生的認知結構。這裡所強調的教學模式是以問題情境為中心展開的，在教學中始終以「學生自己『發現學習』」為主，教師僅是支持和引導的角色。這種「發現式」的教學模式雖然可以大

03 《教育過程》：教師應該如何教導學生新知識

大地促進學生在學習活動中創造性的發揮，體現學生在學習活動中的主體性，但會浪費大量的學習時間，尤其是當學生在嘗試錯誤的過程中耗費了太多時間後，學生的積極性和能動性都會下降，甚至可能在缺少教師有效指導的情況下，學生會降低求知慾和探索慾。

布魯納認為，在「發現式」的教學模式中，教師應當透過這幾個基本步驟來實施教學：教師明確提出一個讓學生感興趣的問題；學生對問題的不確定性感到好奇，以激發學生的探究慾；教師提供解決問題的各種線索和數據；教師幫助學生分析數據和證據，提出可能的假設；教師引導學生驗證假設並得出最後的結論。

在實施「發現式教學法」的時候，布魯納尤其重視對學生的直覺思維（不經過有意識的邏輯推演，以頓悟或靈光一現等方式思考問題、提出假設的一種思維）的培養，因為直覺思維往往是「發現學習」發生的前兆。

三是螺旋式課程的設計。螺旋式課程，是指課程的基本原理性的知識應當在不同年齡階段的教材中呈現出不同的抽象程度，隨著學生年齡的逐步增長，不斷拓寬加深學科的基本結構，使之在課程中呈現螺旋式上升的態勢。舉個例子，學習數學時，在小學階段，會有認識數、加減乘除等內容的學習，在中學階段，要學會求解更複雜的方程式，甚至需要自己列方程式、解方程式，在大學階段，會接觸到線性代數、微積分的學習，這其實就是一種螺旋式上升的課程。同樣是學習數學這門學科，但透過在動作、影像和符號三種水準上的螺旋式上升，課程的結構化更為明顯，學生學習的知識也越來越高深，學生的知識結構也在螺旋式課程學習的過程中被一次次地改造和更新。

教育的內涵是什麼

教育孩子的出發點

04

《把整個心靈獻給孩子》：以心靈的力量走進兒童世界

教育思想泰斗 ── 瓦西里・蘇霍姆林斯基

　　瓦西里・蘇霍姆林斯基（Vasyl Sukhomlynsky，1918～1970年）是蘇聯著名教育家、人學家、堅定的共產主義者，因為富有遠見的教育思想和兢兢業業的教育實踐，榮獲了「功勳教師」等眾多稱號。1948年，年輕的蘇霍姆林斯基開始擔任巴甫雷什農村中學的校長，直到1970年去世，他都沒有離開過學校和課堂。二十多年來，他在巴甫雷什中學進行了大量的教育實驗和教育研究，觀察記錄了3,700多名學生的成長歷程。《把整個心靈獻給孩子》（*My Heart I Give to Children*）便是他的傑出研究成果之一，此書為蘇霍姆林斯基的晚期著作之一，曾獲得烏克蘭共和國國家獎和烏克蘭教育協會一等獎。這本書自1969年首次出版後又再版了六次，中文版於1981年發行。

一、為什麼要寫這本書

　　在巴甫雷什中學教學時，蘇霍姆林斯基深深地意識到，雖然蘇聯衛國戰爭已經結束，但戰爭帶來的創傷並沒有消失。戰爭過後的蘇聯物資匱乏，大量人民在戰爭中死去，許多孩子成了孤兒。由於缺乏基本的生活保障和父母的精神關懷，一些孩子變成問題兒童、難教兒童。蘇霍姆林斯基認為只有學校和教師用深厚的愛感動他們、融化他們，這些兒童才能成為善良和自立的人。

04　《把整個心靈獻給孩子》：以心靈的力量走進兒童世界

　　於是，蘇霍姆林斯基開設了一個特殊的班級，稱為「快樂學校」。為什麼要創辦這樣一個班級呢？因為蘇聯的兒童當時是 7 歲上小學，蘇霍姆林斯基確信，6～10 歲這一時期，也就是學前準備階段和學習初期，是兒童成長中的一個重大轉折時期，這一時期的成長與變化在相當程度上決定著一個人的未來。當時孩子們的家庭條件千差萬別，如果讓他們在情況複雜、條件各異的家庭中度過這一重要階段，可能會對孩子的成長和發展不利。為了讓孩子們順利地度過這一重大轉折階段，引導他們未來正常發展，蘇霍姆林斯基招收了 31 位學生，創辦了這個叫「快樂學校」的班級。

　　《把整個心靈獻給孩子》這本書記錄的就是這個班級 1 年小學預備班和 4 年小學班的日常教育和教學工作。5 年的時間裡，蘇霍姆林斯基與這個班級的 31 名學生朝夕相處，從校長、教師、朋友等不同的身分出發，全面、細緻地考察和研究教育現象、研究兒童，將觀察和實驗貫穿於教學過程之中。

二、核心問題：什麼樣的教育才是好的教育

　　問題兒童、難教兒童的出現，除了有社會和家庭的原因之外，相當程度上也與學校的教學方式和教學內容有關。比如，有一些孩子在剛進入學校時很想與教師保持親密的關係，對學習也充滿熱情，但是幾個月之後，甚至僅幾週之後，他們眼中的光彩就消逝了，學習變成了他們的苦惱。這不禁讓蘇霍姆林斯基思考：什麼樣的教育才算得上好的教育？在教學實踐中，蘇霍姆林斯基最終提出的答案是關愛和尊重孩子、關注孩子們精神世界的教育才是好的教育。

　　關愛和尊重孩子的教育才是好的教育。蘇霍姆林斯基曾發出感慨：「我

教育孩子的出發點

生活中什麼是最重要的呢？我可以毫不猶豫地回答說：愛孩子。」在 31 位孩子進入學校之前，他對孩子們的家庭進行了詳細的了解，對那些不幸家庭的孩子十分同情，期盼著自己能夠治癒他們幼小的心靈。比如，蘇霍姆林斯基了解到學生科里亞的父母在戰爭時期投機倒把，做了很多對國家不利的壞事。蘇霍姆林斯基對科里亞既憐憫又擔憂，他曾說：「從科里亞的眼神裡看到的是孤僻、恐懼和懷疑，科里亞，怎樣才能在你的心靈中喚醒善良人的情感，應該拿什麼來對抗你所處的畸形環境？」又比如，當學校果園裡的葡萄成熟時，他會對孩子們說：「託利亞和科里亞能不能幫媽媽帶葡萄？我多分幾串給妮娜，為的是讓她帶回去送給生病的媽媽、妹妹還有外婆。」可見，蘇霍姆林斯基是在真正了解孩子點點滴滴的基礎上對孩子們有著無微不至的關懷，同時也感染著孩子們，讓他們懂得如何去愛人。

關注孩子們的精神世界的教育才是好的教育。在指導教師工作時，蘇霍姆林斯基發現，即使一些有經驗的教師在講課時也存在著不小的問題，比如，只顧著講解自己事先準備好的知識，關注自己的教學方式，與孩子們沒有絲毫互動，也不關注孩子們是否能跟上進度。學生們對這樣的教師感到厭煩，對知識的記憶也因為沒有與周圍生活相連結而屬於無效記憶。蘇霍姆林斯基認為，在小學時期，兒童掌握知識，為以後的思維發展奠定基礎固然重要，但前提是必須教會學生如何觀察和思考，而不能把掌握知識歸結為死記硬背。比如，他帶兒童去觀察自然，兒童寫出了充滿想像力的作文，他意識到，兒童精神世界的發展比教他們如何造句更重要。這是因為，兒童觀察自然，能夠把耀眼的陽光、白色的花瓣、忙碌的蜜蜂和悠閒的小蝴蝶這些事物聯想起來，在頭腦中建構出一幅美麗的畫面，這樣寫出優美的作文就不是一件難事。

三、主要內容:「個性全面和諧發展」教育思想的實踐

德國哲學家、教育家卡爾·雅斯培有這樣一句話:真正的教育,是一棵樹撼動另一棵樹,一朵雲推動另一朵雲,一個靈魂喚醒另一個靈魂。巴甫雷什中學的教育就是這樣一種「喚醒人的靈魂」的教育,蘇霍姆林斯基在學校裡實現著他「個性全面和諧發展」的教育思想。

蘇霍姆林斯基認為,教育應當是個性的,每個孩子多種多樣的才能、天賦、意向、興趣和愛好等個性特點都應該得到充分展示,這樣找到喜愛的活動和工作之後,才能發揮創造性的才能;他也認為教育應當全面,應當對學生進行廣泛的德育、智育、體育、勞動教育和審美教育,並且讓所有的教育都能相互滲透,呈現出完整、統一的過程;他還認為教育應當是和諧的,要把學生認識世界的活動和改造世界的活動,也就是和諧地結合學習和實踐,把了解外在世界和理解內在自我的活動也和諧地結合,讓學生成為物質生產領域和精神生活領域的創造者和享用者。

蘇霍姆林斯基是如何實踐「個性全面和諧發展」的教育思想的?具體來說,可以分為三點。

第一,引導兒童親近自然,潛移默化地對兒童進行教育。

在兒童進入「快樂學校」之後,蘇霍姆林斯基幾乎每天都會帶著學生們去和大自然打交道,在大自然中上課。漫天忽閃的星星、茂盛靜謐的森林、不停奔流的小河、悅耳動聽的蟲鳴……這些都讓孩子們的心靈受到深深的震撼,大自然的奇妙令他們既感動又驚喜。這時候,兒童的情感和興趣已經被完全調動起來了,蘇霍姆林斯基知道,這是對兒童進行教育的最好時機,比如,就在這時上一堂音樂課、繪畫課或者道德教育課。

如果上一堂音樂課,讓孩子在童年就感受音樂作品的美,那麼孩子們

教育孩子的出發點

能從音樂聲中領略人在情感上多種多樣的細微變化，喚起由音樂的形象美所引起的想像，進而激發兒童源源不斷的創作靈感。小鳥啾啾、樹葉颯颯、雷聲隆隆等都是大自然本身就包含的音樂美，教師可以先讓孩子們記住這些自然界的聲響，再教他們一些經典樂曲，比如柴可夫斯基的《秋歌‧十月》，學生們學著唱歌和演奏樂器，在樂聲中表達他們對未來的思考。也可以根據當時的所見所聞，讓學生們進行一些童話故事創作，這樣，大自然的美能讓孩子們知覺更敏銳，激發他們的創作靈感，進而透過優美的語言表達出來。

上繪畫課，每次去田野和森林時，蘇霍姆林斯基總是提醒孩子們帶上圖畫本和鉛筆，以便隨時速寫。有一次，同學們在戶外遊玩時，一位同學拉里薩畫了一幅畫，蘇霍姆林斯基也照著拉里薩的作品畫了同樣內容的畫。兩幅畫內容基本一樣，只是勾勒和色彩的運用略有不同，但孩子們的目光沒在蘇霍姆林斯基的畫上停留，反倒是拉里薩的身旁圍滿了人，大家都表示拉里薩的作品更好。這讓蘇霍姆林斯基意識到，孩子們有自己觀察和思考世界的方式，教師應該為孩子們的想像提供廣闊的空間，不能用成人的標準來看待或評判兒童創作的好壞，否則就可能扼殺他們的創造力。

道德教育課，蘇霍姆林斯基主張從孩子們入學的第一天開始，就帶他們去了解故鄉的歷史，到田野、森林、河邊、鄰村去遊覽，孩子們對大自然發出驚嘆的時候，教師就可趁機向孩子們講述過去這裡所發生的事情。比如，教師可以為孩子們講述，在國家革命戰爭的艱苦年代，就在這塊土地上，幾名戰士為了抗擊一個連的法西斯分子、為了保衛家鄉，獻出了寶貴的生命，這廣闊的田野就是幾位無名英雄的墓地。讓孩子們明白，如果不是英雄們為國家獻身，不可能有今天安穩的生活。蘇霍姆林斯基用生動事蹟激勵兒童，在兒童心裡種下熱愛生命的種子，讓他們懂得維護和平。

04 《把整個心靈獻給孩子》：以心靈的力量走進兒童世界

第二，創設合適的學校環境並展開體育、勞動教育來促進兒童健康成長。

蘇霍姆林斯基認為，對學生健康的關注是教育工作者的首要工作。良好的身體和充沛旺盛的精力，是兒童朝氣蓬勃地感知世界、煥發樂觀精神、戰勝一切艱難險阻的根本保證。蘇霍姆林斯基為此提出了三個建議。

一是打造合適的學校環境。在巴甫雷什中學，教師們帶領孩子種樹，每人每年種10棵左右，所以學校的綠化面積占比很大。春秋兩季，一、二年級的一部分課在「綠色教室」上，那是一塊四周都是葡萄藤的草地。為了讓學生呼吸到新鮮的空氣，教師們決定在「教室」周圍建起一道綠化屏障，沿著牆壁栽種了葡萄，同時培植了許多柑橘類植物。當然，學校除了打造物質環境之外，也有合理的作息制度。蘇霍姆林斯基要求學生早睡早起，晚上不做功課，睡足8～10小時，建議學生春、夏、秋三季在戶外或在室內開著窗戶睡覺。

二是安排體育課並成立多種體育鍛鍊。在巴甫雷什中學，體育課根據學生的體質不同分為特殊組、預備組和基本組，每組都有相應的教學大綱。體育專案主要包括體操和田徑，運動的速度和力量是次要目的，主要目的是培養學生經常鍛鍊身體的習慣，把它變成學生的內心需求，鍛鍊學生們的意志力和耐久力。蘇霍姆林斯基還十分強調平時的鍛鍊，認為這比上好體育課更重要。他要求學生從春季到深秋都堅持洗冷水澡，12歲以下的男孩只穿背心、短褲，14歲以下的孩子打赤腳。據查閱，巴甫雷什中學裡980名7～14歲打赤腳的孩子，身體狀況都非常好。

三是重視勞動教育。蘇霍姆林斯基認為，體力勞動在完美體魄的培養中所發揮的作用和運動一樣重要，人體在勞動過程中表現出的許多動作，

既協調又優美，可以與體操相媲美。在學校生活的第一個秋天，蘇霍姆林斯基曾帶著孩子們種植冬小麥。孩子們用小筐搬運肥料，把它和土摻和在一起，幫一行行的小麥挖溝渠，一粒粒地挑選種子……收穫時節，孩子們小心翼翼地把麥子割下來，捆成捆，之後再脫粒。蘇霍姆林斯基讓孩子們透過這樣的勞動，理解只有那些善於努力工作、知道什麼是汗水和疲勞的人，才能懂得什麼是勞動的快樂。只有把勞動教育與美育、情感教育和愛國主義教育等相結合，才能開拓兒童的精神世界。

第三，美育、體育和勞動教育等都是小學預科班的教育內容，真正進入小學之後，除了原有的幾項教育內容，還需要加上智育。

在智育方面，蘇霍姆林斯基有以下幾點建議。

智育的知識要與學生的真實生活相結合，才不會造成學生死記硬背的現象。蘇霍姆林斯基在書中用了一個有趣的例子進行說明。他曾帶著孩子們去野外遊玩，在遊玩的過程中，大家發現一只振翅欲飛的甲蟲，蘇霍姆林斯基把甲蟲畫了下來，並把甲蟲的名字這個詞告訴孩子們，這個詞的字形非常像振翅欲飛的甲蟲，詞的發音也與甲蟲起飛時發出的聲音相似。之前孩子們在教室裡上課，通常都是萎靡不振、不好好學習詞語的狀態，但在學習甲蟲這個詞時，全班孩子一反往常冷漠、頹然的神情，一個個滿懷笑容、一遍遍地讀著甲蟲這個詞語。蘇霍姆林斯基意識到，只有與真實生活相結合的學習才能引導兒童去從事我們所要求的緊張、刻苦和創造性的腦力勞動。他也堅信學生的學習不是死記硬背，而是在遊戲、童話、美、音樂、幻想和創造的世界裡進行的生機蓬勃的智力活動。

智力活動離不開課外閱讀。課外閱讀大多是一些不需要識記的閱讀材料，蘇霍姆林斯基對此提出了兩點要求：一是閱讀應當為學習和識記創造

必要背景，也就是說，閱讀材料和必須識記的材料在內容上要有關聯；二是不需要識記的材料本身要有趣味，只要學生對材料本身有興趣，就能引起學生求知、思考和理解的願望。另外，巴甫雷什中學還有齊全的圖書設施。在教學樓裡，每層樓都設有閱覽室，裡面有許多書刊，且定期更新和補充；樓道裡設有書籍陳列架，陳列著適合相應年級學生閱讀的書籍；校圖書館藏有教學大綱規定要學的全部書籍，凡是世界文學寶庫中列出的作品，圖書館都備有足夠數量的複本供學生閱讀。

以上就是蘇霍姆林斯基「個性全面和諧發展」教育思想的實踐。蘇霍姆林斯基認為，學生應當在德智體美勞各個方面獲得全面發展，所以教育也不是孤立和分散的。審美教育可以和道德教育相結合，體育可以和勞動教育相結合，智育與學生的真實生活相結合……總之，要讓各種教育相互融合、相互滲透，而不能死板地認為語文課就只能教語文。比如，在語文詩詞的學習中讓學生感受詩人熱愛家國的情懷，或許比在政治課上直接灌輸學生「要熱愛家國」這一口號有用得多。

05
《論教育學》：什麼樣的教育成就真正的人

德國古典哲學創始人 —— 伊曼努爾‧康德

　　伊曼努爾‧康德（Immanuel Kant，西元1724～1804年）是德國古典哲學的創始人。身為歐洲啟蒙運動時期最後一位主要的哲學家，康德有其自成一派的思想體系，他的作品中包含了豐富的教育學、倫理學和美學思想。因為其思想的獨特性，康德的哲學吸引並影響了一大批追隨者，其中最出名的是德國教育學家約翰‧弗里德里希‧赫爾巴特和德國哲學家約翰‧戈特利布‧費希特（Johann Gottlieb Fichte）。赫爾巴特從康德的哲學中發掘出了「統覺」的心理學思想，並把它作為建立自己教育學理論的基礎；費希特將康德的批判哲學方法運用到解決德國的社會現實問題上。康德最重要的教育學貢獻是在哥尼斯堡大學首次開設的教育學講座，從此教育學在西方學界開始被確認為一門獨立的學科，並於此後深深影響了西方國家乃至全世界的教育學研究正規化。

　　《論教育學》和《系科之爭》是康德的兩部與教育有關的著作：前者是他在哥尼斯堡大學講授教育學的講義，首次出版於西元1803年；後者則是他在不同時期撰寫的三篇論文的集合，內容主要是討論大學中哲學（康德這裡指廣義的以理性知識本身為目的的理論研究）與實用學科（以及知識界與政府）的關係。

05　《論教育學》：什麼樣的教育成就真正的人

一、為什麼要寫這本書

康德於西元 1776 年至 1787 年在哥尼斯堡大學一共進行了四次講學，留下了內容豐富的教育學授課筆記，在他去世後，由他的學生林克進行整理，形成了《論教育學》一書。這本書的內容深受盧梭思想、敬虔主義、泛愛主義的影響。

盧梭思想對這本書的影響：《論教育學》以自然教育為主線，論述了人在嬰兒、兒童（包括青春期）階段的身體、心靈、品格等方面的教育。康德雖然借鑑盧梭，繼承了部分的思想，但並不是全盤接受，尤其是對教育的分類，兩人截然不同。康德按性質把教育分為自然的教育和實踐的教育兩種類型。

自然的教育指根據人的自然生長規律所進行的身體和靈魂兩方面的訓誡和培養，相當於廣義的體育和智育。對於自然的教育，我們必須遵循客觀不變的自然法則，順應自然為人類所做的安排，才能取得最好的教育效果。

實踐的教育指把人塑造成生活中的自由行動者的教育，相當於廣義的德育，旨在引導受教育者學會在不同的情境下如何合理地使用自己的自由。實踐的教育影響的是人格，旨在幫助受教育者既成為合格的社會公民，又成為能實現自我內在需求的獨立個人。

而盧梭在《愛彌兒》（*Emile, or On Education*）裡開篇第一卷就把教育分為了三種類型，分別是自然的教育、事物的教育和人的教育。為什麼兩位哲學家會出現不同的劃分呢？因為兩人劃分的依據是完全不同的，康德是根據自己所建立的哲學體系來劃分的：自然的教育屬於他提出的「必然王國」的組成部分，指依據人類的理性所能認知發現的關於人的自然意義

的規律；實踐教育屬於他提出的「自由王國」的組成部分，指依據人類合理的自由意志而行事的準則。「必然王國」說的是人受盲目必然性的支配，特別是受自己所創造的社會關係的奴役和支配的社會狀態；「自由王國」說的是人自己成為自然界和社會的主人，擺脫了盲目性，能夠自覺地創造自己歷史的社會狀態。而盧梭對教育的分類是基於他對整個世界的認知，他認為世界由自然、事物和人三部分組成。

敬虔主義對這本書的影響：敬虔派是德國路德宗教會中的一派，敬虔派認為講道的重點不應是教義而應是道德，只有在生活上做虔誠表率的人才可擔任牧師。康德出生於敬虔派家庭，大學之前，他一直接受敬虔派的教育，深受敬虔主義影響。然而，敬虔主義對康德的影響既有好也有壞。好的方面在於，敬虔主義要求的誠實、忍耐與節制塑造了康德本人的性格；不好的方面在於，康德就讀的敬虔派中學過度嚴格的強制性，讓康德留下了恐懼、害怕和被奴役的記憶。這些影響鮮明地體現在《論教育學》中，康德在文中強調了「誠實」與「服從」在兒童早期教育中的重要性，但與此同時，他也指出必須保證孩子擁有充分的自由，以免「強制性」走向極端演變成「奴役性」。

泛愛主義對這本書的影響：泛愛主義是18世紀後期在德國興起的一種教育思潮，宣揚泛愛思想和人道主義，認為教育的目的在於培養幸福、健康、對社會有用和能促進人類幸福的人。在《論教育學》中，康德對道德教育和宗教教育的論述，都帶著深刻的泛愛主義烙印。

由此可見，康德的《論教育學》不是自己閉門造車的結果，而是他在借鑑他人成果的基礎上撰寫而成的集大成之作。同時，《論教育學》集中體現了康德的教育思想，深深烙上了康德個人的印記，是時代造就的偉大教育作品。

二、《論教育學》的分析對象：教育的內容和性質

　　《論教育學》的內容分為「導論」和「本論」兩個部分。在「導論」中，康德著重闡述了他對教育的目的、宗旨及發展方向的看法；在「本論」中，康德主要從體育、智育、德育等幾個方面論述了教育的過程、方法、原則等問題。康德認為，教育就是挖掘人性中的自然稟賦，人只有透過教育才能成為人，並且施行教育的人，本身一定是受過教育的人。

　　康德認為，如果按照範圍來劃分，完整的教育包括三個方面的內容。

　　第一是道德教育。道德教育是康德教育思想及其哲學思想中非常重要的命題。康德從他的批判哲學出發，企圖透過教育建立起一種主體性的道德原則，讓個人以自己的是非觀為做事的準則和依據。道德作為極其神聖和崇高的東西，需要透過自我的內在品格來鞏固。只有具備了崇高的品格，才可能自由地實現價值判斷，並且以行動來履行與承擔責任。如果沒有內心的認同，實踐不可能從一而終。

　　第二是宗教教育。康德認為不能從神學出發進行宗教教育，因為單純建立在神學基礎上的宗教不是真正的道德信仰。面對宗教，我們保持敬畏，但更重要的是敬畏裡面包含的善惡觀念和道德追求。

　　第三是性教育。對於現代社會仍然落後的性教育，康德在幾百年前就提出了。他認為要讓兒童感知到性的差異，年輕人要及早學會體面地尊重異性，透過無邪的舉動獲得對方的尊敬，並由此來尋求幸福的婚姻。

　　此外，康德認為完整的教育如果按照性質來分類的話，包括兩個部分的內容，即自然的教育和實踐的教育兩類。此兩種類型的教育已於前文「盧梭思想對這本書的影響」中有過介紹，此處不再贅述。

透過康德對教育內容的闡釋，我們可以發現，康德眼中的教育多面立體，康德所認為的教育的本質也是繽紛多彩的。

教育的性質是一種藝術。康德認為教育只要方式得當，是非常具有魅力的。而教育的目的、內容、模式等，都需要精心設計。

教育的內容應該多元。教育既然是滿足人需求的方法，就必須正視人的需求是複雜的，因此教育內容不應僅是讓學生掌握一些具體的知識和技能，而是應該更多地重視人的道德和情懷，讓學生具備自由和獨立思考的能力，對宗教教育和性教育都應該一併關注。

教育的模式應該多元。康德認為教育者不應僅採取理論說教的方法，而應該根據現實問題進行教育，引起受教育者的情感共鳴和深切關注。

教育的方嚮應該人性化。教育要幫助人類整體走向更好的未來、個體成就更好的自我。

由此可見，康德的教育體系裡教育是多麼神聖和多面，教育對人的靈魂和行為有極強的塑造作用，對全人類的發展具有非常重要的意義。

三、核心思想：教育成就真正的人

《論教育學》開篇指出「人是唯一必須受教育的被造物」，這一思想貫穿本書的始終。康德認為人一來到這個世界就要開始接受教育，如此才能培養出完善的人性和人格，而完善的人性和人格是成就真正的人的必備要素。因此，在教育環節上，康德認為主要有兩個層次：第一層次是對心靈各種能力的個別培養，具體就是指對認知、感官、想像力、注意力、記憶力等方面的培養；第二層次是對道德特質的培養，這也是教育的終極目的。

05 《論教育學》：什麼樣的教育成就真正的人

　　康德對教育的概念也做了詳細的說明：教育指的是保育（養育、維繫）、規訓（訓誡）以及連同塑造在內的一切教導。他舉了一些例子，來說明這個概念的正確性。例如，孩子啼哭，本來是孩子的本能，但大人如果一聽到孩子的哭聲就立刻過來看護，其實對孩子非常有害，因為孩子一旦發現他透過哭喊可以得到一切，他就可能一再地以哭喊為手段，藉此得到他想要的一些東西。所以，當孩子想靠哭喊來迫使大人做什麼的時候，應當不予理睬。但是當孩子坦率自然地表露自己的想法時，大人應該滿足他的需求，這樣孩子就知道以哭喊為手段的脅迫是不正確的，應該坦率而真誠地提出合理的要求。類似這樣的例子在書中還有很多，而核心思想其實只有一點，那就是成年人應該讓孩子知道哪些行為是正確的，哪些行為是錯誤的。而孩子的一些要求被拒絕後，他自然就體會到不被滿足的失落感，如果孩子能發自內心地明白道理，他就知道這是自己必須接受的。而這種源自內心對正確和錯誤的認知，就是意識形態，以意識形態為基礎的人們在共同生活秩序中的行為準則和規範，就是道德。

　　為了深化道德教育，康德認為有很多需要注意的細節：兒童說謊時不要懲罰他，但要讓他面對因說謊而受到的蔑視，並告訴他人們將來會不信任他；兒童做了壞事大人就要懲罰，做了好事就應表揚，這會使他為了得到表揚而主動做好事，長期這樣對他的話，他逐漸會關心自己的行為是善還是惡；要對青少年時期的孩子進行必要的性知識講解及仁愛之心的培養，向他們指出，他們有必要幫自己的每天做一個總結。這樣有助於青少年養成誠信感、尊嚴感和義務感，為以後的生活奠定良好的基礎。

　　康德認為，要成為真正的人，就要透過道德教育確立三種品格：一是服從，聽從理性；二是誠實，這是品格的本質特徵；三是合群，教師要引導孩子學會融入團體。

總之，真正的人在擁有獨立人格之餘，一定會把「不讓他人添麻煩」，作為自己為人處世的基本準則，這樣既可以成為優秀的個體人，也可以成為優秀的團體人。當人的內心深處願意服從道德紀律的限制，並且這種服從變得自覺自願時，服從就不再是強制的服從，而是變成了自由意志。此刻，你就成長為真正的人，真正的人具備理智基礎上的自由，會在道德的指引下採取各種行動。

就像康德說的一樣：「有兩樣東西，我們愈經常愈持久地加以思索，它們就愈使心靈充滿日新月異、有加無已的景仰和敬畏：在我之上的星空和居我心中的道德法則。」由此可見，康德對於道德的重視。在他看來，真正的人一定是有良好道德的人，而崇高道德如同星空一樣，美麗浩瀚，令人神往。

康德哲學作為一種「主體哲學」，對於教師提高對學生個人的主體價值的重視具有一定的啟發意義，讓教育回歸到「人」。康德讓我們了解到，德育的培養不同於知識性教育，教育的最終目的不僅是讓人掌握知識，而且是使人成人成才。

06
《人的教育》：真正的教育，從讀懂「人」開始

現代學前教育的鼻祖 —— 弗里德里希・福祿貝爾

德國教育家弗里德里希・福祿貝爾（Friedrich Fröbel，西元 1782～1852 年），被公認為 19 世紀歐洲最重要的幾個教育家之一、現代學前教育的鼻祖。西元 1826 年，他的教育代表作《人的教育》(The Education of Man) 一書問世。福祿貝爾一生的貢獻主要在學前教育方面，他曾詳細研究了學前教育理論和幼稚園的教學方法，並在教育實踐和教育理論研究的基礎上創立了完整的學前教育理論體系。他創辦了第一所被稱作「幼稚園」的學前教育機構，他的教育思想迄今仍主導著學前教育理論的基本方向，對世界各國的幼兒教育體系都產生了深遠的影響。

一、為什麼要寫這本書

大學時期的福祿貝爾愛好廣泛，他對哲學、數學、化學、幾何學、植物學、礦物學、建築學等內容有著濃厚的興趣，那時的他一度想在建築學方面繼續深造，爭取未來成為一名建築師。然而後來，福祿貝爾的思想發生了重大的轉變，他對教育的興趣越來越濃，甚至開始將教育作為自己一生的事業。而促使福祿貝爾思想發生轉變的關鍵，就在教育學家約翰・海因里希・裴斯泰洛齊（Johann Heinrich Pestalozzi）身上。

西元 1805 年，一心想要成為建築師的福祿貝爾來到了德國西部美因河畔的法蘭克福，準備在此繼續攻讀建築學。一次偶然的機會，福祿貝爾

教育孩子的出發點

結識了裴斯泰洛齊的學生、法蘭克福模範學校校長安東・格呂納（Anton Gröner），兩人交談之後，格呂納對福祿貝爾印象極佳，他也因此邀請福祿貝爾來他的學校任教。

身為裴斯泰洛齊的學生，格呂納將老師的教育原則充分地融入教學之中。與機械灌輸的舊式教學方法不同，在格呂納的學校裡，老師會根據兒童心理的發展規律制定教學計畫，整體的課程安排則遵循由易到難的原則，以方便學生接受新的知識。除了傳統的「智育」外，格呂納還將「德育」和「體育」納入教學之中，學生們在學到知識的同時，還能擁有健全的人格和強健的體魄。因為教學理念超前，格呂納的學校在當時被看作未來初等學校的「模範」，「模範學校」的名稱由此而來。

裴斯泰洛齊先進的教學理念，彷彿為福祿貝爾打開了一扇新世界的大門，他欣然接受了格呂納的邀請，成為這所學校的教師。在學校任職期間，福祿貝爾認真地研究了裴斯泰洛齊的教育理念，並親自拜訪了裴斯泰洛齊。雖然一年後他就離開了法蘭克福模範學校，但教育的種子已深埋在他的心中。

西元 1811 年，福祿貝爾為了完善自己的教育理念，他先後進入哥廷根大學和柏林大學深造。在柏林大學求學期間，福祿貝爾加入了由裴斯泰洛齊的追隨者們組成的愛國團體，並與愛國青年一起參加了反抗拿破崙外族統治的德意志解放戰爭。儘管這次戰爭最後沒能實現國家統一，但經歷了炮火洗禮的福祿貝爾，卻在心中定下了為民族教育獻身的明確目標。

為了實現自己的教育理想，福祿貝爾在西元 1816 年創辦了一所名為「德國普通教養院」的學校，在這所學校中，福祿貝爾遵循裴斯泰洛齊有關兒童天性的教育原則，注重兒童的自我活動和自由發展，他希望透過教

育,讓學校裡的孩子們成為愛國的、有思想的人。憑藉先進的辦學理念,「德國普通教養院」快速地發展起來,短短幾年時間裡,學生人數就從一開始的6人增加到了50多人。

可就在這時,福祿貝爾的教育理想遭到了重創。福祿貝爾創辦學校的時候,日耳曼邦聯政府(Deutscher Bund)作出了旨在鎮壓德國國內民族民主運動的「卡爾斯巴德決議(Karlsbader Beschlüsse)」,其中包含嚴格監督學校、禁止大學生籌備活動、加大對書刊報紙的監察力度等一系列的反動措施。在這種情況下,以民族教育為己任的福祿貝爾自然成了反動派們的眼中釘,他們誹謗福祿貝爾的學校是「蠱惑宣傳者們的巢穴」和「培養造反精神的溫床」,甚至還將福祿貝爾的支持者拘捕起來進行迫害和審問,只為將民主的萌芽扼殺在搖籃之中。

然而,不管形勢對福祿貝爾多麼不利,他依然沒有改變自己的教育初心。為了捍衛和宣傳自己的教育理念,福祿貝爾在重重迫害之下,結合自己過去多年的教育經驗,寫下了他一生之中最重要的一部著作《人的教育》,此書於西元1826年出版。《人的教育》一經面世,立刻在歐洲教育界引起了不小的反響,尤其是書中關於教育應該適應兒童天性、反對強制性教育、重視發展兒童的創造性等觀點,更是引起了人們對專制、刻板的舊式教育的反思,從而拉開了新時代教育改革的序幕。

二、理論基礎:從唯心主義哲學觀順應自然

在唯心主義(idealism)哲學思想的影響下,福祿貝爾的教育理論也帶有一些宗教神祕主義色彩,甚至可以說,福祿貝爾的整個教育體系,都是建立在唯心主義哲學觀的基礎上。

教育孩子的出發點

《人的教育》開篇第一句話，福祿貝爾這樣寫道：「有一條永恆的法則在一切事物中存在著、作用著、主宰著……這條支配一切的法則必然以一個萬能的、不言而喻的、富有生命的、自覺的，因而是永恆的統一體為基礎……這個統一體就是上帝。」簡單來說，在福祿貝爾的理論中，上帝是一切事物的根源所在，一切事物都是在上帝精神的作用和主宰下存在於世上的。在這樣的前提下，教育就變成了人們領悟上帝精神的途徑和方法，只有透過教育，人們才能更好地表現出自身所具有的上帝精神。由此可見，在福祿貝爾的概念中，教育的本質是唯心的，教育影響的是人們的精神和心靈。

在這個基礎上，福祿貝爾又指出，人們無法直接感受他人的內在精神。比如，面對一個素未謀面的人，如果雙方沒有交流，彼此之間是很難知道對方的性格、品德是怎麼樣的。對於人的內在精神，人們常常是透過他人的外在表現加以認識的。比如，一個人將撿來的東西物歸原主，藉由他做的這件事，人們就能知道他是一個拾金不昧的人。

因為內在精神具有需要透過外在表現來感知的特質，不少人會認為教育就是以人們的外在表現為連結，從外部出發對內部發生作用的過程。但福祿貝爾卻認為這樣的方式是不對的。因為外部只是內部的外在體現，產生決定作用的仍然是內部，如果我們從幼兒和少年兒童的某些外表現象直接推斷他們的內在本質，是很容易出現錯誤的。很多時候，大人會對兒童做一些不必要的抱怨、不適當的指責，也會對孩子抱有愚蠢的期望，原因就在於此。舉例來說，我們不能因為極個別的孩子在兩三歲的時候表現出極高的天賦，就對所有兩三歲的孩子都抱有極高的期待，我們更不能因為一個孩子在三四歲的時候背不下來幾首古詩，就斷定他天資愚笨。事實上，對於絕大部分孩子來說，他們的學習能力都是符合他的年齡層的，有

的時候孩子表現出來的接受困難,只是他當下所處階段的學習能力還不足以支持他接受這個層面的知識。對此,福祿貝爾得出以下結論。

教育應該順其自然,我們不能打著教育的旗號干預兒童的自然發展。在福祿貝爾看來,教育應當是容忍的、順應的,而不是絕對的、指示性的。為了說明這一觀點,福祿貝爾舉了園丁修剪葡萄藤的例子:「葡萄藤應當被修剪,但修剪本身不會為葡萄藤帶來葡萄;相反,不管出自多麼良好的意圖,如果園丁在工作中不是十分耐心地、小心地順應植物本性的話,葡萄藤可能由於修剪而被澈底毀滅,至少它的肥力和結果能力被破壞。」這裡的葡萄藤指的就是孩子,而修剪就是教育。就像園丁按照葡萄的生長規律來修剪葡萄藤一樣,我們也應該按照孩子的成長規律來進行相應的教育,如果只是一味按照我們的主觀想法對孩子進行教育,孩子很有可能會像因為胡亂修剪而枯萎的葡萄藤一樣,出現我們都不願看到的結果。當然,這並不是說絕對的、指示性的教育完全不能出現。福祿貝爾認為,當受教育者有了一定的自覺性之後,這樣的方式同樣是可取的。比如,當學生到達一定的年齡後,能夠與老師和家長的意見達成一致,這時就可以採取絕對的、指示性的教育方式。

保證教育順其自然的關鍵,在於人的各個發展階段之間的連續性。簡單來說,人的一生有嬰幼兒、少年、青年、中年、老年等許多階段,這些階段之間並不是相互獨立,而是由一點連續在內部進行,彼此互相關聯。尤其是在教育中,我們不能單純地以年齡或年級來斷定學生的發展階段,更不能要求他們超越自己所處的發展階段,而是要從智力、情感等多個方面綜合判定他的發展階段。舉例來說,一個孩子到了上國中的年紀,家長和老師便以國中生的標準來要求他,事實上,從心智、性格等多個方面來看,這個孩子還處於五年級的水準,所以對他來說,五年級的教育方式才

是最適合他的。而事實是,「要求孩子超越自己所處的發展階段」這種情況很常見,比如我們熟知的〈傷仲永〉的故事就是如此。幼時的方仲永展露天賦,但是他的父親沒有繼續培養他,而是讓他早早地像成人一樣開始賺錢,沒繼續接受教育的方仲永錯過了最好的學習時機,最終「泯然眾人矣」。

勞動教育是一種重要的教育方法。福祿貝爾認為,勞動是人了解自己的唯一途徑,因為人們在勞動的過程中,存在於人們身上的上帝精神,也就是精神本質,會在人們自身之外以一定的形式表現出來,這樣人們就能夠了解到自身的精神。因此,福祿貝爾認為,無論哪一個成長階段的教育,都應該把勞動當作重要的教育方法。

三、核心內容:各時期教育的具體論述

《人的教育》共有五章,除了總結性闡述福祿貝爾教育理論的首尾兩章外,中間的三章寫的是關於幼兒、少年、學生期實施教育的具體內容。在這一部分,福祿貝爾把受教育者的學習階段按年齡劃分為嬰兒期、幼兒期、少年期、學生期四個時期,福祿貝爾認為,人們在接受教育的時候,必然會在各個發展階段表現出不同的特點,教育者如果事先了解這些特點,就能夠「有的放矢」,從而更好地實現教育的目的。

嬰兒期:福祿貝爾認為,嬰兒期的主要任務是人體各種器官的發育,其中,他首先強調了感官發育的重要性。對於一個剛出生的嬰兒來說,出於探索外部事物的天性,他會盡可能地去了解所有他接觸到的外部事物,而人的感官就是實現這一過程的工具。比如,某些新生兒的家長會刻意地在嬰兒附近發出聲響,這時嬰兒在聽覺的引發和刺激下,會下意識地看向

06　《人的教育》：真正的教育，從讀懂「人」開始

聲音的來源，這樣他的視覺也就得到了發展。正是透過多種感官的聯動配合，嬰兒慢慢地對外部的事物產生全面且立體的認知，從而建構起對外部世界的初步認知。

在感官的發育過程中，嬰兒的身體也在發育。舉例來說，嬰兒透過自己的感官，發現了一些令他感興趣的事物，比如正在播放著的電視機，又比如懸掛在床邊不斷發出聲響的風鈴，在這些事物的吸引下，嬰兒會想讓這些事物離自己更近一些，於是他慢慢伸出手，想要抓住這些東西，這樣在潛移默化中，他的四肢就得到發育。福祿貝爾認為，對於嬰兒期的人來說，最重要的是感官、四肢等人體器官的運用和練習，至於這些運用和練習有沒有產生結果，是不重要的。為了讓孩子在這一階段得到良好的發育，福祿貝爾認為不能讓孩子在沒有精神活動的狀態下，獨自待在床上或搖籃裡太久的時間，為此他提議，可以在孩子的自然視線內掛一個鳥籠，鳥籠裡放一隻活躍的小鳥，這樣就能持續地刺激和引導孩子的感官活動，從而讓他在表情和四肢等方面得到全面的發育。

幼兒期：當感官、四肢得到充分發育的兒童，開始自主地向外表現自己的內在本質時，嬰兒期便宣告終止，取而代之的是幼兒期。福祿貝爾認為，從幼兒期開始，真正的人的教育便開始了，而這一階段的教育責任，依然是由家庭來承擔。在福祿貝爾看來，幼兒期的教育任務主要在於智力的培育和保護，其中包括保障幼兒的身體健康、擴大幼兒對周圍生活的認知範圍、提高語言能力和創造力、進行初步的道德教育等。

想要實現這些目標，福祿貝爾認為最好的教育方式是遊戲。在福祿貝爾看來，遊戲在兒童發育的過程中有著重大的教育意義，因為在遊戲中，兒童能夠充分地表現出自己的創造力和主動性，並能透過遊戲將自己的內在本質表現出來。針對這一階段，福祿貝爾專門設計了許多能夠激發幼兒

潛力的遊戲，例如繪畫、分類計數、講故事等。

整體而言，幼兒期就是兒童從探索外部世界到自主向外表現內在本質的過程。在前半部分的嬰兒期中，感官的發育尤為重要，因為在感官的刺激和引導下，孩子才能在表情和四肢等方面得到全面的發育；而在後半部分的幼兒期中，最關鍵的教育方式則是遊戲，透過遊戲，孩子能夠充分地發揮自己的創造力和主動性，從而將自己的內在本質表現出來。

少年期：與普遍的認知概念不同，福祿貝爾教育理論中的少年期指的並不是十幾歲的人群，而是入學前的兒童。福祿貝爾認為，這一階段的兒童最主要的特點是，他們會使外部的東西成為自己內部的東西，簡單來說就是學習。出於強烈的好奇心和求知慾，少年期的孩子十分渴望從周圍的事物中找到內在的關聯，於是他們會透過遊戲的方式來使自己得到滿足，但相對於遊戲來說，最能夠滿足這種渴望的則是家庭生活。

福祿貝爾認為，家庭成員對於兒童來說就是他的生活楷模，在家庭生活的影響下，他會按照家庭成員生活中的樣子來表現自己。比如，當孩子看到媽媽在做飯，他也會去嘗試模仿媽媽的動作，在這個過程中，可以促進孩子四肢的發育。在福祿貝爾看來，對於孩子想要幫助家長做事的自發要求，家長不應該拒絕，而應該表示肯定和支持，否則孩子的內心活動會被擾亂，他們會覺得自己被密切連結的整體拒絕了，由此產生的孤單情緒，會使他們變得易怒和懶惰。

出於保護兒童做事的積極性原則，福祿貝爾認為，兒童所做的一切自發活動都有正面的意義。比如，孩子爬樹、踩水坑等行為，在一些家長眼中是危險且不衛生的，但在福祿貝爾看來，這是兒童勇於冒險的表現。兒童會在冒險的過程中見到很多他們不熟悉的事物，對此他們會提出各式各樣的問題，在尋找這些問題答案的過程中，他們的知識和眼界就會不斷地

得到豐富和開闊。

即便在這個過程中，孩子可能會犯一些錯誤，這也主要是因為他們年幼無知且沒有得到正確的引導，所以才出現了大家都不願看到的結果。這種時候，教育者不應該把孩子看成「邪惡的、詭計多端的小鬼」，而是應該積極地去引導他們做出正確的行為。為了積極地引導這個階段的孩子參與正確的活動，福祿貝爾認為，教育者可以為他們提供和創設一些活動條件，比如，讓孩子在自己的花園裡種植作物，每一個村鎮設定一個供兒童使用的公共遊戲場所等。

學生期：當孩子成為學生，即進入學校學習時，學生期就開始了。福祿貝爾認為，這一階段承擔主要教育任務的是學校。在進入學校之前，孩子的活動和認知範圍基本上都是以家庭為單位，在這個基礎上，學校的任務就是使從狹隘的家庭圈子走出來的孩子走向更廣闊的世界，幫助他們從以往對客觀事物表面的、非本質的觀察，轉向對客觀世界本質的觀察，從而對客觀世界形成更加全面且立體的認知。

基於學校的教育任務，福祿貝爾認為，一名學校教員的作用在於向學生指出並讓他理解事物內在的、精神的本質。從這點來看，只要教員在傳授知識的同時，幫助學生理解了事物的內在本質，那麼不管他的身分是什麼，都可以算是名副其實的教師。對此，福祿貝爾還專門批判了另一種教師，這種教師帶領孩子認識了非常多的事物，但卻沒有指出這些事物之間的內在關聯，從而讓教育浮於表面，達不到實際上應該達到的教育效果。比如，一名數學老師向學生傳授了有關計算的種種知識，卻沒有將這些計算知識在現實生活中的運用方法進行說明和講解，這樣的教育就是浮於表面的。

07

《兒童的人格教育》：教育孩子的首要和核心問題

現代自我心理學之父 —— 阿爾弗雷德・阿德勒

阿爾弗雷德・阿德勒（Alfred Adler，西元1870～1937年）是奧地利心理學家、精神病學家及醫學博士，與佛洛伊德、卡爾・榮格（Carl Jung）並稱為「20世紀三大心理學家」。阿德勒也是人本主義心理學先驅和個體心理學的創始人，被稱為「現代自我心理學之父」。1902年，阿德勒參加了佛洛伊德的週三討論會，成為精神分析學派的核心成員之一。但是，兩人的觀點卻逐漸產生了分歧。1911年，阿德勒公開反對佛洛伊德的泛性論，兩人關係由此破裂，隨後阿德勒創立了個體心理學。1920年，阿德勒成立了兒童指導中心，隨後累積了大量實踐經驗並逐漸形成了獨特的兒童教育理論。1976年，以他的心理學理論為基礎而形成的父母效能培訓課程風靡整個西方社會。他的代表作有《兒童的人格教育》（The Education of Children）、《自卑與超越》（What Life Could Mean to You）、《理解人性》（Understanding Human Nature）、《生活的科學》（The Science of Living）等。

《兒童的人格教育》首次出版於1930年，是阿德勒的代表作之一，也是世界兒童教育領域經久不衰的名著。他認為，人的人格結構形成於童年期，童年期的認知是對一個人一生造成影響的關鍵因素，而教育的關鍵就在於使孩子在童年期得到正確的指導。因此，幫助兒童形成正常的、健康的人格是教育兒童的首要和核心問題。阿德勒反覆強調，要用正確的方法幫助兒童培養和建立起獨立、自信、勇敢、不懼困難的特質和積極與他人、集體合作的能力。在這本書中，他列舉了多個真實案例，並從環境、

07 《兒童的人格教育》：教育孩子的首要和核心問題

家庭、教育等方面對這些案例進行了分析和研究，然後又根據這些因素提出了解決問題的辦法，從而幫助孩子建立健全的人格。

一、為什麼要寫這本書

西元 1870 年 2 月 7 日，阿德勒出生於奧地利維也納郊區的一個猶太商人家庭。他的家庭屬於中產階級，但他卻有一個不幸的童年。從小因患脊柱症而身體孱弱、行動笨拙，喉部也常因哭叫而感覺窒息；3 歲時，睡在他身旁的弟弟夭折，幼年時他還有兩次被車撞的經歷，因此十分畏懼死亡；他 4 歲才會走路，5 歲患有嚴重的肺炎，因此他決定痊癒後去當醫生。他求學時成績平平，數學成績極差，但在父親不斷地支持、鼓勵下，最終成為班上數學成績最好的學生。1895 年，阿德勒獲得維也納大學醫學博士學位，最初身為一名眼科醫生，在看診時，他特別注意病人因身體器官缺陷而產生的自卑感，認為源於身體器官的自卑感是驅使個人採取行動的真正動力。上述這些經歷與他後來獨特的教育思想的形成有著密切關係，比如他認為「自卑感和追求優越感這兩種傾向在社會人群中是普遍存在的」，「正是出於自卑，我們才會對優越感有所追求」。

超越自卑和追求優越的思想貫穿於阿德勒的代表作中，比如，在《自卑與超越》一書中，他認為「每個人都有不同程度的自卑感，因為沒有一個人對其現時的地位感到滿意；對優越感的追求是所有人的通性」。追求優越是阿德勒個體心理學理論的核心，阿德勒認為追求優越也是支配個體行為的總目標，而超越自卑是阿德勒個體心理學理論的重要組成部分，阿德勒認為超越自卑也是個人追求優越的基本動力。

1920 年，阿德勒任教於維也納教育學院，在學院裡規劃、指導兒童

參與活動,還成立了兒童指導中心。同時,他與學生一起在維也納的30多所中學創辦了兒童指導診所。阿德勒認為,每個人在幼兒時期,都會漸漸形成一種生活模式,並根據此種生活模式形成生活的主觀目標,但因每個人的生活模式不同,每個人的主觀目標也就不完全相同,因此研究心理過程應以每個人的特殊經驗為對象,故阿德勒的心理學被稱為「個體心理學」。個體心理學是以「自卑感」與「創造性自我」為中心,並強調「社會意識」。此後,阿德勒開始關心兒童的教育問題,他致力於把個體心理學的理論應用於兒童教育的實踐中。阿德勒關於教育的研究主要集中在兒童的人格教育方面,1930年出版的《兒童的人格教育》中指出「這裡的教育當然是指學校課程之外的教育,即不是學科教學,而是指最為重要的人格發展」。

二、核心內容:追求優越與超越自卑

從《兒童的人格教育》這本書的書名我們就能看出阿德勒的寫作用意——指導兒童的人格發展。阿德勒認為「人格教育」就是指由家庭、學校和教育諮詢場所共同實施,致力於培養兒童的社會興趣、合作精神,使兒童形成正確的生活風格和完善的人格的教育。人格教育的最終目的就是讓兒童真正理解生活,能夠面對生活中的問題,比如學業問題、職業問題、婚姻及家庭問題,最終實現自我價值。

首先,我們要知道人格是什麼?美國著名心理學家、人格心理學創始人高爾頓・威拉德・奧爾波特(Gordon Willard Allport,西元1897~1967年)考證了50種有關人格的定義,得出了大多數心理學家所推崇的人格的定義。奧爾波特認為,人格簡單來說就是「一個人真正是什麼」,更具體地說,「人格是個體內在心理物理系統中的動力組織,它決定人對環境適

應的獨特性」。

　　整體而言，人格具有獨特性、穩定性、可塑性、統合性和功能性 5 種特性。人格的獨特性指一個人的人格是在遺傳、環境、教育等因素的互動作用下形成的，因為不同的遺傳、生存及教育環境形成的各自獨特的心理特點；人格的穩定性，是指個體在形成、發展與成熟等各個階段，表現出的穩定性；人格的可塑性是指人格不是一成不變，而是具有可塑性；人格的統合性是說人格具有內在統一的一致性，受自我意識的調控，是心理健康的重要指標；人格的功能性是說，人格決定一個人的生活方式，甚至決定一個人的命運，因而是人生成敗的根源之一，當面對挫折和失敗時，堅強者能發憤打拚，懦弱者則會一蹶不振，這就是人格功能性的表現。

　　那麼，在人格的諸多特性中，阿德勒主要關注哪些特性呢？阿德勒的視角主要聚焦在人格的統一上，他著力研究人格的統一性是如何促使個人努力謀求發展。在阿德勒的著作中，所謂人格統一，就是每一個人的發展及其行為都是由他如何理解事物而決定，而不是從孤立封閉的事件去理解兒童。早在幼年時期，人格的統一性就開始發展，人們逐漸把自己的行為和表現方式融合在一起，形成自己獨特的行為模式。平時我們很難看到人的人格統一性全部顯露出來，它隱含在個體人格之中。我們要了解孩子，就要了解他的整個生活狀態及其人格特點，以及他在所做事情中的表現。所以，人作為個體，主觀看待現實生活的基礎，才是人格統一性的基準。我們必須牢記一點：每個孩子的發展都是由他如何理解事物而決定。

　　因此，在分析一個人在成長過程中的錯誤，或者是失敗經歷時，要看他是如何看待事物的，並可以據此分析其在認知上有無偏頗，因為這個人的特殊心理經驗是對他一生造成影響的關鍵因素。就像孩子身上表現出來的特殊行為舉動，如逃課、懶惰、撒謊等問題行為，身為教育者不能把這

些特殊行為抽離出來獨立分析，這會導致對這些行為的誤讀，也無助於兒童的發展。

阿德勒認為，個體人格形成的動力就是追求優越，人們都渴望成功，就會不斷渴望獲得優越感。早在1908年，阿德勒就認為攻擊性是所有行為背後的動力，此後不久，他將攻擊性改為「男性抗議」，指追求支配別人的一種權力意志。1912年，他發現用「男性抗議」來解釋正常人的動機不太合適，於是便用「追求優越」來取代「男性抗議」。「追求優越」是阿德勒的核心思想之一，根據人格統一性的原則，阿德勒認為人格的各種動機都指向一個方向，那就是追求優越感。阿德勒受德國哲學家尼采「超人哲學」思想的影響，認為人都有一種「向上意志」或「權力意志」，這種天生的內驅力將人格匯成一個總目標，人力圖做一個沒有缺陷的「完善的人」。因此，羨慕別人、勝過別人、征服別人等都是追求優越感的人格體現。

追求優越感雖是天生的，但也會逐漸發展。初起時它只是人的一種潛能，每個人都以自己的方式力求實現這種潛能。我們可以看出孩子追求優越感的現象，比如，一部分孩子說起考試就臉色大變、渾身發抖；玩遊戲時，有的孩子總想在遊戲中命令別人。阿德勒認為，每一個孩子都會朝著不同的方向追求優越感，大約從5歲開始，首先確立一種優越的目標，以此來指導人的心理發展；追求優越感的孩子身上有「追求優越」的特質，比如爭強好勝。但是，對於孩子來說，追求上進固然是好事，但若有過強的野心，為自己定下的目標過高，便會讓孩子產生自我否定，變得不自信，反而不利於孩子的身心健康和正常發展。因此，引導孩子的優越感朝著有益的方向發展就非常重要。那我們應該怎樣引導孩子的優越感呢？

阿德勒認為，引導孩子的優越感要以與社會大眾利益相符合為基礎。

07 《兒童的人格教育》：教育孩子的首要和核心問題

追求優越有兩種方法：一種是病態的追求個人優越的方法；另一種是追求社會興趣，使每個人都獲得成功，這是心理健康者的行為表現。阿德勒指出，追求個人優越的人很少或根本不關心他人，其行為目標是受過度誇張的自卑感驅使的，殺人犯、小偷和騙子均屬此類。但是，有許多人把追求個人利益用表面的關心社會隱藏起來，提供人一種關心別人的表面印象，而實際上卻當面一套背後一套，阿德勒認為這就是一種病態的追求個人優越的表現。而且要牢記一點：孩子並不清楚自己在生活中所遇到的問題究竟意味著什麼，所以，當他們偏離正確軌道時，是無法在負面經驗裡得到正面教訓的。為了避免孩子以一些不合適的行為來引起大人的注意，我們應著重培養孩子的社會情感，為孩子樹立社會意識，使孩子的優越感努力向一個能切實有所成就的方向展開。

　　人們都渴望獲得優越感，但不論哪種渴望都離不開自卑心理。阿德勒認為個體人格形成的重要前提就是人的自卑感。和佛洛伊德把人的原始動機看作是性因素不同，阿德勒深信自卑感是人的行為原始的決定力量或向上的基本動力。他還注意到，有自卑特點的人終將以行為補償他們自身的弱點。例如，一個人因口吃而自卑，卻會促使他加強訓練口才，他有可能成為演說家，就像電影《王者之聲》（*The King's Speech*）裡的主角那樣。當然，阿德勒更強調的是一個人對器官缺陷的態度，而不是說每個有器官缺陷的人都能發展相應的能力。後來，阿德勒把器官缺陷所引起的自卑擴展到自卑心理。比如，一個出身低賤的人可能會有社會自卑感；一個相信自己不夠聰明的人也可能會有自卑心理。按照阿德勒的觀點，我們每個人的本性中都有一種自卑。每個人一生下來都要依賴別人才能生存下去。正是這些自卑，才讓人竭力補償自己的弱點。所以，自卑感既對個體有正面的作用，對社會也有正面的作用。在許多情況下，因自卑而有的補償行

為,是一種健康的反應,可以驅使人挖掘自己的潛能。但是補償也會表現為負面的一面,如果兒童因自卑而受到父母的過分冷落,兒童就會用不正常的方式來表現補償行為。比如,過分追求表揚,故意犯錯以引起父母的注意等。自卑兒童儘管自覺「低人一等」,但往往會比正常孩子更追求家長和教師的表揚,而且可能採用弄虛作假、考試作弊等不誠實、不適當的方式。在阿德勒看來,補償作用是人們的一種極普遍的心理現象,在「向上意志」的驅使下,人們的這種補償行為,將一直持續到生命結束才會停止。一個人若是不能成功地進行補償,就會產生「自卑情結」,輕則患上心理疾病,重則失去生活的勇氣。

　　一般來說,孩子形成自卑心理的原因通常與過去的經歷有關,如家庭關愛太少,或是在接受教育時被要求得過於嚴苛,或是因為身體缺陷。嚴重的自卑心理將使孩子產生忌妒心理,使他們的破壞欲變強。那麼怎樣防止自卑心理為孩子帶來危害呢?

　　孩子對自己的處境,通常沒辦法完全控制,這必然導致他們會犯一些錯誤。這時候就需要對孩子提供合適的教育,阿德勒認為,教育孩子的最佳方式就是讓孩子在一個理性範疇內從實踐中得到學習的機會,這樣就比較容易以接近客觀現實的方式來形成他們自己的邏輯,而不受其他人思想的束縛。身為家長或老師,應把教育孩子的重點放在以孩子的思考方式來理解孩子上,對於孩子的種種行為及反應要加以分析,盡可能地幫助他們樹立正確的人生觀,幫助他們鼓起勇氣去解決遇到的問題;讓孩子建立社會情感,盡可能地為孩子打好基礎,使他們有能力獨立面對今後的生活並能夠努力解決生活中遇到的困難。

三、分析對象：人格完善的因素

　　社會興趣是追求優越和超越自卑的重要影響因素。阿德勒指出，應該著重培養孩子的社會興趣。那什麼是社會興趣呢？阿德勒認為，人是社會性生物，在人的本性上天生就具有社會興趣的潛能。社會興趣不僅是一種涉及一個人與別人交往時的情感，而且也是一種對生活的評價態度和認同能力。他指出，人的社會興趣最初是由兒童與其父母的早期相互作用而產生的，因此，父母的重要任務之一就是召喚和培養兒童的社會興趣，而對兒童的溺愛和漠視則是影響兒童社會興趣畸形發展的兩個重要原因。社會興趣代表一種更合理、邏輯上更為徹底的世界觀。孩子會在5歲之前形成自己的一套生活方式，所以家長一定要把握好這段時間，幫助孩子建立起社會興趣，並培養他適應社會的協調能力。

　　每一個犯錯誤的孩子，他們的背後都會附帶一些環境問題，那麼了解環境的影響，對孩子的人格發展、社會興趣發展有重要的作用。

　　孩子在家庭中的出生順序對孩子的人格發展、社會興趣有著重要的影響。阿德勒認為，長子在弟妹出生之前，在家庭中往往處於中心地位，隨著其他孩子的降生，他的中心地位會發生變化。他的性格特徵是聰明、有成就需求，但害怕競爭。次子則經常處在競爭狀態中，有雄心抱負，並具有反抗性，因此，次子往往是最幸運的。最小的孩子由於受到過分的溺愛，因此獨立性較差，雖然雄心勃勃，卻十分懶散，難以實現自己的抱負。獨生子和長子的情況差不多，他的競爭對手主要來自學校。對孩子的教育開始得越早越好，應在孩子形成固定的行為模式前開始，以溫和、鼓勵的態度去教育孩子，使孩子能夠盡量客觀地面對現實生活。

　　學校環境對孩子的心理發展也具有重要影響。一個新的環境就是對孩

教育孩子的出發點

子的一個測試,根據孩子的反應,可以看出他為此做出的準備及其潛能和隱藏的性格,從而判斷他們的成長狀況。阿德勒認為,對於孩子的學習成績,不應該只單純關注分數高低,而應該將其視為孩子在學校裡心理狀態的反映。他還研究了補課、跳級、資優班和後段班、男女同校、科目等學校環境因素對孩子的影響。最終認為,只建構理想的教育是遠遠不夠的,還應該在學校專門為孩子建立可以進行心理諮商及心理輔導的診室。在學校這種新環境中,不能用成績去否定孩子,而要努力幫助孩子適應學校的環境,從而讓孩子取得進步。

孩子還會間接受到外界環境的影響。孩子的父母會受到外界環境的刺激,並形成一種心態,然後他們的這種心理狀態又會對孩子造成一定的影響。其中,外部的經濟環境對人的影響巨大,這是教育者必須首先考慮的。比如,經濟異常拮据將會影響孩子的身體健康和心理健康;患病的經歷也會讓孩子的性格有很大的改變;家庭環境也會影響孩子,如果在封閉的家庭,其社會參與度低,就不利於孩子建立社會情感;家庭經濟條件的變化對孩子的人格形成也有影響,暴富家庭的子女往往會成為問題兒童;還有父母之間的關係、孩子的玩具、祖父母的溺愛等,都對孩子的發展產生影響。在這些因素的影響下,阿德勒認為,父母對孩子的責任不僅僅是教會孩子讀書寫字,還要幫孩子建立起社會情感和勇氣,同時要注意會對孩子產生影響的外力,只有這樣才能使孩子成長得順利一些,遇到的困難少一些。

怎樣展開性教育,也是孩子成長過程中不可避免的話題。如果沒有正確的性教育,也會對孩子的發展不利。每個處在青春期的孩子都會有不同的表現,他們有的勤奮進取,有的言行笨拙,有人俐落,有人邋遢。幫助孩子解決青春期裡可能遇到的麻煩,最好的方式就是幫助孩子建立起與他

人的友誼，讓孩子和孩子之間能夠成為好朋友。阿德勒認為，性教育不僅包括兩性生理方面的問題，而且關係到如何教育孩子以正確的心態來看待戀情及婚姻。

　　所以，教育成功的關鍵在於使孩子得到正確的指導。在這裡，教育指的是，發展孩子的人格，對其進行培養和訓練，這才是至關重要的教育內容。父母和教師是孩子發展的指導者，對其有著重要的影響。在激發孩子的思想及潛能方面，應該盡可能地避免因受干擾而放棄，要傾盡所能地去幫助每一個孩子，使他們獲得勇氣和信念。同時，在對有問題的孩子進行教育時，一定要客觀、全面地考慮形成問題的原因所在，並堅信自己有解決問題的辦法。

教育孩子的出發點

08

《教育漫話》：培養實踐家的紳士教育體系

啟蒙時代最具影響力的英國思想家和自由主義者 —— 約翰‧洛克

　　約翰‧洛克（John Locke，西元 1632～1704 年）生於距離布里斯託大約 12 英里的威靈頓村，西元 1647 年，他進入倫敦就讀西敏中學，之後前往牛津大學基督教堂學院學習。當時，雖然洛克的學業成績很好，但卻感到大學課程的乏味和枯燥，在他眼裡，笛卡兒等人的著作要比大學教材有意思。1679 年，洛克撰寫了《政府論》（*Two Treatises of Government*）一書。1683 年，由於涉嫌刺殺國王，他逃亡至荷蘭，並一直待在那兒，花費了許多時間重新校對他的《人類理解論》（*An Essay Concerning Human Understanding*）以及《論寬容》（*A Letter Concerning Toleration*）的草稿，直到光榮革命結束為止。1688 年，洛克返回英格蘭，抵達英國後他開始將大量的草稿出版成書，其中包括《人類理解論》、《政府論》、《論寬容》、《教育漫話》（*Some Thoughts Concerning Education*）等，洛克的著作影響了伏爾泰（Voltaire）和盧梭。《教育漫話》是由洛克流亡荷蘭期間寫給友人討論其子女教育問題的幾封信整理而成，於 1693 年出版。

　　洛克的工作極大地影響了認識論和政治哲學的發展，甚至有人認為，他的理論激勵了美國革命與法國大革命的誕生。

一、為什麼要寫這本書

　　17 世紀的英國社會充滿了動盪。在經濟上，英國的圈地運動促進了大規模手工工廠的誕生，資本主義經濟的迅速發展，使經濟的重要性被提升

到前所未有的高度。那時的人們也逐漸意識到培養掌握外語、拓展海外商業貿易所需要的紳士型人才不能只依靠傳統的封建教育，而是需要推動教育改革，重新建立一套紳士教育的體系。在思想傳播上，當時的歐洲人文主義晚期思想正傳入英國，這種思潮影響下的教育理念正是要培養經驗豐富的實踐家和優秀公民，剛好與英國經濟發展需要培養紳士型人才的目標一致，因此很快引起了英國社會對「紳士教育」的重視。當時所有的教育活動都圍繞培養紳士展開，洛克的《教育漫話》就是在這樣的一種背景下誕生的。

《教育漫話》並不是一本學術著作，而是一本友人之間進行交流的書信集。早在西元1683年，洛克就開始和朋友愛德華・克拉克（Edward Clarke）以書信往來的方式討論子女教育問題，在長期的通訊交流過程中，克拉克深受洛克的教益，於是就建議洛克把這些書信整理出版，以傳播洛克的「紳士教育」思想。洛克採納了克拉克的建議，把10年來的書信整理修訂，1693年，《教育漫話》正式出版。洛克在《教育漫話》中對克拉克先生說，「這些『漫話』本是屬於你的，因為它們是我在數年前為你寫的，內容是你在我的信札中所知道的」。《教育漫話》就是在英國資產階級社會背景下洛克和友人克拉克討論教育問題的書信集。

二、研究目的：建立培養實踐家的「紳士教育」體系

洛克《教育漫話》一書的研究目的就是希望建立一種不同於傳統封建教育的、培養實踐家的「紳士教育」體系。書中指出，教育的目的就是培養「紳士」，即「有德行、有用、能幹的人才」，他們既有健壯的身體，又兼備「德行、智慧、禮儀、學問」的特質。那麼，「紳士」應該是什麼樣的形象呢？英國的洛克研究者認為，紳士就是具備上層社會的思想和行為舉

止，具有清晰的理智和堅強的意志，掌握經營工商業的知識和技能，儀態高雅，舉止適度，通曉世故人情，善於處理公私事務，勤奮勇敢，既能滿足個人幸福生活需求，又能促進資本主義發展的資產階級事業家。以上就是「紳士」的形象，而圍繞培養「紳士」這個目標來拓展的教育就是「紳士教育」。英國資產階級和新貴族都希望建立一種培養實踐家的「紳士教育」體系，他們希望以此來鞏固資產階級地位和英國國家地位。

三、核心思想：「白板說」與「德智體」三位一體

有關洛克「白板說」的論述。身為英國早期經驗主義的代表人物之一，洛克反對當時流行的「天賦觀念論」。所謂「天賦觀念論」就是認為人類的意識、思想、觀念這些東西都是上天賜予我們的，自從人出生後，觀念就已經存在於人們腦中了。而洛克認為人出生後，心靈像是一張白紙或者一塊白板，人所有的知識、理智、觀念等都是建立在經驗的基礎之上的，這就是洛克提出的「白板說」。同時，洛克還主張「我們的心理活動是觀念的一個來源」，這樣一來，觀念就起源於兩個地方，一個是經驗，另一個是心理活動。經驗的東西來自我們自己的感官認知，比如說我們可以感覺到花香、粗糙、光滑、細膩等，這都是我們的經驗，但經驗得到的東西不足以讓我們理解複雜的概念，所以洛克就提出了心理活動，這裡所講的心理活動主要是依賴「反省」的方式，人透過內心反省才能理解更為複雜的觀念。

有關洛克德育思想的論述。洛克的德育思想主要內容可以分為三大部分，一是道德教育在「紳士教育」中的重要地位；二是「紳士」應當具備的三種品德；三是培養「紳士」良好品德的方法。在《教育漫話》中，洛克用

了大量的篇幅來論述自己的德育觀，同時也提出了許多相關的教育原則。他認為德育應當是「教育的靈魂」，德行要比所謂的學問、知識、理智重要得多，要把德行放在比知識更重要的地位上來認知。在洛克的眼裡，「紳士」有了德行不僅可以滿足個人幸福生活的需求，而且能獲得一種成就感。

那麼，一個「紳士」應當具有哪些德行呢？洛克認為「紳士」應當具有三種德行，即有遠慮、富有同情之心或仁愛之心、有良好的教養和禮儀。對於這些良好的德行，教師應當怎麼培養呢？

洛克提出了下面的方法，要「及早管教」、「因材施教」、「施行獎勵和懲罰」、「進行說理教育和榜樣引導」。

「及早管教」是指應儘早對孩子進行道德教育，培養孩子的自制能力越早越好。洛克告訴人們，凡是有心管教自己孩子的人，應該在孩子很小的時候就加以管教，做父母的如果能在子女記事之前，就堅持有效的教育，讓子女變得溫和，容易接近人，那麼就可以使子女在成長過程中學會自制，懂得自我約束。

「因材施教」是指在道德教育過程中，教師應當注意兒童的個性差異，在實施道德教育之前，要考慮孩子的天性以及每個孩子的獨特性，只有了解到兒童心理特徵的普遍性和差異性，教師才可以有的放矢地實施教育。

「施行獎勵和懲罰」是指教師可以利用獎勵或懲罰的方法來實施教育。洛克認為，兒童一旦懂得被尊重與被羞辱的意義之後，贏得尊重與避免羞辱是對他們的心理最有力量的一種刺激，如果教育者能使兒童愛好名譽、懼怕羞辱，那就使他們具備了一個做人的基本的原則，這個原則會永

遠發生作用，使他們走正道。在洛克看來，教師不能濫用獎勵與懲罰，而應遵從一定的獎罰原則。

另外，「進行說理教育和榜樣引導」也可以培養兒童德行。說理的方法是對兒童進行道德教育的一種真正的方法。兒童和成人交流後，會懂得做人做事的道理。兒童都希望被當作理性動物去對待。值得注意的是，說理教育要符合兒童的認知水準和理解能力，不能一味地只顧說理，而忽視兒童自身的理解能力。榜樣教育也是一種非常重要的道德教育方法。「榜樣示範效應的力量勝於教條的規範」，教師要選擇一些發生在兒童生活中的、真實的事件來引導兒童向事件中的主角學習，學習他人的優秀特質和有教養的行為。將一些事例呈現在兒童面前，同時說明如何評判什麼是好的事情什麼是壞的事情，以及二者之間的區別，這樣就可以引導兒童按照好的榜樣去做，從而養成「紳士」的德行。

有關洛克的智育思想的論述。在智育問題上，洛克認為，教育必須使人適合於生活、適合於世界，而不只是適合於學校。知識教育應該有，但應居於德育之後，發揮輔助作用。正像洛克在書中所說，「學問是應該有的，但它應該居於第二位，只能作為輔導更重要的特質之用」。洛克認為，智育應當以智力發展為重，只有掌握多方面的知識，「紳士」才能成為善於處理實際事物的人，才具有處理個人生活和公共事務的智慧。

在教育內容上，洛克主張智育的教育內容應當是有用的，是能夠幫助「紳士」在獲取個人幸福方面發揮作用的知識和學科，而不是將學習重點放在古典學科的學習上。「紳士」要學習的應當是實用型的知識，包括閱讀、寫字、語言、數學等；應當是修養型知識，包括修辭學、邏輯、音樂、繪畫等；應當是娛樂型的技能，比如舞蹈、騎馬、擊劍等，這些都是洛克認為培養實踐家的「紳士教育」體系中的智育內容。

在發展學生智育的教學方法上，洛克認為要考慮兒童的興趣和需求，尊重兒童的心理特點，激發兒童的好奇心，逐步訓練兒童的思維。洛克強調要有興趣地學習，寓讀書於娛樂之中，要讓兒童把讀書學習看成是一件快樂的事情，這樣他們才會有興趣地去學習。教師要注意激發兒童的好奇心，鼓勵他們去探索。好奇心是自然賦予兒童的一種絕好的工具，可以幫助他們去除生來的無知。教師還應當按照兒童的年齡特點，認真回答問題；要當著兒童所敬重的人，讚揚他們的求知欲；要故意讓兒童看到新奇的東西。最後一種培養兒童智育的方法，就是主張培養兒童的思維訓練要循序漸進，要按照由易到難的過程進行思維培養。每次訓練，不能灌輸太多，要按照兒童的可接受標準來進行教育，這和古羅馬教育家馬庫斯・法比尤斯・昆提良（Marcus Fabius Quintilianus）的「緊口瓶子」的思想有著相似之處。昆提良認為，緊口瓶子不能一下子容納大量流進的液體，卻可以慢慢的、甚至被一點一滴地灌進的液體所填滿。只有按照瓶子本身的小口特徵和它的容量，採用量力的方法，水才能倒進去。這裡的瓶子就是指學生，倒水的人是教師，水就是知識。這種循序漸進的教育思想與洛克的思維訓練所遵循的教育原則是一致的。

有關洛克的體育思想的論述。《教育漫話》開篇提到，「健康之精神寓於健康之身體，這是對於人世幸福的一種簡短而充分的描繪」，健康的身體是「紳士」事業成功、個人生活幸福美滿的首要前提，「紳士」要成為紳士，必須有健康的身體，這也是洛克為什麼強調體育重要的原因。

在洛克的「體育」概念裡，體育一詞不僅是指體育鍛鍊，更多的是討論身體的保健問題。他反對溺愛兒童，主張讓兒童多到戶外去進行體育鍛鍊，要讓陽光、空氣、水這樣的自然之物滋養兒童的身體。「這樣，他就既能忍受冷熱，也能忍受晴雨了，若是一個人的身體連冷熱晴雨都不能忍

受,那對於他在這世上沒有什麼幫助了。」、「戶外生活對他們（指兒童）的面孔並沒有損害,他們愈是在戶外生活,他們便愈強壯健康。」

在飲食方面,洛克認為應清淡簡單,兒童要少吃肉,如果要吃,也最好是以少量的、清淡的牛羊肉為主。對於兒童來說,水果、牛奶、粥、麵包、蔬菜等是最好的食物。他在書中寫道:「水果是健康管理中的一個最大的問題,這於幼童尤其如此。我們的始祖正是因為它而失去了樂園,無怪我們的幼童即使以健康為代價,也抵制不住水果的誘惑。」

在兒童用藥方面,洛克認為,「一定不要為了預防疾病而給兒童服用任何藥物」,「與其把孩子交給一個喜歡濫用藥物的人,還不如讓他順其自然來得安全」。就是說,洛克更加信任自然的生命成長,這也是他從一位專業醫生角度回饋人的建議。

教育理論的探索

09

《教育知識的哲學》：教育理論的體系建構

德國當代著名教育學家 —— 沃夫岡‧布熱津卡

沃夫岡‧布熱津卡（Wolfgang Brezinka，1928～2020年）是當代德國最著名的教育學家。貼在布熱津卡（也譯作「布雷岑卡」、「布雷津卡」、「布雷金卡」）身上的標籤，首先是「批判」，說的是他對以往教育學研究的反思；其次是「理性主義」，說的是他認為教育學想要成為受人尊重的科學，必須走經驗描述、邏輯建構的道路；最後是「元教育學」，這是布熱津卡的創見，目的是解決教育學理論的深層危機。

布熱津卡，1928年6月9日生於德國柏林，先後就讀於德國薩爾茨堡大學、奧地利因斯布魯克大學、美國哥倫比亞大學和哈佛大學，大學期間分別學習了心理學、教育學、政治學、社會學等。1951年，在奧地利因斯布魯克大學，布熱津卡獲得了哲學博士學位。之後，布熱津卡一直在大學任教。1954年，他獲得了教授備選資格；1958年，他被聘為德國維爾茨堡高等師範學校的教授；1967年，他擔任德國康士坦茲大學教授，直到退休。退休後，布熱津卡移居奧地利，成為奧地利科學院院士。布熱津卡的履歷簡單，但他的成就卻很耀眼。毫不誇張地說，布熱津卡開創了教育學研究的一條新路徑。

《教育知識的哲學》在「德國教育科學學會」評選的「20世紀最重要的教育學著作」中，列第12位。從時間上看，這本書不算是新書，最早的版本是1971年出版的德語版，之後，布熱津卡不斷地修訂這本書，陸續出版了其他語種的譯本，包括英語、西班牙語、義大利語、捷克語、日語等。

09　《教育知識的哲學》：教育理論的體系建構

一、為什麼要寫這本書

布熱津卡是 1990 年代隨著「元教育學」傳至中國，隨後才逐漸被東方人熟知。

1940、1950 年代，教育學研究充斥著各種流派，如結構主義、存在主義、功能主義等，各派別各持己見、爭論不休。在布熱津卡看來，這對教育學的發展來說並不是好現象。他說：「在全球，教育學文獻普遍缺乏明晰性，與其他大多數學科相比，教育學被模糊的概念以及不確定的內容、空泛的假設或論點充斥著。」意思就是說，很多教育學研究得頭頭是道，但卻沒什麼標準，無法形成共識，還有不少假大空甚至不知所云的內容。

1966 年，布熱津卡在德國《教育學雜誌》上發表了一篇題為〈科學教育學的危機在最近出版的教科書中的表現〉的論文，這象徵他開始了對教育學理論研究的挑戰。此後的十多年，布熱津卡逐漸形成了自己的「元」理論。

但「元」理論並不是布熱津卡原創出來的。「元」是中文表述，在英文中，是「meta」的字首，意思是「在……之後」、「高一層」、「超越」。這樣的研究近似於本體論，討論更高、更終極的問題，簡單一點說，它解釋的是「在什麼之上是什麼樣」。我們舉些例子：元哲學，討論人從何處來、人往何處去；元物理學，討論宇宙的起源，空間、時間的意義；元邏輯學，討論邏輯符號的形式系統；元心理學，討論人的心理本質等。

布熱津卡借用了「元」的意義，認為「元理論」是教育學更高一層的理論認知，是在之前所有教育理論基礎上的理性反思。1971 年，他寫出了《從教育學到教育科學：教育的元理論入門》及《教育的元理論：教育科學、教育哲學、實踐教育學基礎的入門》（*Metatheory of Education*）。

布熱津卡「元教育」的研究是有系統的。除了在《教育知識的哲學》一書中,他從批判性的角度,探討人們所熟知的教育理論,布熱津卡還有其他的相關專著。

　　一本是《教育科學的基本概念:分析、批判和建議》。在這本書中,布熱津卡確定了教育科學的意義,並從不同角度,明確了教育科學的很多概念,如教育目的、教育需求、社會行為、學習目的、可教育性等。很多內容與《教育知識的哲學》第一章《教育科學》相應和。

　　一本是《教育目標、教育方法、教育成果:對一門系統的教學科學的貢獻》,英文版將書名譯為《教育目標、教育方法和教育成果:建構一個教育科學的體系》。在這本書中,布熱津卡討論了教育科學與實踐的相互關係。很多內容與《教育知識的哲學》第三章「實踐教育學」相應和。

　　《教育知識的哲學》,足以讓我們以小觀大,並繼續深入布熱津卡研究的全貌。尤其是東方世界在接受了布熱津卡「元教育」的基礎上,更是看到他的批判勇氣和創新精神。布熱津卡「元教育」的理論框架,也許不能完全適用於大眾的教育學,但他開創的很多研究角度,還是對人類教育帶來很多啟發。

二、理論結構:以教育學、教育理論、教育科學、元教育學四個層次為主幹

　　在《教育知識的哲學》中,布熱津卡為教育學搭建了一個層層遞進的理論結構。因為在布熱津卡看來,大多數人對教育學的看法太籠統。教育的對象是人,教育是為了促進人心智成熟而不斷完善自我意識的社會活動。假如離開人或者離開社會,教育無從談起。一般來說,只要與人的教

育有關的內容，都可以稱為教育學。這是一種概括的說法。布熱津卡按照歷史時間的順序，梳理了眾多學者對教育的看法、對教育的研究、對教育的批判等，認為這其中有從對教育性質的認知到教育理論的產生，再到教育科學的發展的一條線索。

教育學是對教育性質的認知。教育學要回答這些問題：教育的目的是什麼？教育的方式是什麼？教育的內容是什麼？

關於教育的目的。在古老的歐洲，教育被認為是一種藝術。英國哲學家培根（Francis Bacon）認為，教育是「講述和傳授的藝術」；捷克教育家康米紐斯（John Amos Comenius）認為，教育是「把一切事物教給一切人們的全部藝術」，強調了教育使人成為更好的人的意義，這種說法的贊成者很多；德國哲學家黑格爾說，「教育學是使人們合乎倫理的一門藝術」；俄國教育家康斯坦丁‧烏申斯基（Konstantin Ushinsky）說，教育是「一切藝術中最廣泛、最複雜、最崇高、最必要的一種」，因為「教育學力圖滿足個人和人類的最偉大的需求，滿足他們求取人的天性本身完善的願望」。同樣，布熱津卡也認可的是，教育是對人的靈魂的塑造。

關於教育的方式。教育不是紙上談兵，而是具體應用的。打個比方，每一位被教育者都是一粒有潛能的種子，需要教育者的精心培育。所以，教育是經驗，很多具體的經驗被歸納總結，就形成了教育學。大學裡有教育學科系，透過系統學習相關的經驗，再經過一定的訓練，就可以擔任教師，進入教育行業。從這個角度講，像德國教育家赫爾巴特說的那樣，「教育學是為教育工作者的工作意圖提供系統說明，並幫助他們掌握傳授知識的方法」。

關於教育的內容。在教育的過程中要傳授知識。但知識沒有邊界，是

無窮無盡的。教育的內容是傳授知識，那麼，要傳授哪些知識？又為什麼要傳授這些知識呢？或者說，在教育學中，如何界定知識的有用、無用，還有知識的難易程度？又如何說明哪些知識用哪種方法教，教到什麼程度呢？可以說，隨著教育活動的複雜化，教育學的內容也越來越複雜。

而教育學家解決這個難題的辦法，就是將教育學理論化，將關注的焦點轉移到教育的一般問題上，逐漸形成教育理論。比如，原來討論的是，數學課要先講加減法，再講乘除法，先講平面幾何，再講立體幾何。在教育理論中分析的是，對兒童來講，要打好基礎，加減法學不好，乘除法就學不好；平面幾何都搞不明白，立體幾何會一團糟。總之，教育理論是將教育問題抽象化，再進行普遍意義上的論證。

但在布熱津卡看來，這個辦法，並不是有效的。因為所謂的教育學理論化，並不是從教育學自身提煉出來的理論，而大多是移植了其他學科的理論，如社會學、政治學、心理學、倫理學等。布熱津卡認為：「作為一種學術性學科，教育學陷入了深刻的危機，在這門學科中，人們更多看到的是互相矛盾的意見而非知識，是一廂情願的思辨而非現實主義的態度，是意識形態和世界觀而非科學。沒有哪一門學科像教育學這樣氾濫著非科學的廢話、派性的熱情和教條主義的狹隘性。」所以，不能放任教育理論的隨意發展，而應該從科學的角度衡量、以科學的方法限定。

布熱津卡認為，教育學是以研究教育的客觀規律為目的的一種科學，它以經驗為基礎，以實證為方法。具體地講，教育科學以教育經驗為基礎，再透過對教育活動的觀察、統計和分析，得出教育規律。這些教育規律只有透過實驗驗證，才能指導教育活動。

不過，教育科學也不是終極的，終極的是「元教育」，也就是教育的

「元理論」，是教育科學的理論。布熱津卡認為教育學是科學，所以稱為教育科學，因為科學是有理論的，教育科學也是有理論的。進而，教育的元理論研究的是教育科學的理論，或者說，是對教育科學理論的批判與反思。

教育的元理論是描述、批評、規範教育科學理論的。布熱津卡提出的教育的元理論，包括兩方面內容：一是關於教育學基本概念的語言分析、邏輯分析、經驗分析和意識形態分析。比如討論對教育科學的語言的要求，分析教育科學的概念的多樣性、模糊性；再比如討論教育學價值中立的意義，反對意識形態對教育的干預。二是關於教育學學科性質及教育理論的基本分類的分析。

三、主要內容：
教育科學、教育哲學、實踐教育學的元理論

布熱津卡將教育學元理論分成三類，即《教育知識的哲學》這本書的三章，分別是關於教育科學的元理論、關於教育哲學的元理論、關於實踐教育學的元理論。

第一類，教育科學的元理論。

在布熱津卡看來，作為社會活動的有機組成部分，教育活動的重要性值得全社會高度重視，對教育目的、教育行動、教育影響等方面進行科學研究，就是教育科學理論。教育科學理論基於教育經驗形成，這是表層的。那麼，深層的是什麼？是教育科學理論的假設性與驗證性。由此，布熱津卡明確了自己的立場，即教育科學理論不是透過收集、觀察經驗的結果，而是透過提出相對好的假設，然後再去驗證的。如果驗證通過了，假

教育理論的探索

設成立，就有這條教育科學理論；如果驗證沒通過，假設不成立，就沒有這條教育科學理論。也就是說，所有的教育科學理論，都是大膽假設、小心求證得來的。這就是布熱津卡提出的教育科學的元理論，分析的是教育科學理論假設、驗證的原理。歸納起來，教育科學的元理論的內容，主要有三點。

第一，教育科學理論的提出，是需要順序的。首先是對教育經驗的總結、歸納。教育經驗是從具體事件中得出的，但事件千千萬，要分析它們的背景、比較它們的異同。例如，在 A 條件下，發生了事件 P，又發生了事件 Q；而在 B 條件下，發生了事件 P，卻沒有發生事件 Q。那麼，理論上就要分析條件 A 和條件 B 的影響，再假設條件 A 和條件 B 的結果。其次是透過推理，將一定條件下成立的理論，整合為一切條件下成立的理論。對教育學來說，一定條件既包括教育者、受教育者的千差萬別，也包括社會現象、社會環境的多種多樣。一切條件則是教育科學理論的絕對性，不受任何條件的影響。

第二，關於教育科學理論的邏輯驗證。所謂邏輯驗證，最簡單的說法就是，教育科學理論不能自相矛盾，前後理論陳述要合得上，要符合從主到次、從因到果、從具體到一般、從現象到本質的邏輯關係。

第三，關於教育科學理論的經驗驗證。任何的教育科學理論，都不能違背常理。既要尊重個體，更要尊重社會。

布熱津卡引用了奧地利哲學家卡爾·波普爾（Karl Popper）的一個隱喻：「科學理論的粗糙的結構是建在沼澤上的。」意思是說，教育科學理論不可能是完美的，無論是理論的提出、假設還是驗證，都有各式各樣的殘缺。所以，我們必須繼續完善教育科學理論，這是建構教育科學元理論的

09 《教育知識的哲學》：教育理論的體系建構

意義之所在。

第二類，教育哲學的元理論。

教育哲學本身就很抽象，布熱津卡關於教育哲學的元理論更抽象。在《教育知識的哲學》第二章的一開始，布熱津卡肯定了教育學必須依賴於哲學的觀點，然後，他分析了多種有關哲學的概念以及多種教育哲學的觀點。

關於哲學的多種概念，布熱津卡從古希臘開始講起，哲學或者被理解為具有自身價值的知識，或者被理解為一門普遍的科學；又講到基督教時期的歐洲，哲學逐漸變成了認識論；最後落腳到19世紀至20世紀，哲學成為思辨的、形而上學的代名詞。無論在哪個時期，哲學與科學都是分分合合的，所以，教育哲學與教育科學也混淆不清。

關於教育哲學的多種觀點，狹義上來講，教育哲學只是關於描述教育的科學經驗；廣義上來講，教育哲學是在普遍意義上描述教育。布熱津卡比較偏向狹義的說法，在他看來，「教育哲學的目的，在於為教育家提供教育科學所不能提供的規範和價值」，所以，教育哲學自身也要有一定之規，而不能沒邊際的空談理論。布熱津卡教育哲學的元理論，在某種程度上，就是對教育哲學的限定，大致有三個方面：第一，教育哲學的核心是討論教育的終極目的，也就是教育對人的道德的影響，對人類社會的作用；第二，教育哲學的內容是確立教育目的，分析教育者、受教育者、教學內容、教育組織等，並對相關問題進行哲學論斷；第三，教育哲學是規範性的。布熱津卡說的「規範性」，與「先驗」有相通之處。也就是說，教育哲學不是經驗總結，而應該是超越經驗的。

第三類，實踐教育學的元理論。

在布熱津卡看來，教育實踐自身也是有理論的。布熱津卡說，「人們創造教育實踐理論，是用來為教育者提供合理的教育行動所需要的實踐知識」。從這點出發，實踐教育學的元理論，就是用來取捨與規範教育實踐理論。

布熱津卡的實踐教育學的元理論，主要有三點：教育實踐理論不是指實踐了什麼教育，就要有什麼理論，是必須吻合於教育科學與教育哲學；教育實踐理論的內容，是為具體的教育行動提供規範，所以，教育實踐理論不能與現實的教育情境發生衝突；與教育科學、教學哲學相比，教育實踐理論更容易理解、通俗易懂，或者說，教育實踐理論是在可操作性層面，簡化了教育科學與教育哲學。

布熱津卡認為，科學的教育理論側重於實證、哲學的教育理論側重於思辨、實踐的教育理論側重於實踐，但無論是哪種理論，其上都有元理論。布熱津卡就是要用元理論來描述、批評、規範教育學理論，希望能有一個更超越的視角來研究教育學。不過，這種超越的視角曲高和寡，既不好理解，也不易被接受，更不易繼續研究。

10　《高等教育哲學》：在歷史程序中尋找實踐的理論基點

《高等教育哲學》：在歷史程序中尋找實踐的理論基點

高等教育哲學理論的奠基人 ── 約翰・塞勒・布魯貝克

約翰・塞勒・布魯貝克（John Seiler. Brubacher，西元 1898～1988 年）是美國當代教育哲學家。1924 年開始在達特茅斯學院講授高等教育課程。1928～1958 年，任耶魯大學教育史和教育哲學教授，繼續講授高等教育課程。1958 年出版了與盧迪合著的《轉變中的高等教育》(*Higher Education in Transition*)。1959～1969 年布魯貝克在密執安大學高等教育研究中心開設高等教育思想述評課程，同時主持高等教育博士後研討班。1965 年出版《高等教育政策的基礎》，1969 年退休，繼續從事高等教育的教學與研究工作，並開始集中思考有關高等教育哲學問題。自 26 歲獲得碩士學位之後，布魯貝克一直從事高等教育學、教育史、教育哲學相關的教學和研究工作。《高等教育哲學》(*On the philosophy of higher education*) 於 1978 年出版，並於 1982 年修訂再版，此書可以說是布魯貝克 50 餘年高等教育教學研究工作的思想精華。

布魯貝克書中論述的對象是「高等教育哲學」而不是「大學哲學」。因為 19 世紀中期之前，大學是多數西方國家高等教育的唯一形式，那個時候高等教育指的就是大學教育，很多有關高等教育的論著都以「大學」的標題來冠名，布魯貝克在引用、闡述、分析和評論高等教育哲學理論的時候，不可避免地多次出現「大學」這個詞語。到了 1960 年代，美國政府頒布《莫雷爾法案》之後創辦了很多主要展開應用科學研究的「贈地學院」，加速了美國高等教育的大眾化進程，至此，「高等教育」和「大學」兩個概念才有了明顯區別。

一、為什麼要寫這本書

　　1960、1970年代是美國高等教育經受各種社會運動衝擊的艱難時期。當時，大學裡的民權運動、反越戰運動、性別平等運動、環境運動等各種社會運動此起彼伏，學生集會經常激化演變成各種騷亂暴力活動。與此同時，一些大學生和青年教師質疑並抨擊高等教育本身的性質和組織機構，一定程度上讓社會各界對高等教育的可靠性產生懷疑。

　　美國質疑、抨擊高等教育的現象反映了當時一些人並不了解高等教育具有什麼意義，這種情況反映出當時的美國高等教育未向大眾證明自身信念的確定性，也表明了美國高等教育有關各方主體，比如高等教育創辦者、高等教育活動實施者和接受高等教育服務的人，也沒呈現出內在的自我確信。或者說，當時美國的高等教育沒有反思自身的問題以回應質疑，也未向大眾證明自身價值和行動邏輯，從而導致高等教育外部的一些人以及內部的少數老師和學生對高等教育提出了合法性疑問。

　　隨著時代變遷，以往的各種教育哲學原理也不能很好地解答當時美國高等教育面臨的合法性危機。因而，反思美國高等教育，探索蘊含其中的哲學基礎，闡述美國高等教育精神理念的確定性以及證明高等教育行動邏輯的正當性等任務擺在了人們面前。布魯貝克以他的研究回應了時代焦慮。他分析論證了認識論哲學觀和政治論哲學觀在美國高等教育發展歷程中的哲學根源，並從多個高等教育活動領域證明了美國高等教育存在的合理性以及大學應該如何存在等基本問題。布魯貝克在《高等教育哲學》中深刻反思了美國高等教育文化根源具有怎樣的「智慧」，或者說具有怎樣的精神或理念，他證明這種精神或理念如何去支撐美國高等教育的發展變化，也分析這種精神或理念應如何引領美國高等教育的發展。布魯貝克的

高等教育哲學思想使人們對美國高等教育的思想根源有了清晰的了解，化解了人們心中存在的高等教育合法性疑惑。

二、研究視角：探尋高等教育的哲學根基

1960、1970年代，美國高等教育產生的「本體危機」，實際上是由於當時全球政治經濟形勢和美國社會發展變化而引起的一系列社會問題，在美國高等教育界激起的連鎖反應之一。回應質疑是美國高等教育界應有的責任。布魯貝克認為，儘管高等教育獲得合法性的途徑不一樣，但有一點卻是相同，那就是在任何歷史時期，高等教育主要是透過「高深學問」滿足時代、國家的需求而獲得其合法性。

布魯貝克縱觀美國高等教育的發展過程，結合歐洲各個歷史時期的高等教育哲學思想在美國的影響，從北美殖民地時期到美國建立之後的各個歷史階段，對美國高等教育進行了哲學觀溯源分析。他從美國高等教育確立自身合法性的不同途徑中發現「高深學問」是隱藏在美國高等教育各方面活動中的核心要素。

「高深學問」是美國高等教育存在的合法性基礎，是高等教育存在和發展的生命線。圍繞「高深學問」這個核心要素，布魯貝克層層剖析美國高等教育的教學、科學研究、學術規訓、大學使命等方面的哲學根據，勾勒出美國高等教育哲學體系的清晰輪廓。布魯貝克認為，以認識論為基礎的高等教育哲學觀主張高等教育以探究和傳授高深知識為主要目的，人們以閒逸的好奇精神去追求知識、追求真理並忠於真理、服從客觀事實；以政治論為基礎的高等教育哲學觀主張高等教育探究、傳授高深學問主要目的在於服務社會需求。因為探究高深學問以及高深學問本身對美國社會的

發展具有重要的促進作用。

　　由此，布魯貝克提出，美國高等教育哲學體系由兩方面哲學觀構成，一方面是以認識論為基礎的高等教育哲學，另一方面是以政治論為基礎的高等教育哲學，兩者反覆博弈，促使美國高等教育最終實現了追求「高深學問」的「內在學術性」和「外在社會性」的屬性融合。

　　布魯貝克開創性地提出了「高深學問」是高等教育存在的合法性基礎，它是探討高等教育哲學基礎的理論基點。圍繞「高深學問」這個核心要素，美國高等教育發展的每個歷史階段，均存在認識論哲學觀和政治論哲學觀，它們在美國的高等教育實踐中既相互對立又和諧共存，共同引領美國高等教育多元化發展。

三、核心思想：重申高等教育的合法性

　　從布魯貝克探尋美國高等教育的哲學脈絡中，可以看出現代美國的高等教育哲學觀以政治論為主導，它與認識論共同引領美國高等教育的發展過程。在一定的歷史條件下或者某個高等教育的實踐場景中，兩種哲學觀既有強烈衝突的一面，也相互補充、協調共生，共同促進美國多元化、多樣性的高等教育體系的發展。

　　第一，高等教育哲學的邏輯起點。大學是探索和傳授高深學問的場所，它的合法存在具有什麼樣的哲學基礎呢？布魯貝克提出，高等教育的獨特性在於「高深學問」。「高深學問」是一個用來做比較的概念，它相對於初、中等教育知識的程度而言，高等教育傳授和研究「高深學問」使它成為高等教育區別於其他教育及組織機構的一種本質屬性。布魯貝克認為，20世紀美國大學的高等教育哲學基礎主要有兩種，一種是認識論範疇，

10　《高等教育哲學》：在歷史程序中尋找實踐的理論基點

另一種是政治論範疇。它們圍繞「高深學問」這個基點，在美國的高等教育實踐場景中隨處可見。它們之間的衝突主要表現為：認識論哲學觀主張高等教育在探究高深學問時應設法擺脫價值影響，而政治論哲學觀則主張高等教育在探討高深學問時必須考慮價值問題。布魯貝克提出，從「高深學問」這個邏輯起點出發，用實用主義價值觀去補充現實主義認識論，既能考慮到邏輯性、客觀性，又可考慮到經驗、道德、情感、價值等主觀因素，能夠更好地調和政治論與認識論之間的觀念碰撞。在美國的高等教育發展歷史上，正是在認識論哲學與政治論哲學的不斷衝突，或此消彼長或並駕齊驅的思想引領過程中，美國高等教育在現實層面很好地實現了「高深學問」的內在「學術性」和外在「社會性」之間的價值和諧，從而造就美國多元化的高等教育系統。

第二，學術自治。布魯貝克認同學術自治是探討高深學問的悠久傳統。學術自治的具體表現主要有：就教師而言，一是由教師決定開設教學科目以及自行決定講授方式，二是由教師掌握學位授予權，三是只有教師才有資格證明學術自由是否受到了侵犯；就學生而言，一是學生可以自主決定學習科目及學習課程，二是學生可要求在教師的任命、晉升、解僱方面擁有發言權。

布魯貝克認為，學術自治是有限度的，它應該是一種相對的自治，而不是絕對。大學的組織結構已經與社會的各方面有了密切連結，大學的教授團體及其個體在學術等級中擁有了不同範圍或不同方式的自治權力，比如，在州高等教育協調委員會中、大學董事會或理事會中、學者團體中教授都具有一定的自治權力。學生的自治問題主要集中在學生的學業選擇、學術評價、校園生活等方面的主客體關係方面。由於大學是具有一定層級制度和組織結構的社會組織，學生既是高等教育的消費者，同時也是學科

組織的初級成員，他們的自治權力必然有限。

　　第三，學術自由。布魯貝克認為學術自由的合理性至少有三個支點：一是認知，以認識論為基礎，主張為了保證知識的準確和正確，強調學術自由是追求真理的先決條件，也是行使自由的先決條件，學者的活動只服從真理的標準而不受任何外來的影響，比如教會、國家或經濟利益的影響。這種思想來源於19世紀德國大學的學者行會（行會是行業的自我管理組織）。二是政治，強調言論自由（包括學術自由）是所有公民的權利。三是道德，強調學術自由的根本理由是為了大眾的利益。

　　布魯貝克認為，學術自由正如學術自治一樣，學者的學術自由也是有限度的，沒有無限自由的學術空間。從個體的角度來看，對真理的追求不僅源於這種追求具有認識論和政治論方面的價值，也源於個人道德的責任感約束，學者有學者的社會責任，如果沒有限制，學術自由本身或將成為災難或帶來災難。就探究「高深學問」的結果來說，學術自由必然促使學者們有義務為他們探索得出的研究結果或研究結論提交充分的證明，以便其他同行能夠對此做出較為準確客觀的評價。就學生的學術自由而言，教學自由屬於教師的事務，身為初學者的學生可以有選擇學習的自由，但不可能有決定教師教學自由事務的權利，學生的學習自由體現在教師的教學自由之中。由此可見，布魯貝克的論述隱藏著這樣的觀點，在準確理解何為公民自由的前提下才能實現學術自治和學術自由，才能更好地促進學術活動中的各方達成共識。

　　第四，高等教育為誰服務。布魯貝克在這部分主要關注的是高等教育的入學機會問題。他認為，高等教育理應為大眾服務，高等教育機會公正與否是分析高等教育為誰服務的核心問題。

10　《高等教育哲學》：在歷史程序中尋找實踐的理論基點

為了實現學生獲得高等教育機會的公平公正，既要發展傳統視野中菁英式的高等教育，又要大力發展新型的高等教育機構。傳統高等教育只為少數人服務，是菁英才有的特權。布魯貝克認為，接受高等教育既是一種特別權力，也是一種平等權利。他提出，為了更容易理解高等教育應為大多數人服務還是為少數人服務的問題，人們首先要承認一個思想前提，那就是造成高等教育機會不平等的原因有所差異，並明確兩個原則。

一是學生獲得入學機會不平等的原因，有些與教育目標有關，有些與教育目標無關，要承認這些原因的不同，才能更容易理解或應對不平等現象。如果學生入學機會不平等的原因與教育目標有關，那麼人們將更有可能認可這種入學機會不平等的事實。比如為了培養學術專才，在大學或學科的候選人中優先錄取學習能力更強的優等生，人們總會認可這樣的錄取機制。

二是完全實現高等教育機會的公平與公正是極其困難的問題，既要注意讓人們看到英才在高等教育中獲取的特權，也要明白英才所具有的價值。

由此，布魯貝克提出，為了滿足人們獲得高等教育的需求，盡可能使每個人的才能得到充分的培養並促進社會發展，需要發展兩種標準的高等教育。也就是在傳統高等教育機構之外，開設各種中學後教育機構作為新型的高等學校，促使各種高等教育機構在自己的領域中盡可能地發展完善。

中學後教育機構主要是指專門為已完成中等教育階段的人提供 1～2 年或更短時間的學術性課程教育或職業性訓練的初級學院、社區學院、技術學院、高等職業學校、大學（學院）的成人繼續教育學院和專門的成人繼續教育機構等。布魯貝克認為這些中學後教育機構也屬於高等教育的範疇。因為從教育階段來看，中學後教育與傳統高等教育兩者的差別只是知識傳授程度上的差別，而不是學術性質上的差別，科學知識、學術理論沒

有貴賤之分，沒有什麼知識不能納入高等教育的傳授範圍。布魯貝克認為，在慎重使用公共資源支持高等教育的過程中，堅持高等教育機會的公平公正，發展兩種標準的高等教育，必然有利於社會的繁榮發展，也有利於高等教育發揮引導分配職業階梯等級和社會位置的作用。正因如此，布魯貝克提出，高等教育的特徵應該多樣化，在「高深學問」這個哲學基點上，現實中的高等教育應具有一定的靈活性。

第五，高等教育的類型。布魯貝克認為，由於高等教育目的觀或課程觀的不同，高等教育有自由教育、職業教育與普通教育之分。

自由教育思想主張理性教育，其目的在於透過理論的學習與探究從而擴大人的想像及行動範圍。

職業教育是培養學生獲得某種職業能力，學生為職業發展而接受訓練，課程設定及教學安排具有較強的職業性、專業性。職業教育包含理論傳授活動因而具有追求理性的特質，在這方面它與自由教育是相通的。

普通教育是自由教育適應現代社會而發生變革的結果，既強調向學生傳授廣博的理論知識，又要訓練學生從事某種職業所需要的實際能力。普通教育的出現，一方面是因為職業是文化之根，文化又是職業之果；另一方面是因為知識和行動相輔相成，理論和實踐相輔相成，學生的知行統一既需要累積理論，也需要在實踐中檢驗和提升。

在現代科學技術飛速發展的社會條件下，學生掌握職業技能解決了生存問題，但還要懂得應對工作變換的能力。由此，布魯貝克認為，自由教育和普通教育不會消失，普通教育和職業教育也應該攜手並進，社會發展需要人們在普通教育和職業教育之間建立某種跨學科的連結，促使培養對象在科學與人文、功用與理念、知識傳承與人格養成等教育目標之間取得適當平衡。

10　《高等教育哲學》：在歷史程序中尋找實踐的理論基點

　　第六，傳授高深學問的課程設計。高等教育的基本職能是傳播高深學問、拓展科學研究、運用科學研究成果服務社會，在這三項基本職能中，傳播高深學問是高等教育機構誕生以來最古老的職能。

　　傳播高深學問是高等教育機構的主要活動，隨著社會環境的發展，它有了多種教學類型。布魯貝克認為，傳授高深學問的教學形式多種多樣，應基於「高深學問」這個邏輯起點去組織課程結構和課程選擇。他認為知識生產必然引起知識更新，在課程結構上並不存在某個學科只能保持單一的課程結構模式。在課程結構的設計中理論科目要與實用科目相結合，在科目組合中還要保持部分固定不變的科目以維持學問傳授與教育目標一致。同樣，在以跨學科方式規劃課程設計的時候要避免學科之間的分裂，在課程選擇中要重視課程的適切性並與高等教育目標保持一致。對於與課程結構密切相關的學生學業評價方面，布魯貝克認為，高等教育已從社會邊緣走向社會中心，社會中湧現的大量新型職業需要大量的人去學習各種專門知識才能適應工作需求，普及新的實用性課程勢在必行，傳統課程面臨實用性課程的挑戰，因此大學需要擬定多樣化的學業評價標準，以便適應學生和職業的多樣化需求。他進一步強調，儘管學生的主要學習動機之一來自學業評分制度，但從教學日的出發，應把學生的學業分數看作是衡量學生知識掌握程度的真正依據。

　　第七，高等教育中的治學道德。治學是學術界的生活方式，治學道德是學者從探索、傳授高深學問的各種活動中獲得職業的特殊道德準則。布魯貝克提到，學者所需遵循的治學道德準則包括五個方面：一是堅持學者社團中所有成員必須在高等教育的某一領域接受長時期的系統訓練，這個過程充滿了細緻的智力工作，充滿了向智慧和理性發起的挑戰以及嚴格督促；二是學者們應擁有盡可能大的自治天地，擁有自由選擇研究課題及研

究方法的權利,擁有不受外界影響而追隨自己的好奇心從事研究的自由;三是學者對自己所在的學科負有道德責任,具有獻身於學科領域的決心和信心,追求理智上的澈底性和正確性,謹慎防止純粹主觀印象影響自己的理性判斷;四是學者具有把自己的探索發現公布於眾的責任,除了公布研究結論,還需要提供支持結論的證據、以及提供與自身結論產生矛盾的事實、或制約自身結論成立的事實;五是學者還具有向大眾說明某項研究可以預見的危險後果的學術責任、維護組織利益的責任以及其他與探究、傳授高深知識有關的道德責任。

第八,對美國大學的期望。布魯貝克認為,儘管大學不是教會,但是現代大學在探索高深學問的過程中獲得了某些宗教性的職能。隨著大學從社會活動邊緣步入社會活動的中心,由於具備某些類似世俗教會的力量,大學在傳播高深學問、拓展科學研究和社會服務等職能的基礎上,還應發揮出「社會良心」的作用,引領並促進社會發展。

總之,布魯貝克以「高深學問」作為高等教育合法性的哲學基礎,分析政治論和認識論兩種高等教育哲學觀以及「高深學問」在學術自由、學術自治、高等教育服務對象、高等教育類型、課程設計、治理道德以及大學的使命擔當等高等教育實踐的情況,所產生的思想引領基礎作用。同時也在各個高等教育場景中分析了政治論哲學觀和認識論哲學觀的分歧、衝突以及融合、互補,由此建構起他的高等教育哲學思想體系,對當時美國高等教育合法性危機給予了一個正確的回應,從而化解當時質疑美國高等教育合法性的思想疑慮。

11
《教育詩》：馬卡連柯的教育哲學

蘇聯傑出的教育實踐家 —— 馬卡連柯

安東・謝苗諾維奇・馬卡連柯（Anton Makarenko，西元1888～1939年），是蘇聯著名的教育家和作家。1905年，馬卡連柯開始從教，之後一生都致力於教育實踐活動，同時展開教育理論的研究工作。他著作眾多，教育學方面有《教育詩》（The Road to Life）、《父母必讀》（The Book for Parents）、《兒童教育講座》等，小說有《1930年進行曲》、《塔上旗》，另外還有大量教育論文和講演稿。

俄文版《教育詩》第一部於1933年出版，第二、三部先後於1934年、1935年出版。《教育詩》三卷本在後續的幾十年時間裡被不斷地再版、重印，譯本在中、英、日、法、德、波蘭、西班牙等國家廣泛流傳，馬卡連柯的教育思想和教育體系在蘇聯乃至世界範圍的教育實踐中發揮著重要作用。1950年代，由中國印刷中文版《馬卡連柯全集》（七卷本），其中包括中國翻譯家許磊然在1957年翻譯的《教育詩》。

與其他教育理論類著作不同，《教育詩》包含特寫、回憶錄、日記、隨筆、小說等眾多文學體裁，語言通俗易懂，兼具藝術性和可讀性。馬卡連柯極具創造力的教育理論處處體現在這本書中，《教育詩》將馬卡連柯的大膽革新精神和教育智慧完美展現。書中塑造了眾多有血有肉的人物，馬卡連柯將教養院的流浪兒童從不守紀律、頑劣成性轉變成團結合作、積極向上的蘇維埃新人的過程描繪得感人至深。這本書不僅對當時的蘇聯教育界影響巨大，甚至在全世界享譽盛名，是教育學的經典力作。

一、為什麼要寫這本書

俄國十月革命之後，由於戰亂和白匪內亂，很多青少年流落街頭乞討、偷盜，犯罪成為他們維生的手段，更不用說接受教育形成正確的道德觀、責任感。收容流浪兒童、消除兒童違法犯罪的隱患成為當時亟須解決的社會問題。

就是在這種情形下，馬卡連柯臨危受命，擔任少年違法者工學團的校長。工學團建立後的第一年末，根據他的建議，工學團命名為「高爾基工學團」。馬卡連柯剛上任時，這所學校裡的一切破敗不堪，就連院子裡的果樹都被挖走。他即將面對的學員都是劣跡斑斑的青少年，其中的艱難可想而知。而馬卡連柯從始至終都深信，是戰爭的爆發讓這些學童變成了流浪兒童和罪犯，他們並不是天生的罪犯。馬卡連柯眼中的學員只是「普通的孩子們」，他對這些別人眼中「本性難改」的流浪兒童和罪犯有發自內心的信任。這些兒童被迫流落至此，並不是因為他們本性頑劣，所有人都有奮鬥和享受幸福的權利，所以在接受這項工作之初，馬卡連柯就完全不對這些年輕的學員們帶有偏見，他相信他與學員之間是平等的、相互信賴的。他在教育過程中完全尊重每一個學員，以飽滿的熱情對待學員，真正做到了將每個兒童都看作「發展中的人」來進行教育。

《教育詩》是一部不朽的教育經典，是蘇聯最寶貴的教育學遺產之一。此書就是馬卡連柯根據自己和流浪兒童實際接觸的親身體驗，分析研究各類犯罪兒童不同的心理情緒和生命歷程寫下的。這部如詩一般的教育著作在描寫真人真事的基礎上，進行了高度的藝術概括，作品塑造的藝術形象富有強烈的感染力，語言明快幽默，飽含了馬卡連柯的教育理想，體現出深刻的人道主義精神。

二、尊重的力量

在高爾基工學團有一個貫穿始終的做法，那就是視特殊兒童為正常兒童，尊重與要求相結合。

《教育詩》所描寫的是一群特殊兒童——流浪、犯罪兒童的學習、工作和生活，他們處於特殊的環境中，有特殊的被管理的方式。那些違法兒童在世人眼中是「本性難改、陋習難除」的，但是在高爾基工學團裡，這樣的想法是被禁止的。忘掉自己的過去，這是來到工學團的兒童首先要做的事情。盡可能地使初來的違法兒童忘記過去，不允許他們在任何場所講述自己的過去，並且，工學團要求任何人包括教師、參觀者等，都不允許提起學生的過去。對特殊的兒童實施教育最關鍵也最有效的就是把他們當作正常人看待。馬卡連柯設身處地為學童們考慮，能對他們的痛苦感同身受，任何一個陷入困境、求助無果、一無所有的人都會經受那些流浪兒童所經受的痛苦。不能將他們經受的痛苦當成阻止他們享受幸福的原因，正是這樣的尊重和接納，讓初來工學團的學童們留了下來。

尊重與要求相結合，是馬卡連柯著名的教育原則之一。要求一個人是因為對他具有的能力和可能性持有尊重、抱有信任，反過來說，就是因為尊重並相信一個人所以才會對他提出要求。在這一思想主張下，馬卡連柯要求自己與每一名教師都尊重兒童，日常教學和生活中，維護學生的自尊心。不揭短，成為一條需要嚴格執行的原則。「盡量多地要求一個人，也盡可能地尊重一個人」，嚴格的和切實際的要求是對個人有原則的尊重，把對個人的要求和對個人的尊重結合，維護學生的自尊，人自尊自愛才可能創造價值。

從學童謝苗的故事，完全地體現出馬卡連柯對學生人格的尊重。1920

年 12 月的某天，馬卡連柯到監獄接出謝苗，在和監獄長辦理出獄手續時，馬卡連柯親切地請謝苗暫時離開房間。那時的謝苗並能理解為什麼讓他離開，10 年後謝苗與馬卡連柯成為同事，馬卡連柯才告訴他緣由。因為馬卡連柯不希望謝苗看到那份出監證明，他擔心謝苗的人格會因此再次受到侮辱。在謝苗後來的回憶中，那是馬卡連柯對他溫暖的人道接觸，在他還沒有意識到人格問題的年紀，馬卡連柯用無聲的方式，以尊重和信任無聲地治癒了他。

三、集體的力量

集體教育貫穿馬卡連柯教育思想的始終。他強調個體教育與集體教育的不可分割性。因為在對個體進行教育時，一定也會對團體施加某種影響，同時，在教育集體時也是對每一個個體的教育。特殊的兒童與正常兒童的不同之處有許多，其中一點是他們進工學團後，便朝夕與共地生活在這個集體中，因此，與正常兒童相比，集體對他們的影響更大一些。

馬卡連柯的《教育詩》所描寫的工學團的工作、學習、勞動等各個方面都是透過集體管理實現。工學團建立初期，雖然第一批工學團學員已經到來，但此時的工學團學員們還不能稱之為集體。因為集體並不僅是聚集在一起的人的總體，馬卡連柯眼中的集體是有一致的目的，能夠採取一致的行動，並且配有紀律、管理、責任等職能部門的，擁有自由意志的團體。因此，將一群「烏合之眾」改變成一個集體是一個艱鉅的任務。

高爾基工學團成立的前 3 年，沒有穩固的勞動組織，直到 1922 年的冬天才成立「聯隊」和「隊長制」。「聯隊」這個制度源於一次「砍柴行動」。由於上級部門沒有為工學團發放冬天的木柴，只能由 20 多個學童組成一

個小組去樹林裡砍柴，這次砍柴行動中的小組就變成一個聯隊組織。「聯隊」這個詞是革命時期的用語，當時烏克蘭的游擊戰採用的就是聯隊作戰的方式，學童們對這種作戰的方式很感興趣，於是，工學團開始以「聯隊」命名工作小組，每一個聯隊負責一項工作，學童可以根據自己的特長選擇適合自己的聯隊。

由於還沒有形成一定的制度，聯隊剛成立時的隊長只能由馬卡連柯任命。到了第二年的春季，聯隊出現規模，隊內制度也得到了完善，隨著越來越多地召集隊長開會，學童們稱這個會議為「隊長會議」。新隊長的人選開始在隊長會議中產生，會議主要採用選舉制和隊長彙報制度。同時明確規定，隊長不享有特權，得不到額外的東西，要和其他學童一起參與每天的工作。

經過幾年的發展，高爾基工學團又成立了「混合聯隊」，它是一個臨時性的聯隊，存在的時間最多一個星期，從事的勞動任務以短期形式存在。夏天是務農的時節，學童們的勞動量都很大，在完成聯隊任務的同時，他們也開始加入混合聯隊並投入其中的工作。工學團每項任務的工作時間和工作性質都不同，比如，耕作一塊田地、運送肥料及播種、除草等。冬天進入農閒時期，學童們就轉變成半天勞動半天學習的形式。「混合聯隊」的成立一方面滿足了農業生產，另一方面合理安排了生產勞動。「混合聯隊」的成立幾乎可以為每個學童提供一次擔任聯隊隊長的機會。這種組織形式不但可以讓每位學童學習到農業生產中各方面的知識，也讓學童的組織能力和管理能力在勞動實踐中得到鍛鍊。

不論是「聯隊」、「隊長制」還是「混合聯隊」，都體現了集體的有序性，在合理安排生產工作的同時，讓學童體會勞動的樂趣，並在實踐中成長。工學團的這種組織形式也恰恰符合當時共產主義教育的要求。正是因

為有這種組織形式的存在，到1926年，工學團裡的學童都可以在勞動和工作中出色地完成任務，既可以在生產工作中更好地配合其他人工作，也可以出色地協調好整個工作的安排。

工學團是一個集體，集體因為有共同的勞動目標而激發個人的勞動潛能，個人更加注重勞動的集體利益，也更能規範個人行為。馬卡連柯在多年的教育實踐中不斷地總結經驗，形成了具有自己特色的集體主義教育原則和方法，這為蘇聯的社會主義教育事業提供了有力的支持。

四、榜樣的力量

「學高為師，德高為範。」「師範」兩個字在馬卡連柯及其同事們身上有充分體現。馬卡連柯在教育管理中最強調教師的品行，其中，工作能力和實事求是的品德是一名教師最重要的特質，巧舌如簧但教學能力一無所長的教師只能得到學生們的蔑視。在馬卡連柯的示範和帶領下，教師們不僅注重自己的教學能力，也關心學生的日常生活，以身作則，以「言傳身教」教育和感化學生。

勞動在工學團非常重要，半學習半勞動是工學團長期以來的教育模式。工學團裡的教師們不僅在教學方面為學童們提供榜樣，在勞動中也不辭辛勞、以身作則，成為榜樣。一方面，勞動是特殊的兒童在受教育過程中不可缺少的一環；另一方面則是因為當時工學團財政窘迫，需要所有人透過勞動來解決溫飽。工學團完善時期，開墾田地，飼養家畜，形成了以農業為主畜牧業為輔的勞動集體。學童根據「聯隊」的安排進行勞動，掌握了關於農業和畜牧業的知識。生產勞動所得的報酬，為工學團添置了許多教學設備，極大地改善了工學團的生活條件和學習條件。在馬卡連柯「教育

同生產相結合」的原則下，兒童透過集體勞動獲得教育。這對學童們的精神面貌有極大改善，他們形成勞動意識、激發個人潛能，其中一部分學童甚至進入工農中學，而高等學校的學習進一步啟發學童們的思想。

在馬卡連柯和學童們的共同努力下，第一批工學團考取工農中學的有7人，進入工農中學的學童會寫信給工學團，放春假也會在工學團裡一起過勞動節，整個學團成緊密團結又充滿朝氣的團體。馬卡連柯為工農中學培養一批批學生，這些學生也為留在工學團的學童們樹立榜樣。

紀律在任何一個集體中的作用都不容忽視，在高爾基工學團更是必不可少。對於這些特殊的兒童來說，紀律尤其重要。但是，馬卡連柯提出的紀律不僅僅是生硬的命令、禁止，更多的是採取教育的藝術來維持工學團的紀律。教師榜樣的作用就對嚴明工學團的紀律發揮了非常好的帶頭作用。在工學團，教師與學生同吃同住，一起學習一起勞動，沒有任何。而若有教師有差別待遇的行為會被辭退。

工學團的教師們深知，要用溫情來撫慰這些身心飽受創傷的孩子們。他們將自己全部的愛都奉獻給學童們。《教育詩》中的許多場景都十分令人感動：渾身髒兮兮、帶著瘡癩的兒童初來工學團，助理醫生兼護士葛利高里葉芙娜毫不嫌棄，為他們清洗、換藥，像母親一樣關懷呵護這些幼童；工學團的職員們像母親一樣對待年幼的兒童，這讓大孩子們備受感動，於是大孩子們學著像哥哥一樣愛護年幼的孩子們；馬卡連柯甚至跑到醫院去求情，親自送生病的孩子去醫院……這樣的事例不勝列舉，生動直觀地體現出教師有溫度的言傳身教具有重要意義。

然而，有時候教師的影響也是有限的。學生在日常學習和活動中會形成正式的或非正式的團體，他們在團體內能夠完成一定的自我教育，這種教育方式無須老師參與，是教師教學無法達到的。

馬卡連柯的「平行教育影響」思想在學校教育中也發揮顯著的作用。所謂「平行教育影響」，就是以集體作為教育對象，透過集體來教育個人的教育方法。而且教育者對集體中的每個人的教育是同時、平行的。要知道，學生之間的互動占學校生活的絕大部分，尤其是高爾基工學團這樣的全住宿式管理，所有學童朝夕生活在一起，這種情況下，學童之間的相互影響、相互教育就顯得更加重要。

五、前景的力量

　　《教育詩》中有這樣一段描寫改造過後的工學團的場景：任誰來看，哪裡都不復幾年前的破敗與惡臭了，剩下的只有一派欣欣向榮的場景。整潔的外觀、規範的言行和勃發的生命力，還有努力勤勉的公社學員考進了高等學校！這難道還不能稱作神話嗎？這樣的場景出現在高爾基工學團簡直就是奇蹟！那麼到底是什麼創造了這樣的奇蹟呢？答案就是「前景教育」。

　　「前景教育」實際上就是對學生進行前途和遠景教育。我們深入地思考一下，就能理解「前景」這兩個字對於高爾基工學團的學童們到底意味著什麼：這些學童們因為戰爭而流離失所，一步步被迫走向犯罪的道路，在殘酷的現實世界，他們沒有能夠活得好的機會和信念。向前看時，他們甚至看不到一點快樂的前景，眼前的一頓飽飯都需要他們竭盡全力，這樣的情況下，有誰還有所謂的「前景」呢？馬卡連柯深諳其中的緣由，所以他不斷地用話語和行動鼓勵這些孩子們，幫他們重拾對教育和生活的信念。在日常教學、生活中，既嚴格要求每一個人，又給予他們希望，不斷地發掘學童們的潛力，讓他們不斷成長，像登山一樣讓學童們看得到下一個目的地，看得到自己的「前景」。

馬卡連柯並沒有因為自己面對的是一群特殊的兒童就將前景目標定得很低，就像他不允許別人視學童們為特殊的兒童一樣，他為這些學童設計的前景與正常兒童別無二致。在工學團的日常生活中，不斷地進行理想教育，讓每個學生都有自己的理想，並為之努力。工程師、醫生、飛行員、教師、鞋匠……很多學童都有自己的目標和理想，從考入工農中學、升入高等學校，一步步實現自己的理想。

高爾基工學團創辦的 7 年多時間裡，條件不可謂不艱苦，收取木柴、鐵桶，到搬進特烈普凱莊園，又由特烈普凱莊園搬遷到霍爾季查島，直至為了拯救庫良日的 300 餘名學童而放棄他們辛苦經營多年的莊園和美好生活，集體搬遷到滿是糞汙的庫良日，每向前一步都是對高爾基工學團所有人的嚴峻考驗。就是在是否搬遷至庫良日的選擇中，工學團學童們更加了解「前景」的意義和個人與集體的關係。離開建設完備美好的莊園，前往一片狼藉的庫良日，讓馬卡連柯和學童們知道，停滯不前就是工學團的死亡方式，想要把這個集體發展得更好就要以集體為重，向前邁步。在這個關鍵時刻，集體成員把集體的遠景看作個人遠景，他們跟著馬卡連柯來到庫良日，將遍地狼藉的庫良日建設得欣欣向榮。這是因為，無論條件多麼艱辛，馬卡連柯總是鼓勵學童向前看，以「前景」鼓勵所有人，學童們懷著對美好前景的嚮往茁壯成長為國家的有用之才。

六、懲罰的力量

在工學團初創的幾年中，馬卡連柯一邊照顧工學團學童的日常生活，一邊調動學童們參加生產勞動，透過勞動凝聚人心、改變惡習，促進集體的發展，從而達到改造學童的目的。但是這個過程充滿艱辛和曲折，第一

批學童剛來到工學團，他們更多地是把工學團當作過夜的避難所，其他時間還是繼續做著以前的老本行，掠奪、搶劫等。剛剛進入工學團的學童經歷不同，性格也不同，他們還沒有自覺維護這個集體，所以滋生許多棘手的問題。但是馬卡連柯沒有放棄對學童們的管教，他從生活中歸納理論，從行動中分析原因，靈活運用懲罰與獎勵，致力於收容、管理和教育流浪兒童，消滅兒童犯罪現象，逐漸使學童熱愛生活、熱愛勞動、熱愛集體。

在一次集體砍柴活動中，學童札陀羅夫挑釁馬卡連柯：「你自己去吧，你們人多得很。」在連續數月艱難處境的壓抑下，馬卡連柯打了札陀羅夫三個耳光，札陀羅夫不但沒有憎恨馬卡連柯，反而向馬卡連柯道歉並跟其他學童一起去砍柴。從這以後，一切都在慢慢變好。其實透過這件事情不難看出學童們的心理，他們希望有人教導，希望有一個溫暖的家，馬卡連柯對他們進行嚴厲的教導，使學童們感受到被關注，這樣的懲罰在學童們心中代表的是被在乎。

馬卡連柯曾坦率地表明：「我可以私下對大家說：我個人確信『懲罰』在學校裡是有好處的。」由此不難看出，馬卡連柯對懲罰持贊成的態度。那麼他是一個不分青紅皂白，只要有人犯錯就實施懲罰的「暴君」嗎？不是，馬卡連柯所贊成有條件的懲罰！

一是「合理的懲罰」。何謂「合理的懲罰」呢？馬卡連柯提出解答：合法的和必要的。在青少年的德育中，懲罰可以是不可缺少的手段，這是讓心智尚未發育完全的青少年形成正確善惡觀念的必要方式。合理的懲罰制度是個體成長過程中形成堅毅性格和堅強品格的關鍵，一味地鼓勵教育會對青少年成長帶來負面影響，獎罰分明的教育才是塑造健全人格的最佳方式。因此，馬卡連柯認為，合法又合理的「懲罰」才能促進工學團學童德育的良性發展。

二是「懲罰要慎用」。這就涉及懲罰的使用時機問題。在明知懲罰不會使學生受到教育，反而讓學生形成反抗心理的時候使用懲罰，這是在錯誤行使懲罰的權利，在真正需要使用懲罰的情況下，懲罰更是一種義務，而非權利。馬卡連柯在使用懲罰時還設定幾個條件：第一條「在懲罰非用不可時才可使用」；第二條「懲罰的目的正當，單純發洩式的懲罰不符合懲罰的正當性」；第三條「集體主義制度下，懲罰必須得到大眾的贊同」。

　　在懲罰對象方面，馬卡連柯也有其獨特見解。傳統的教育觀念中，懲罰「壞學生」、獎勵「好學生」已經成為一條約定俗成的定律，但是馬卡連柯不只是一味地「懲壞獎好」，他關注所有學生的小錯誤，連學生最小的過失也不遺漏，這可以說是一種預防教育。在學生優良品行的養成方面，從細節入手，從小處進行規範，而不是等小錯釀成大錯時才來追悔莫及。

　　三是「懲罰要講究方式」。由於集體制度在高爾基工學團具有重要地位，所以馬卡連柯制定的懲罰制度需要得到集體的公認才可以實施。在教育實踐中，馬卡連柯的懲罰方式主要有禁閉、值勤、單獨談話、全體大會申斥、送交法院、延長畢業、集體諷刺、開除等。在施行這些懲罰時有一定的形式，比如，在值日人員對公社社員做出禁閉的處罰時，社員必須立正並表示贊同地大聲回答：「是！禁閉兩小時！」這種形式只是為了表明犯錯者對集體制度的認同，是為了集體更好地發展和延續。雖然工學團形成了一系列懲罰制度，但馬卡連柯本人呼籲還是要盡可能地減少懲罰，這樣集體做出的懲罰決定才能真正地收到實效，犯錯者才能真正意識到自己的錯誤並願意接受懲罰。

　　四是「懲罰應當有一定標準」。傳統懲罰中，往往採用羞辱式，或者肉體折磨式懲罰，這種懲罰方式不僅收效甚微，甚至會使學生產生奴性心理或反抗心理。產生奴性心理的學生雖然看起來很「聽話」，其實是產生

「習得性無助」，然後會因一味順從而失去自我和人格；產生反抗心理的學生則會變本加厲，在惡習之外更加頑劣，難以管教。比如，工學團成立之初有不良行為氾濫的學童，偷竊、搶劫、酗酒等積習難改，但由於當時還沒有成熟的教育方法，因此對他們的懲罰不僅沒產生明顯的教育效果，反而促使他們做出更多的不良行為。這就是隨意懲罰引起學生反抗心理的結果。所以教師在選擇懲罰方式時應因人而異、因時間和環境的不同而有所變通，應本著解決問題而非引起新矛盾的原則正確地對學生實施懲罰。

12

《教育心理學》：心理特質、心理測驗與教育科學

現代教育心理學的奠基人 ── 愛德華・李・桑代克

愛德華・桑代克（Edward Lee Thorndike，西元1874～1949年）是20世紀初美國著名的教育心理學家，動物心理學的開創者，被後人譽為「現代教育心理學的奠基人」。桑代克著作等身，一生寫有著作和論文共計507種，在教育心理學界的地位非常高。1912年桑代克當選為美國心理學會會長，1917年又當選為美國科學院院士，1921年還被《美國科學家》雜誌評為全美排名第一的科學家。

《教育心理學》（*Educational psychology*）出版於1903年，此書出版是教育心理學成為一門獨立學科的象徵。在這本書中，桑代克系統地探討了教育教學過程中的心理學問題，尤其是關於心理特質的測量與分布、心理特質的遺傳及發展特點、心理特質的關係、身心特質的關係、學習遷移、性別差異、特殊兒童、環境的影響、選擇的影響等問題，奠定了教育心理學的基礎研究體系。在此之後，桑代克還出版了三卷本《教育心理學概論》，進一步深化了教育心理學的研究體系。

《教育心理學》內容短小精悍，中譯本僅有薄薄的200頁。可以說，《教育心理學》就像一本濃縮的指導手冊，書中既有眾多的理論羅列，也有大量的實驗數據，這些理論和數據都被用來證明桑代克提出的關於教育心理學的一些既定結論。

教育理論的探索

一、為什麼要寫這本書

　　愛德華・桑代克出生於美國麻薩諸塞州威廉斯堡的一個牧師家庭。年輕時，桑代克先是在康乃狄克州的威斯萊大學獲得了文學學士學位，後又考入了哈佛大學，跟隨美國心理學之父威廉・詹姆士（William James）學習心理學，並獲得了心理學碩士學位。不過因為家庭原因，桑代克沒有繼續在哈佛大學攻讀博士學位。

　　西元1897年，桑代克申請了哥倫比亞大學的學習資格，轉入哥倫比亞大學師範學院，跟隨聲名顯赫的心理學大師詹姆士・麥肯恩・卡特爾（James McKeen Cattell）繼續學習。西元1898年，在卡特爾的細心指導下，桑代克以題目為〈動物的智慧：動物連結過程的實驗研究〉（*Animal Intelligence: Experimental studies*）的論文，獲得了心理學博士學位。論文完成後很快就以專題論文的形式，發表在美國《心理學評論》雜誌上，該論文是桑代克的成名作。

　　從哥倫比亞大學師範學院畢業後，桑代克留校任教。西元1899年，桑代克任講師，1901年升任副教授，1903年升任教授。在成為教授的這一年，他的《教育心理學》同步問世。這本書讓他聲名鵲起，他也因此成為教育心理學的創始人。在這之後長達10年的時間裡，桑代克繼續完善著他的教育心理學理論。1914年，他又出版了三卷本的《教育心理學概論》，該書是歷史上第一部教育心理學的系統著作，搭建起教育心理學研究的高樓。

　　縱觀桑代克一生的研究生涯，他一直專注於尋找人的心理行為對學習行為的影響，及如何運用人的心理行為、學習行為的規律來改善教育。他既是一名心理學家，也是一名教育學家。

桑代克認為，人和一些動物在生理構造上都有神經元。藉助於神經元的感受、傳導和塑造功能，動物、人有了連結能力。連結能力又體現為外在行為，而連結能力越強，相應的外在行為出現的機率就越高，反之，連結能力越弱，相應的外在行為出現的機率就越低。從這個角度來說，學習的過程，就是從形成連結到外在行為的全部過程。作為促進人類學習的教育，教育的目的，就是控制連結，使連結或者保留，或者消失，或者受到限制，或者改變方向。

由此可見，桑代克對教育的認知，不是對具體教育現象的分析，而是對抽象教育目的的概括。在桑代克教育心理學的體系中，一切教育、一切學習都可以用連結來解釋。所以，要研究好教育和學習，就要探索連結的規律。由此，桑代克總結三條學習定律。

一是準備律。用桑代克的原話講，「在神經元上，當任何傳導單位準備傳導時，給予傳導就引起滿意；當一個傳導單位準備好傳導時，不得傳導就會引起煩惱；當任何傳導單位不準備傳導時，勉強傳導就會引起煩惱」。也就是說，以神經元為基礎形成的連結，如果是在神經元準備好傳導的情況下，那麼，連結是好的；如果是在神經元沒有準備好傳導的情況下，那麼連結就是壞的。把這個規律運用到學習中，如果連結是好的，那麼學習者就會產生滿足感，願意繼續學習；如果連結是壞的，那麼學習者就會厭煩，就容易放棄學習。

二是練習律。練習律包括應用律和失用律。所謂應用律，就是指某種連結應用得越多，那麼連結的強度就越大；所謂失用律，就是指某種連結應用得越少，那麼連結的強度就越小。所以，如果學習是為了保持某種連結，就要不斷地勤加練習。

三是效果律。按照桑代克的說法,「凡是在一定的情境內引起滿意之感的動作,就會和那一情境產生連結,其結果當這種情境再現時,這一動作就會比以前更易於重現。反之,凡是在一定的情境內引起不適之感的動作,就會與那一情境發生分裂,其結果當這種情境再出現時,這一動作就會比以前更難於重現」。意思是說,如果某種連結使學習者產生了滿足感,當產生這種連結的情境再現時,連結就容易形成。反過來,如果某種連結使學習者產生了厭煩,當產生這種連結的情境再現時,連結就難以形成。

二、理論核心:心理測量的目的與原則

桑代克試圖透過連結理論找到人類學習的根本共性,但桑代克也清楚地意識到,人與人是不同的,無論是生理狀況還是抗壓性,每個人都不可能完全一樣。因為人的身心不同,所以產生的連結也不同。桑代克教育心理學的研究,就是試圖透過對人的生理條件和心理條件進行測量,透過數據的對比和分析,得出相應的結論。當這些結論應用於教育中時,就會使得受教育者的學習情況,最大可能地符合連結的共性。這是桑代克教育心理學研究的意義之所在。

關於《教育心理學》第一章〈導論〉部分。桑代克研究的心理學,是廣義的心理學。在桑代克看來,心理學包括許多方面,之前也有很多研究者進行了多方面的研究。桑代克大致歸納了一下,可以分成四類:其一,關於人的本能、習慣、記憶、注意、興趣的研究;其二,專門關於兒童心理學的研究;其三,從教育學入手,關於人對某一類知識、某一種學科的學習心理的研究;其四,從生物學入手,關於先天生理遺傳、後天環境影響

的心理學研究。

　　桑代克並非不認同這樣多元化的心理學研究，但他認為，這樣思緒繁多的心理學研究，長久以來，一直缺乏一種高屋建瓴的精神。在桑代克看來，心理學的研究必須基於一定規則的心理學實驗，然後才能抽象放出四海而皆準的原則。由此，在接下來的第二章、第三章、第四章中，桑代克率先說明心理測量的原則和方法。

　　關於第二章〈心理特質的測量〉。關於心理測量，桑代克的總原則是：心理特質的充分測量必須足夠精確，使我們能得出想要的結論且其他研究者如果重複做測量，也能得到一致的結果。並且，測量必須非常完善，要涵蓋符合測量目的所有重要條件的全部特徵。詳細地說，那就是：第一，在測量前，要預先設定測量單位，以使得在整個測量過程中，有一個穩定的參照係數；第二，在測量中，要設計多種樣本，並進行多次重複的測量，綜合分析多次的結果，將測量的數值保持在一定區間內，將測量的結果用本質問題表達；第三，在測量後，關於測量的數值，允許在一定程度上存在誤差，但關於測量的結論，是一定可以透過再次測量來驗證。

　　關於第三章〈心理特質的分布〉。桑代克肯定，無論是個人的心理測量，還是群體的心理測量，測量數值的分布都應該符合正態分布；測量數值的平均數和中位數，不應該相差巨大。這兩條結論，相當程度上是桑代克的假設，但到目前為止，還沒有任何實驗和證據可以反證桑代克說的是錯的。

　　關於第四章〈心理特質間的關係〉。心理特質間的關係，就是指各種心理的相互影響。在桑代克看來，分析各種心理的影響，要比分析某一種特定的心理更重要、更有意義。各種心理的測量結果，可以用比率或係數

表示，當樣本和數據足夠時，就可以分析測量結果之間的必然關係或非必然關係。

在以上章節的論述過程中，桑代克還穿插著列舉一些心理測量的例項。如透過字母表測量人複雜的知覺能力，透過學生的各科成績分析學生的辨別力、記憶力等。可惜的是，桑代克只簡略說明了實驗過程，對重要的測量數值進行分析，並沒有完整的記錄實驗報告，讓讀者讀起來，難免有些不知所云，這也是這本書的缺點。但瑕不掩瑜，桑代克提出的心理測量的目的和原則，才是這本書的要領。毫不誇張地說，如果心理測量不能符合這樣的目的和原則，也就沒有指導教育的可能，更失去了促進教育的意義。

三、主要內容：心理測量的多種情況

《教育心理學》這本書共有 15 章，中間的 9 章分門別類地說明了心理特質測量的多種情況。

從生物遺傳學的角度討論個體心理的不同。因為生物遺傳的不同，所帶來的個體心理也就不同，也就是說，每個個體的人與生俱來的個性、特質或能力等都不相同，桑代克將此稱為生物的「原始本性」。生物個體的原始本性，一部分由性別決定，一部分由遠祖或種族決定，一部分由近祖或家族決定，還有一部分由未知的因素決定。除了未知的因素外，在桑代克看來，其他的決定因素都可以有效測量。

總結其他心理學家的實驗情況以及自己做的一些實驗驗證後，桑代克認為，人心理上的不同，在一定程度上取決於先天因素，後天的影響只是刺激了人的先天的某些心理特質，外在顯現出來，或者被隱藏而已。由

此，桑代克說，「在大多數情況下，環境所產生的作用不是作為一個塑造力量，而是作為一個刺激和選擇的力量」。

那麼，從教育學的角度看，有些人的心理特質是好的，後天教育就要想方設法地將這些好的特質引導出來，比如天生有藝術才能的人、天生有領導能力且毅力韌性都很強的人；有些人的心理特質不好，後天教育就要盡可能地將這些不好的心理特質壓制下去，或者努力改變，比如閱讀障礙有很大的遺傳性，對可能遺傳有閱讀障礙的受教育者，後天就要強化其拼讀訓練。

個體心理形成差異的要素。桑代克透過大量的實驗測量數據，說明了個體心理在發展中形成的差異。在桑代克看來，性別對心理的影響是很大的。桑代克蒐集了許多實驗測量的數據，如8～14歲男孩和女孩的能力、15～17歲男孩和女孩的能力，證明了性別差異影響的必然存在。由此，桑代克反對在教育中消弭性別差異，男孩就是男孩，會有更強的戰鬥力，女孩就是女孩，會有更強的護理能力，這根本不是壞事。教育要做的，是維持、鼓勵、提高學生由性別帶來的心理優勢，而不是讓男孩的心理接近女孩的心理，女孩的心理接近男孩的心理。

隨著年齡的變化，人的心理也會變化。不能否認，人的很多心理，是生理到了一定年齡才能夠顯現出來。但是，人的生理年齡不可能等於人的心理年齡。所以，在桑代克看來，年齡與心理間的關係，只能透過對個體測量的方式，確定在一個人的身上，生理年齡越大，心理年齡也會越大，這是同向發生變化的，而不會生理年齡越大，心理年齡越小。所以，我們絕對不能冒進地認為，同樣年齡的人都具有同樣的心理發展水準。在教育中要具體問題具體分析，分析的就是後天環境為人帶來的影響。

後天環境對心理的影響。為什麼要討論後天環境的影響呢？桑代克以雙胞胎的例子說明。對於同性雙胞胎，兩個人的性別相同，遠祖或種族、近祖或家族也相同，但如果把兩個人放在不同的環境中，等他們長大之後，兩個人的心理就會出現差異，這就是後天環境的影響。

桑代克把後天環境的影響，分為一般環境的影響與特定環境的影響：對於一般環境的影響，桑代克舉了一個經典的例子，不同的學校環境、不同教師的不同教學方法、不同的班級規模，對受教育者的心理影響都不相同；特定環境的影響，其實就是特定條件的影響。桑代克認為，某些特定的條件可以影響人的心理，進而提高人的抗壓性。

不過需要說明的是，桑代克的關注點，並不是具體的「影響」，而是抽象的影響原則。在桑代克看來，之所以會對人的心理產生影響，是因為後天環境中的某種情境，在根本上影響了連結。

特殊兒童的教育問題。桑代克在這本書裡所說的特殊兒童，指的是「弱者」，尤其是智力上有缺陷的兒童。儘管有些用詞不好聽，但桑代克直言，這些在醫學上被命名為白痴的兒童，其先天和後天的生長因素都有很多特殊的地方，是值得教育心理學進一步去研究的。桑代克絕不是歧視特殊兒童，而是希望透過更精確的心理測量方式，更有針對性地進行研究，弄清楚特殊兒童先天究竟有著怎樣的不足，才能有的放矢，設定有效可行的改善方法，讓特殊兒童不至於被教育所拋棄。

13 《教育思想的演進》：教育學、社會學的交叉研究之作

19世紀西方三大社會學家之一 —— 涂爾幹

　　法國社會學家和教育家艾彌爾‧涂爾幹（Émile Durkheim，西元1858～1917年），是社會學的奠基者，同時也是教育社會學的創始人。涂爾幹的研究方向多元，代表作很多，有《社會分工論》、《社會學方法論》、《自殺論》、《教育與社會學》等。涂爾幹還創辦《社會學年刊》，並以此為陣地，組成著名的「涂爾幹學派」，對社會學中功能學派的發展，有著極其重要的影響。《教育思想的演進》（The Evolution of Educational Thought）是涂爾幹教育社會學的代表作，是史學界公認的社會史的開山之作。這本書本是涂爾幹講授「法國中等教育史」課程的講稿，該課程最早於1904年開設，後來還成為法國「大中學校教師資格考試」的理論課程。

　　涂爾幹最顯著的身分是社會學家，他與馬克斯‧韋伯（Max Weber）、卡爾‧馬克思（Karl Marx）共同被譽為19世紀西方三大社會學家。涂爾幹的社會學理論體系在社會學史上獨樹一幟。他力圖使社會學建立在科學研究的基礎上，確定社會學的研究對象是「社會事實」。而且，涂爾幹完善社會學的研究方法，讓社會學首次登上大學講臺，使社會學獲得了相對獨立的學術地位，他因而被稱為「社會學的真正奠基者」。

　　涂爾幹的教育學說是建立在社會學理論的基礎上的。他曾說：「教育從其起源、功能來看，是一種突出的社會現實，因此，教育學比所有其他科學更加緊密地依存於社會學。」可見，在涂爾幹心中，教育首先是一種社會事實。

教育理論的探索

一、為什麼要寫這本書

涂爾幹從小天資不錯，一直是成績優異的學生。他的教育經歷既簡單也穩定。西元 1879 年，涂爾幹考入巴黎高等師範學校，主攻哲學，但他對政治問題和社會問題也有濃厚的興趣。西元 1885 年到 1886 年，涂爾幹讓自己放了一年假，這一年他去德國遊學。德國大學生機勃勃的面貌及德國社會學、經濟學思想，讓涂爾幹留下深刻的印象。涂爾幹回國後，發表了幾篇有關旅德見聞的文章，如《社會科學的最近研究》、《德國的道德實證科學》、《德國大學的哲學》等，頗有見地，引起法國教育當局的注意。

西元 1887 年，法國教育部在波爾多大學文學院開設了「社會科學」一科。涂爾幹被任命為社會科學和教育學教授，主講相關課程。這是法國大學第一次公開承認「社會學」是一門學科，是社會學發展的一個突破。半個世紀之前，儘管奧古斯特·孔德（Auguste Comte）創立社會學，但沒有確立社會學的學術地位，而涂爾幹在法國學術界為社會學打開突破口，為社會學在人文科學中爭得一席之地。

1902 年，涂爾幹前往巴黎，在巴黎索邦大學教育學系任職。1906 年起，涂爾幹主持該系工作。1913 年，教育學系更名為教育學和社會學系。社會學終於在法國最有聲望的大學中獲得認可。涂爾幹面臨的是如何讓社會學被社會更廣泛地承認和接受。涂爾幹將大部分精力放在了他所創辦的《社會學年刊》上，此刊物每年都發表大量有價值的研究文獻和評論，並以此為中心，聚攏了大批年輕的學者，展開學術爭鳴的時代，由此形成了社會學菁英團體──「涂爾幹學派」。這一時期是涂爾幹學術生涯的黃金時期。

涂爾幹的理論體系不是憑空架構，而是積極吸收已有的研究成果。

13　《教育思想的演進》：教育學、社會學的交叉研究之作

　　關於社會學，涂爾幹曾研讀過孔德、赫伯特・史賓賽（Herbert Spencer）的社會學方法。一方面，涂爾幹承襲法國哲學家孔德，以實證方法研究人與社會的學術追求。他發展了孔德的實證主義，認為社會學「解釋的是與我們近在咫尺，從而能夠對我們觀念和行為產生影響的現實實在，即人」。另一方面，涂爾幹同意英國社會學家史賓賽將社會比作生物有機體的看法，但他不同意史賓賽說的「社會的個性就是人的個性的集合」，他認為，社會屬性與人的屬性不能等同，社會的執行更複雜，應該考慮的因素更多。

　　關於教育學，涂爾幹研究教育史和教育思想史。涂爾幹把前人提出的教育目的論分為兩類：一類以德國哲學家康德的理論為代表，另一類以英國哲學家約翰・史都華・彌爾（John Stuart Mill）的理論為代表。在涂爾幹看來，這兩類目的論都存在缺陷。康德認為教育「使每個人都得到他所能達到的充分完善」，涂爾幹認為這是難以實現的；彌爾認為教育「使個體成為一個為自己和同樣的人謀幸福的工具」，涂爾幹認為這種解釋更是虛妄。

　　那麼，在這些基礎上，涂爾幹是怎樣看待教育的呢？

　　涂爾幹認為：「教育是年長的幾代人對社會生活方面尚未成熟的幾代人所施加的影響。其目的在於，使兒童的身體、智力和道德狀況都得到某些刺激與發展，以適應整個政治社會在總體上對兒童的要求，並適應兒童將來所處的特定環境的要求。」也就是說，教育要培養社會中的「我」，要培養社會中的人。

　　如果我們帶著這樣的視角去看涂爾幹的《教育思想的演進》，就不難理解他在書中寓於的褒貶之意了。其中，哪些教育思想是值得肯定的？哪

些教育思想是需要改善的呢？涂爾幹把教育看作社會事實，社會在發展，教育也要與時俱進，這樣才能滿足社會發展的要求。涂爾幹說：「只有細緻地研究過去，我們才能去預想未來，理解現在。」由此，他站在社會歷史發展的宏觀背景中，基於歷史的視角，展示了法國教育的發展全景。

涂爾幹所處的 19 世紀後半葉和 20 世紀初期，正是資本主義經濟迅速發展和擴張、法國內外形勢動盪的時期。涂爾幹曾說：「我們正經歷一個危機的時期，歷史上最嚴重的危機莫過於近百年的歐洲社會。傳統的集體紀律喪失了權威，這從大眾良心的渙散以及由此產生的大眾普遍的憂慮中可以看見。」正是為了解決這些讓人頭痛的問題，涂爾幹才試圖從教育入手，為培養社會的人而努力。也就是說，涂爾幹的教育思想也是時代的產物。

與其說《教育思想的演進》是一本「社會學的書」或「教育學的書」，不如說《教育思想的演進》是一本「歷史學的書」反倒更貼切。涂爾幹在此書第一章的最後說：「只有在過去當中，才能找到組成現在的各個部分。有鑑於此，歷史倘若不是對現在的分析，又能是什麼呢？」帶著這樣的疑問，涂爾幹考察了 8 世紀至 19 世紀法國的教育制度和教育觀念，幾乎涵蓋了從早期教會教育到當時教育現狀的全過程。從歷史的角度，涂爾幹一方面分析教育制度的實踐，另一方面討論教育觀念的發展，勾勒一幅法國教育史的圖卷。

二、具體內容：法國教育的形成與發展

依據《教育思想的演進》涂爾幹設計的章節名稱和論述的具體內容，可以將法國教育的發展分為六個階段。

第一階段，早期教會與教育。依據涂爾幹的判斷，法國教育體系的起點可以追溯到基督教早期教會時期。或者說，出於推廣、宣揚和維護基督教義的需求，早期教會開設的學校，充斥了整個教育體系。涂爾幹說：「基督教本質上就需要教育，沒有教育它無法維持下去。」所以，學校一開始就具有宗教性，但教會學校一旦形成，也會主動表現出越來越強的世俗性。

教會學校會講授一些文法、修辭和辯證法，探討的是思維及其表達的一般形式，相當程度上，這些是遠離具體知識的無用之學，目的只在於讓人們更好地洞察《聖經》的諸般奧祕，從而更加虔誠地信仰基督教。

第二階段，卡洛林文化復興（Carolingian Renaissance）。涂爾幹認為，一個有組織的大型社會，需要更強的意識和更多的反思，也就需要更多的教育與知識。因此，隨著卡洛林帝國的創立，必然產生一系列重要的教育改革，即形成了縱向的、有梯度的教育體系，並大幅度地普及和推廣。

卡洛林時代的教育體系中，學校包括三個梯度：底層是堂區學校，教最基礎的知識和技藝；次高級是主教堂學校和大修道院學校；頂層是菁英階層的模範學校，即宮廷學校，所學範圍幾乎涉及人類知識的所有領域。

卡洛林時代，教育的最高目標是對知識的整體掌握，也就是百科全書式的教育。為了實現這樣的總目標，知識被分為七大門類，也稱「自由七藝」：「三科」，即文法、修辭、辯證法；「四藝」，即幾何、算數、天文、音樂。「三科」面向人的心智，「四藝」面向世界萬事萬物。「三科」與「四藝」的不同價值取向，意味著人文主義與科學主義的分野。

在卡洛林文化復興時期的課程體系中，文法的講授占絕對優勢。這一時期完全可以稱為文法時期。這一時期仍然受宗教的巨大影響，「所

有學問最終都要依賴於對經文的閱讀和理解」。涂爾幹不反對這個，他認為，每一種語言都有內在的邏輯，發掘、展示這種邏輯，就是文法要做的事情。

第三階段，經院哲學與巴黎大學。12 世紀初，法國進入卡佩王朝統治時期，巴黎成為首都，西元 1200 年建立巴黎大學。巴黎大學的重要性體現在：一方面，巴黎大學是法國教育體系的基石；另一方面，巴黎大學能充分體現中世紀的法國社會精神。

涂爾幹回溯巴黎大學的起源，研究它的形成經過。涂爾幹認為，巴黎大學具有中世紀法團的特徵，這是「一些享有特權但卻受制於嚴格紀律約束的群體」，與大多數手工業行業中的師徒制沒有什麼差別。或者說，巴黎大學是兼具教會性與世俗性的團體，它以學者的姿態，將理性引入教義之中，教義再用理性形式表達出來。

隨後，巴黎大學分化出四個獨立院所：神學院、法學院、醫學院、藝學院。前三個院系以培養學生專業技能為宗旨，藝學院則是基礎院系，帶有預科性質，要先經過藝學院的教育，才能進入其他院系。

涂爾幹重點研究了藝學院的發展。那麼，為什麼藝學院如此重要呢？原因就在藝學院講授的主要內容——辯證法，辯證法在當時被認為是學問之王。在涂爾幹看來，作為基礎院系的藝學院，它所實施的教育算不上真正意義上的高等教育，而應該算中等教育，以培養學生的心智為教育目標，實際上作用和意義更大。

此外，涂爾幹還分析全膳宿制教育體系形成的過程，就是學生在學校的食衣住行，也要盡可能整齊劃一；論證學院的學位制度和考試制度是法團組織的產物，法團組織以法團主義為核心，目的是將各種社會團體有序

化。最後，涂爾幹透過事實說明 12 世紀至 15 世紀在教育理論、組織和實踐方面是一個創新的時期。

可以說，巴黎大學從無到有、從小到大，學術研究中心固定化、教學課程穩定化、考試制度規範化、學位體制健全化等，都有利於社會思想的交流與探討、有利於社會精神的可持續發展。巴黎大學的創立與發展對法國乃至整個歐洲的教育都產生深遠的影響。

第四階段，文藝復興。在涂爾幹看來，文藝復興一開始便展現出革命的姿態。隨著法國社會市民階層的崛起和商業的繁榮，人們越來越青睞優雅的生活，追求高雅的生活品味，對過去的生活方式不以為然，這是社會發展與文明進步的體現。

眾所周知，文藝復興是一場反映新興資產階級要求的歐洲思想文化運動，而這一切，也與教育緊密相關。涂爾幹研究文藝復興興起後法國的兩大教育思潮。一是以法國文學家拉伯雷為代表，主張教育應發展個體自由，反對約束和紀律，鼓勵透過通識教育的方式來實現人的全面發展。二是以荷蘭（今荷蘭和比利時）史學家伊拉斯謨（Erasmus）為代表，認為學習知識不是教育的目標，而是方法與途徑。伊拉斯謨曾說：「任誰得享文名，吾將敬為天神」，他認為文學才是最有教育作用的學科。

後者常被稱為人文主義教育。在涂爾幹看來，人文主義教育有潛在的缺陷和危險，這樣的教育具有貴族統治的性質，它致力於塑造的那種社會，始終以貴族為中心；然而對於大多數人來說，維持生存才是高於一切的需求。所以，人文主義教育華而不實、缺乏實用性。

第五階段，耶穌會。16 世紀中葉，耶穌會法團的創立，打破了巴黎大學法團的壟斷地位。耶穌會法團迅速在學術生活中成為霸主，法國教育又

一次落入宗教的掌控之中。

但從教育的角度看，耶穌會堅持人文主義與現實主義相統一的立場，強調學生個體化發展。而且，耶穌會提供的是免費教育，它的膳宿制度非常嚴格，眾多學生同餐同寢、同讀同燭，實行導師制，建立濃厚的情感認同和學術認同，由此在社會的中下層鞏固完整的普通教育的基礎。

此外，涂爾幹還比較耶穌會與巴黎大學的近似之處，以及二者在教育立場、教育方法上的差異。涂爾幹認為，在教育風格上，耶穌會更具有執行力，巴黎大學更溫和些，但兩者是並存的，而且相互影響。

第六階段，從大革命時期到 19 世紀。以捷克民主主義教育家康米紐斯的教育理論為起點，涂爾幹論述現實主義者的教育理論。現實主義教育賦予科學知識教育重要的地位，還引入關於社會的科學，尤其是「教育人民牢記自己的精神生活固然是很重要的，但是也絕不能喪失對世俗生活和公民生活的關注」。現實主義者的教育理論的影響體現在兩個方面：一是強調科學在教育中要發揮主導作用；二是教育的宗旨在於確保社會的有效執行。

到了 18 世紀，法國大革命後出現了新的教育建制——確立中央學校。對於中央學校的教育體系，當時的教育家們持兩種觀點，有的主張建立專門的職業教育體系，有的主張講授的科目要多樣化，但體系需要整齊劃一。在涂爾幹看來，大革命時期的教育改革其實是失敗的。

三、核心問題：個體性與社會性；
人文學科與自然學科；古典主義教育與現實主義教育

涂爾幹說過，「我將作為社會學家與大家一起討論教育」，可見，他的教育學思想是他的社會學思想的組成部分。

第一個議題：在教育演進的過程中，教育的社會性如何體現？

涂爾幹認為，「教育無論根據其根源，還是其功能，都是一種傑出的社會客觀存在」。在每一種社會裡，教育都會根據不同的社會環境而變化，但教育的根本宗旨是讓年輕一代社會化。或者說，社會影響教育制度，教育制度又表現社會，並且滿足社會的需求。涂爾幹對卡洛林文化復興、文藝復興時期教育的研究，對巴黎大學、耶穌會的批評等，都是從這個根本點出發。

進一步說，教育使人從個人存在，變為社會存在。也就是說，教育的目的在於將個人培養成為社會的一分子。個人存在是個體的「我」，個體的「我」是由與個體自身、個體生活中的事件有關的精神狀態組成的人格；社會存在是社會的「我」，社會的「我」是個人的社會思想、習慣和情感的總和。當然，教育培養社會的「我」不是要完全扼殺個體的「我」，而是要遏制那些不利於社會發展的個體的「我」的自私自利人格。

第二個議題：在教育人成為社會的人的過程中，人文教育與科學教育，都應發揮怎樣的作用？

涂爾幹用心智世界、物理世界來區分人文與自然，前者是人世的現象，後者是自然的現象。同時，前者是文藝復興以來人文教育者看重的，在涂爾幹的年代，它仍在教育界占有舉足輕重的地位。後者是18世紀中期以來確立的科學教育所看重的，此後日益得到人們的重視。

教育理論的探索

　　涂爾幹批評當時的人文教育，認為在人文教育中，文學與審美的內容比重過大，不僅導致教學形式化，而且「蘊含著不道德的萌芽，或者至少是低階道德的萌芽」，只會培養出以自我為中心的封閉的人。人文教育真正所重視的，應該是培養能夠體會到人性、歷史和社會複雜的人，只有這樣才能培養人適應社會。

　　相比於人文教育，涂爾幹對科學教育的評價要好些。值得注意的是，涂爾幹所說的科學教育，不僅包括物理學、化學、生物學等自然科學，也包括心理學、社會學、歷史學等人文科學。在涂爾幹看來，科學教育的目的是幫助人們了解自己在自然、社會秩序中的位置，培養出一種新的看待自身和社會的方式，由此再來思考，我們想要過怎樣的生活，我們想要生活在怎樣的社會中，想要成為怎樣的人和公民。

　　涂爾幹還總結人文教育與科學教育的利弊，分析兩者未來的發展方向。人文教育與科學教育不應該對立，涂爾幹指出：「在處理人的世界的學科和處理事物的世界的學科之間，絕不存在什麼固定的鴻溝。事實上，它們相互包含，殊途同歸。」人文教育與科學教育有共同目標，那就是實現人的全面發展。

　　第三個議題：古典主義教育與現實主義教育如何調和？

　　古典主義教育側重於對人內心世界的建構，現實主義教育側重於對外在世界的探究，兩種不同價值取向的教育思想，必然存在衝突。在涂爾幹看來，以弗朗索瓦·拉伯雷（François Rabelais）和伊拉斯謨為代表的古典主義教育者，他們的最高追求是透過文學和審美，培養人的優雅氣質和高尚人格。現實主義教育則透過教育學生各種具體的、實際的有用知識，滿足人們的社會需求。儘管現實主義教育意義很大，但在法國大革命時卻沒有成功實施，以中央學校為代表的教育改革成果，最終以破產告終。

13 《教育思想的演進》：教育學、社會學的交叉研究之作

　　涂爾幹指出，古典主義教育與現實主義教育的對立，是導致法國教育體系混亂的根源之一，所以應該合理地調和兩者，而非使兩者水火不容，澈底否定對方。要發現兩者的內在關聯，以古典主義教育的人文導向影響現實主義教育，再從現實主義教育中汲取理性主義精神和邏輯思維方式，從而促進教育的全面發展。

　　涂爾幹提出的這些問題，不僅在他所處的時代具有重大意義，至今也是西方教育界共同關心的問題。很多西方學者試圖在涂爾幹的基礎上，建立起更完善、更具可行性的社會教育學理論，為當代社會貢獻更有益的學術力量。

14

《教育人類學》：
「非連續性教育」的基本思想及現實意義

教育人類學的創始人之一 —— 奧托・弗里德里希・波爾諾

奧托・弗里德里希・波爾諾（Otto Friedrich Bollnow，1903～1991年），德國教育學家、哲學家、教育人類學家，教育人類學的創始人之一，也是教育哲學的奠基人之一。他最大的學術成就，就是以哲學為統領，將人類學、教育學結合在了一起。在他的研究中，既有哲學的批判意識，又有人類學的寬闊視野，圍繞「人」來思考教育問題。可以說，波爾諾既透過哲學提升了教育研究的高度，又透過人類學拓寬教育研究的廣度。此外，他還提出一系列的新觀點，至今仍在全球教育界有著極大的反響。

《教育人類學》是波爾諾根據在日本玉川大學做的一系列演講的演講稿整理而成。所以，此書最先出版的是日文版，後來在補充的基礎上，才出版德文版。中文版由中國學者李其龍等人依德文版翻譯而成，並於1999年出版。波爾諾在日本講學時已近中晚年，那時的他思想已成熟。這本《教育人類學》基本綜合波爾諾的教育思想，是他研究成果的集合體。

一、為什麼要寫這本書

波爾諾有著非常傳奇的學術經歷。波爾諾出生於1903年，於1991年去世，他的一生幾乎貫穿了整個20世紀。

14　《教育人類學》：「非連續性教育」的基本思想及現實意義

波爾諾是一位擁有物理學博士學位的教育哲學家，在哥廷根大學學習物理學，師從諾貝爾獎得主馬克斯·玻恩（Max Born）。馬克斯·玻恩是德國猶太裔理論物理學家、量子力學奠基人之一。波爾諾在他的指導下，完成了一篇關於「晶格」的博士論文。如果波爾諾繼續他的物理學研究，也許會成為一名優秀的物理學家。

波爾諾曾在 1927 年至 1929 年，一直跟隨馬丁·海德格（Martin Heidegger）聽課學習。海德格是存在主義哲學大師，波爾諾受到海德格存在主義的奠基之作《存在與時間》的影響。儘管海德格的《存在與時間》是一部未完成的著作，但他在其中提出的觀點讓人振聾發聵。海德格認為，任何人只有意識到死亡，才真正算是在活著。也就是說，要先肯定死的存在，才能肯定生的存在。不過，波爾諾並不完全認同海德格的觀點，而是批判性地繼承。在波爾諾看來，被稱為「死亡哲學家」的海德格觀點太消極了。在《教育人類學》這本書中，波爾諾列有《克服存在主義》一章宣告他的觀點。在波爾諾看來，人都會死，但人不能被動地聽天由命。從理論上說，人不能簡單、消極地看待存在，而應該積極地尋找存在，再確定存在主義哲學意義上的存在。在現實生活中，人要對生活抱有信心和希望。此外，波爾諾還著有《存在哲學與教育學》，從存在主義的角度切入，提出創新的一個觀點，即「非連續性教育」。

波爾諾還受到了德國另一位哲學家威廉·狄爾泰（Wilhelm Dilthey）的影響。狄爾泰是生命哲學的創始人。狄爾泰將自然科學與精神科學進行嚴格的區分，將生命解釋為神祕的心理體驗，也就是精神科學哲學。波爾諾曾系統地研究過狄爾泰的思想，還寫了一本名為《狄爾泰：其哲學的入門》的專著。在《教育人類學》的第一章，波爾諾就回顧了生命哲學、精神科學哲學，波爾諾認為這些哲學思想對德國教育學的發展產生過直接的影響。

波爾諾自稱是狄爾泰學派，還有一個重要的原因，那就是，波爾諾在哥廷根大學時做過諾爾的助教，而諾爾正是狄爾泰的嫡傳弟子。在《教育人類學》一書中，波爾諾將諾爾的思想歸入文化教育學，評價了諾爾在「從個別教育到社會教育」的研究中所做的貢獻。諾爾著有一本名為《性格與命運》的著作，副標題是「教育以人為主」。正是諾爾的這本書，開啟了德國教育人類學研究的先河。由此，我們可以看出從狄爾泰到諾爾，再到波爾諾的一脈相承。

波爾諾思想的閃光點，就在於他的思想是哲學與教育學的整合。尤其是，他從哲學中對「人」的討論出發，從人的存在、人的生命、人的精神等方面，深入研究應該如何教育「人」這一問題。波爾諾曾說：「在哲學中，我最感興趣的，首先是直接與生命有關的實踐領域：倫理學、美學、歷史哲學、精神科學的方法論以及特別是成為哲學人類學的一切。在哲學史方面，我首先探討過去時代中能反映現代焦點問題的思潮：生命哲學、現象學、存在哲學。在教育學中，我特別感興趣的是一般哲學基礎，特別是哲學人類學問題，因此我的研究領域，最好稱為教育人類學領域。」由此可以看出，波爾諾最感興趣的，就是哲學與教育學交叉在一起的領域。

《教育人類學》，正是波爾諾哲學與教育學交叉研究的成果。因為初稿是演講稿，所以無論是討論哲學問題，還是分析教育學問題，波爾諾都盡可能地深入淺出，文章中很少有艱深晦澀的詞彙。這與那些古板且深文奧義的德國哲學專著相比，有著天壤之別。《教育人類學》這本書很薄，中文譯本僅有 133 頁，11 萬字。各章內容相對獨立，但前後之間的銜接非常自然。

二、教育人類學的研究方法：
從哲學人類學到教育人類學

「教育人類學」，這不僅是個書名，更是個研究領域、研究範疇、研究學科。那麼，到底什麼是「教育人類學」呢？

教育人類學始於19世紀末20世紀初，是多學科相互滲透的學術產物。如果我們替「教育人類學」下個定義的話，那就是：教育人類學是介於人類學和教育學學科之間的一門邊緣性學科，是一門把人類學的概念、理論和方法應用到教育領域，從宏觀和微觀、現實和觀念等方面，來描述和解釋教育現象、教育事實和教育問題，以揭示教育與人、教育與文化、社會文化與人之間相互影響和相互作用的應用性學科。

從學術史的角度來看，教育人類學有不同的流派。歸其根源，教育人類學研究之所以有不同流派，是因為人類學研究有不同的流派。那麼，什麼是人類學呢？廣泛來說，一切關於人的理論，都屬於人類學。在研究「人」的時候，既有具體的研究，也有抽象的研究。一方面，偏向於具體研究的是文化人類學，如研究人生命進化的考古人類學、研究人生物體質的體質人類學、研究人思維語言結構的語言人類學、研究人社會文化及民族文化的社會文化學等。另一方面，偏向於抽象研究的是哲學人類學。哲學人類學試圖回答「人是什麼」、「何以為人、以何為人」等終極問題，旨在重建人的概念、樹立人的意義，為人類的一切行為、活動、文化等，找到最終、結論性、詳盡的解釋和論證。

在文化人類學與哲學人類學的基礎上，美國學者側重於前者，形成了文化教育人類學派；德國學者側重於後者，形成了哲學教育人類學派。雖然兩學派的研究對象都是教育和人，都關注社會、文化與人的教育和發展

的關係,但比較看來,文化教育人類學派更強調文化傳播與個人發展的關係,注重具體民族、個人與具體的教育問題;哲學教育人類學派更強調人的完整性與教育的關係,注重一般意義上的人的教育問題,而出身德國哲學的波爾諾,正是箇中翹楚。

在波爾諾看來,他的研究是嘗試把哲學人類學的研究,卓有成效地應用在教育學中,是「教育學的人類學觀察方式」。所以,他不認為教育人類學是教育學的補充,而認為教育人類學是一個獨立的研究領域、研究範疇、研究學科,是從教育角度對各種有關人的科學的綜合研究。教育人類學要站得比教育學更高,看得比教育學更遠,教育人類學研究是一種更有意義的嘗試。

在這本書中,波爾諾探討了哲學人類學的三大研究原則,作為「教育學的人類學觀察方式」。

一是哲學人類學的還原原則。所謂「還原」,就是指要把研究的視角還原到「人」,要瞄準人,要聚焦於人。在哲學人類學家看來,文化的形成過程可以理解為人的真正意義上的生產性過程,所有的一切文化,諸如國家、宗教、法律、經濟、科學、藝術等,都是人創造出來的,如果離開了對人的討論,那麼文化研究就是無根之木、無源之水。所以我們必須從人的角度去理解文化。

二是哲學人類學的工具原則。工具原則是對還原原則的逆推。意思是,還原原則是從人的角度去理解文化,工具原則是將其顛倒過來,即從文化的角度去認識人、理解人、思考人。在波爾諾看來,一方面,儘管人創造出文化,但文化一旦生成,文化就具有了客觀性,就會成為一種客觀的存在。另一方面,人不能透過反省來認識自己,只能繞道透過自身的客觀化,也就是文化來認知自己。所以,文化可以作為考察人的工具,這就

是工具原則。

三是哲學人類學的解釋原則。波爾諾指出,「並非一切人類生活現象都是可以從文化出發來理解的。其中有些現象是直接同生活本身相連結的,而同它的文化客觀化無關。這方面包括某些身心結構的特性,例如情緒、感情、本能等」。有鑑於此,波爾諾提出第三個原則,即解釋原則。這個原則有兩個層面的含義:首先,認為人的一些生活現象不僅是不可缺少的,而且是有意義的;其次,透過對這些生活現象的理解,就能獲得對人的理解,並在整體上對人的本質作出解釋。

儘管解釋原則是波爾諾在還原原則、工具原則的基礎上提出,但三者相輔相成、緊密結合。還原原則與工具原則猶如一體兩面,相互依託,兩者本身也離不開解釋原則。從這個意義上講,解釋原則是覆蓋性的,是哲學人類學研究處處都要用到的原則。《教育人類學》的第 8 章〈人類學對空間的解釋〉、第 9 章〈人類學對時間的解釋〉、第 10 章〈人類學對語言的解釋〉,就是波爾諾對解釋原則的具體應用。

人與空間的關係及其對教育的啟示。在第 8 章〈人類學對空間的解釋〉中,波爾諾討論了人與空間的關係及其對教育的啟示,波爾諾的觀點可以分為以下三個方面。

其一,波爾諾從客觀空間出發,認為人與動物是不同的,人一直保持著直立行走的方式,由此有了垂直方向的上、下的認知。人人都寧可在上面而不願意在下面,由此有了上、下的道德意義。在上,意味著保持正直的品行;在下,意味著黑暗,這就為教育提出了要求,即要培養人努力向上的精神。

其二,波爾諾從存在主義角度出發,認為人要突破任意空間的存在,努力到達安全空間。從生活角度來說,人要努力提供自己一個家;從教育

角度來說，教育要培養人的歸屬感，不是讓人隨波逐流。

其三，安全空間俗稱為「家」，人是社會動物，不能一直蝸居在家中，要走出家門，進入外部空間。外部空間是未知的、有風險的，教育應鼓勵人面對風險時要有膽量和勇氣。如果能在精神上坦然面對一切，那麼對於人來講，所有的空間就都是自由空間。

時間對教育的啟示。在第 9 章〈人類學對時間的解釋〉中，波爾諾討論了時間對教育的啟示。波爾諾看到人對待時間的態度千差萬別，客觀時間對人是一樣的，不一樣的是人的心理時間。從短時間的角度來看，教育要教會人與時間保持適當的協調，既不要停留在時間要求的後面，也不要不耐煩地趕到時間要求的前面去。也就是說，教育要教會人合理安排時間，人的生活才能有條不紊。從長時間的角度來看，教育要教會人不憂過去、不懼未來，也就是接受過去、規劃未來，永遠抱有期待和希望。從教育本身的角度來看，教育也要在時間之中，既不能拖延滯後，更不能揠苗助長。

語言與教育的關係。在第 10 章〈人類學對語言的解釋〉中，波爾諾討論語言與教育的關係。波爾諾同意「每種語言都包含著一種特殊的世界觀」的觀點。在波爾諾看來，語言讓人認識世界，或者說，語言讓人提供世界的框架，人在以後的生活中會慢慢充實它。所以在教育過程中，教什麼語言內容、先教哪些語言內容、後教哪些語言內容等問題，都是非常重要的。而且，語言是有聲的力量，人透過語言才能表達自己，所以教育要教人學會適當的語言表達，來造就自我的意義。

波爾諾將哲學人類學對空間、時間、語言的解釋與教育連結起來。可能我們會感覺內容有點牽強，因為波爾諾的論述都是抽象理論層面的思辨，而不是具體的教育實踐。波爾諾在《教育人類學》一書的結束語中對此做出回應，「這樣的教育人類學雖然不提供可供利用的完備方案，但它

把教育活動升高為自身的意識，它使教育活動擺脫偶然條件，擴大教育者的視野，使之看到教育過程中參與發揮作用的全部關係，對這個教育有一個更深刻的理解」。通俗來講，儘管教育人類學的研究不能直接用於指導教育實踐，但是，教育人類學的研究是抽象地透視了全人類的教育，可以深化教育學的深度，提升教育學的高度，拓展教育學的寬度，使教育學有所超越。實事求是地說，波爾諾教育人類學的立意非常高遠，這也是他的成就之所在。

三、主要思想：人的可教育性

波爾諾之所以能從各個角度對教育侃侃而談，在於他的根本思想，就是人的可教育性。

這個觀點倒不是波爾諾首創。在波爾諾之前，捷克教育家康米紐斯就提出：人是可教育的動物，「人不受教育，就不可能成為一個人」。德國哲學家康德也說過，「人是唯一必須受教育的造物」。荷蘭教育家蘭格維爾特指出，「人是可以教育的動物，是能教育而且需要教育的生物，這一點本身就是人的形象的最基本標誌之一」。

在以上觀點的基礎上，波爾諾提出「人乃文化生物」的觀點。所謂「文化生物」，是人身為特殊的生物，與其他動物是不同的。「文化生物」的意義在於兩個方面。一方面，和其他動物相比，人的弱點在於身體方面有缺陷，很難抵禦大自然的一切。比如，人沒有厚厚的皮毛，無法抵禦寒冷；人類嬰兒期極度虛弱，在很長的時間內都離不開母親的哺乳等等。從這些角度看來，人必須在人工創造的環境中接受教育，才能繼續生活下去。另一方面，人的優點是有優質的大腦，而優質的大腦是人能接受教育的客觀

保障。由此，波爾諾認為，人的可教育性的根源，完全在於人的身體。

波爾諾還提出兩點教育觀。其一，高齡階段的教育。其實就是我們常說的終身教育。教育對人而言，不是哪一個年齡層的問題，而是人的一生都要接受教育。因為人始終都在向更高、更新的階段發展，會不斷產生新的學習任務。更重要的是，一旦進入高齡，很多人就會感到無可奈何，只能聽天由命。對個人來講，要保持在受教育的狀態，讓思維和心智盡可能地保持年輕；對社會來講，對老年人的關愛，也是屬於教育的事情。其二，功能教育，也就是環境教育。波爾諾認為，環境會對人有無意識的、無心的塑造作用。相對於高齡階段的教育，波爾諾在研究功能教育時更側重於兒童教育。波爾諾還提出「教育氛圍」的概念，認為教育成功與否，往往取決於環境氛圍以及在此氛圍中的教育者、受教育者的情感態度。比如，幼兒安全感的獲得，來自幼兒熟悉、受保護的環境，以及父母家人的關愛；兒童愉快心情的保持，來自學校教育環境的正向氛圍，以及教師的認可與鼓勵等。

在波爾諾看來，因為人的可教育性，所以人人要接受教育，處處要有教育。教育是美好的，教育者要有愛、要帶著信任、要帶著耐心。教育者要時刻充滿愛心、充滿信任，只有這樣才能鼓勵人在教育中一直向前；教育者要有耐心，才能使受教育者在教育中持續成長。這些波爾諾從前人那裡繼承的教育觀，都是波爾諾教育人類學的有機組成部分。

四、創新之處：非連續性的教育

相比於波爾諾「人的可教育性」的思想，波爾諾的其他大部分思想都是對前人觀點的繼承與創新，尤其是波爾諾提出的「非連續性的教育」，

14　《教育人類學》：「非連續性教育」的基本思想及現實意義

此說是對前人觀點的全面修正，是他教育人類學的閃光之處。

「非連續性的教育」中所謂「非連續」，指的不是教育時間的不連續，而是指教育效果不一定是連續的。首先波爾諾回顧以前學者的教育觀，他們認為積極的教育像工藝學那樣，承認「製作」的教育，認為教育是對人積極的塑造；消極的教育像器官學那樣，只承認「順其自然發展的教育」，讓人自發地發展。兩者都肯定了教育的連續，也就是說，教育過程是一直向前的，即使在教育過程中發生了很多意外，最終沒有獲得相應的教育效果，也是因為外部的干擾，並不是教育本身的問題。

在波爾諾看來，這樣的教育觀有瑕疵。波爾諾認為，外部的干擾並非影響或決定教育效果的根本原因，反之，應該是無論有何種外部干擾，教育都能順勢而為。波爾諾從存在主義的角度切入，認為對人的生命來說，人的一生會有很多意外，而這些意外就是生命過程的非連續性成分；從對人的教育的角度來說，就是要透過這些非連續性成分來教育人，而不能忽視或逃避這些非連續性成分，認為這些非連續性成分是不可教育、不屬於教育，甚至是破壞教育。

波爾諾把非連續性成分，分成了遭遇、危機兩大類。無論是遭遇，還是危機，任何人都無法避免。

第一類非連續性成分，遭遇。遭遇是指一個人突然碰到某些事物，這些事物不以人的意志為轉移，很多時候還與人的願望背道相馳。比如，我們都遭遇疫情，有些人因此生病，有些人因此失業，有些人原有的計畫被打斷，導致接下來的生活變得一團糟。但在波爾諾看來，「遭遇無論如何只是一種非連續的形式，它以粗暴的方式突然中斷通常是連續性的生活過程，並提供其一個新的方向」，「遭遇不僅可以被理解為是毀掉迄今生活

安全感的暫時的動盪,而且同時也揭示了一種新的超越過去的生活的可能性」。也就是說,從短時間來看,遭遇會讓生活陷入慌亂,但從人的一生的長時間來看,遭遇本身也是機會,我們能否在遭遇中做出正確選擇,讓人生出現好的轉折,向好的方向發展,這是教育的任務。所以在教育中,要引導受教育者對遭遇做好準備,而這其中最重要的就是要培養受教育者過硬的抗壓性與堅強的意志。

第二類非連結性成分,危機。遭遇是個人遭遇,屬私的範圍;危機可以是集體的危機、社會的危機,屬公的範圍。危機中有的是外部危機,如信仰危機,整個社會籠罩在一片崇尚金錢的氛圍中,導致社會亂象叢生,人人深受其害;有的是內部危機,如人的青春期危機,在生理、心理的雙重變化作用下,容易導致各種失控行為。在波爾諾看來,危機是危險中有機會,「透過這種最大的威脅才能獲得真正的自我」,「任何人除了堅定地度過困擾人的危機以外,就不能獲得內在的獨立性」,「當我們把危機與一種新的起點連結在一起的時候,就意味著我們已經澈底失去以往的所有的支柱,並同時建立起走向美好未來的新起點」。這就是說,一個人只有經過危機,才能逐漸成熟起來,獲得新的人生起點,人生才有意義。教育要做的,就是引導受教育者去正視危機,培養他們面對危機的勇氣和克服危機的能力。

所以說,波爾諾所說的「非連續性的教育」,指的就是教育要教人如何面對、如何克服人生的各種非連續性。這不是具體的教學方法,也不是可以衡量的教育效果,而是一種教育意識。在波爾諾看來,認可「非連續性」的教育,培養出的人既有堅強的性格,又有過硬的能力,既能面對外來的一切困難,也能保持自我的內心豐盈。

教育教學的具體實踐

15

《教學與發展》：建立一種發展性教學論

「課程現代化」的三大典型代表之一 —— 贊科夫

列・符・贊科夫（1901～1977年）是蘇聯教育科學院院士、俄羅斯聯邦功勳科學家。贊科夫於1917年擔任鄉村小學教師，從此開始了教育生涯。後來他考取莫斯科大學心理系，畢業後留校任教，在蘇聯著名心理學家維果斯基的指導下，從事心理學和有缺陷兒童教育的研究，同時擔任兒童缺陷學研究所所長。1952年，贊科夫成立實驗教學論研究室，主要研究「教師語言與直觀方法相結合」領域的課題。從1957年到1977年，贊科夫圍繞「教學與發展」這一課題，進行了長達20年的教育研究。贊科夫一生從事教育工作，他花費了大量精力研究教學與發展，他認為，教學要走在發展的前面，走在發展前面的教學才能促進學生的發展。他先後撰寫了120多篇論文和15部著作，主要著作有《教學與發展》（*Teaching and Development*）、《教學論與生活》（*Didactics and Life*）、《論小學教學》等。其中一些著作被翻譯成英語、法語、德語等多國語言出版，引起了國際學界對贊科夫的關注。《教學與發展》於1975年首次出版。

一、為什麼要寫這本書

自1950年代後期開始，科學技術突飛猛進，人類社會形成了所謂的「知識爆炸」。這對學校的教育教學提出了巨大的挑戰：知識爆炸時代該如何培養適應社會的學生呢？這一挑戰引起了贊科夫的思考，他認為，如果學校的教育仍然局限學生學習和掌握現成的知識，不讓學生探究和思考未

15　《教學與發展》：建立一種發展性教學論

來科學技術的發展趨勢，不培養學生的智力、判斷力、思考力等，那麼，學生一旦進入社會，會發現他們無法適應社會，而造成學校教育和社會生產之間脫節的問題。贊科夫的思考並非空穴來風，而是基於對當時盛行的凱洛夫教學論的批判。蘇聯教育家凱洛夫的教學論，重點關注的是如何讓學生掌握現成的知識及概念，忽略了學生的想像力、邏輯記憶等方面的發展，這顯現出凱洛夫教學論與時代要求之間的矛盾。

當時的蘇聯教育研究，學者不敢研究兒童，更不敢研究兒童的心理特點，這導致蘇聯的教育學成了「看不見兒童的教育學」，遂形成了這樣一種風貌，即不再以研究兒童的心理發展規律作為教育的科學依據，而是把注意力放在學生如何掌握知識、技能、技巧上。贊科夫則認為，只有改變教育學中無兒童的現象，才能真正改革蘇聯教育。

當時的蘇聯心理學界對智力的理解，僅僅是將其歸結為累積知識和使知識在兒童頭腦中系統化。這樣一來，教育教學活動就成了教師直接灌輸知識的活動，而不是依靠兒童心理發展的內在規律，形成了不以兒童心理發展規律為根據的教學。贊科夫認為，要把實驗心理學的方法和心理分析的方法引入教育學、心理學的研究之中，這種主張也是促成他建立系統教學論的一個因素。

贊科夫圍繞「教學與發展」這一課題進行了整整 20 年的研究，其目的是改變傳統教學理論、無兒童的教育學現狀和無學生心理規律的心理學教學，只有改變這三個弊端，才能真正改變蘇聯教育不適應時代的現狀。

二、核心思想：建立一種發展性教學論

贊科夫《教學與發展》一書中的核心思想是建立一種發展性教學論，所謂發展性教學論就是指教學要走在發展的前面、教學要促進學生的一般發展的一套理論體系。這個理論體系主要由兩方面組成，一是「一般發展」的概念及發展的內外因關係問題，二是實施發展性教學論的五大原則。

「一般發展」。在贊科夫的發展性教學論中，「一般發展」是一個非常重要的概念，要了解贊科夫的教學論體系，首先要對「一般發展」有所了解。贊科夫說：「我們所理解的一般發展，是指兒童個性的發展，它是所有方面的發展，因此，一般發展也和全面發展一樣，是跟單方面的、片面的發展相對立的。」這裡的意思是說，所謂「一般發展」是相對於某一門學科或某一組學科引起的、獨特的發展（即「特殊發展」）而言的，指的是由各門學科引起的、共同一致的發展，是學生身體和心理方面的全面發展，包括智力發展、情感、意志、道德特質、個性特點等各個方面，這些方面是由簡單到複雜、由低階到高級的運動。贊科夫的「一般發展」是由他本人創制的一個新概念，我們要注意這個概念以及區別傳統心理學的概念，在傳統心理學，我們一般將發展分為智力、意志和情感，即知、情、意三個方面。贊科夫的「一般發展」則主要分為觀察、思維和實作。

除了論述和劃分「一般發展」的概念，贊科夫還明確提出發展的外因和內因及其相互關係的問題。他認為，兒童的一般發展是兒童與周圍世界相互作用的一種運動形式，是內因和外因相互轉化與互動作用的結果。贊科夫所說的外因就是指觀察活動、思維活動和實作活動，內因是指學生自身的好奇心、探究欲。因此，他非常重視激發、培養學生的觀察興趣、學

習興趣、操作興趣以及思考的積極性、主動性、創造性等，其目的就是形成學生對學習的內部誘因，使學生越來越想了解更多的新事物，對知識產生需要感。他認為，正是由於學生的內外因互動作用，教學才能促進學生的一般發展。

實施發展性教學的五大原則分別是：以高難度進行教學的原則；以高效率進行教學的原則；理論知識發揮主導作用的原則；使學生理解學習過程的原則；使全體學生都得到發展的原則。這些原則不是相互獨立，而是相連結的，它們是一個整體。這一整體強調激發學生學習的內部動機，給予學生充分發揮個性的空間。下面具體闡釋五大原則。

第一，以高難度進行教學的原則。贊科夫提出這條原則是有目的性的，他認為，蘇聯教育一直基於凱洛夫的傳統教學論，這導致學校教材編寫過於簡單，學校的教學毫無根據地放慢速度，這些都不利於學生的發展。所以他提出了高難度教學的原則，贊科夫認為，所謂「難度」有兩層含義。

一是指克服障礙。所謂「克服障礙」就是指學校的教材要體現出學生在學習過程中可能會遇到的障礙，讓學生努力克服它。如果教材不能體現出學習障礙，那麼學生的發展就沒有動力。

二是指學生的努力。所謂「學生的努力」，即在進行教學時，要能引起學生特殊的心理活動，如注意、記憶、思維、想像等，使學生掌握的知識不僅變成他自己的所有物，而且在以後的認知過程中能對這些知識進行再思考，也就是贊科夫說的「知識的系統化」，這個系統化，就是要求學生做「智力上的努力」。

贊科夫明確表示，他提出高難度原則的理論根據是蘇聯教育家、心理

學家李夫・維高斯基（Lev Vygotsky）的「最近發展區」學說。維高斯基認為，學生的發展存在「現有發展水準」和「潛在發展水準」兩種，前者是指學生當前已完成的發展結果，即學生現在自己可以獨自完成任務的水準，後者是指學生在有經驗的同伴或成人的幫助下能夠完成任務的水準，這兩種水準之間的差距就叫做「最近發展區」。維高斯基進一步提到，「教育學不應當以學生發展的昨天為方向，應當以學生發展的明天作為方向」。這裡的明天就是指學生的最近發展區。贊科夫非常贊同維高斯基的這種觀點，並明確表示，教學創造了最近發展區，最近發展區又將轉化為學生的發展水準。也就是說，教學過程要建立在學生尚未成熟的心理機能上，才能和學生已有的發展水準形成一定的距離，以此來引起學生內部認知結構與外部教學內容的衝突，進而激發學生的求知慾，促進學生的一般發展。同時他也指出，教學高難度不是越難越好，而要注意掌握難度的分寸，既不能太難，也不能太簡單，要讓教學的著力點落在學生的「最近發展區」內，只有這樣才能有效地透過高難度教學，促進學生的一般發展。

第二，以高效率進行教學的原則。贊科夫不僅重視以高難度進行教學，同時也重視以高效率進行教學。提出高效率原則，與傳統教學模式的弊端有直接關係。傳統教學強調多次、單調地複習舊課，常常把教學進度拖得很慢。贊科夫認為，實行高效率的教學可以促使兒童不斷地向前發展，促使兒童向更深入、更廣泛的方向發展。這裡的「高效率」並不是要教師匆匆忙忙地在課堂上教學，督促學生完成盡可能多的練習，而是為了促進學生將各學科的知識結合起來，加深對這些知識的理解。由此可見，贊科夫「高效率教學」原則的基本內涵是：為了使學生學到的知識含量得以提高，要從多方面理解知識，以此克服傳統教學中不必要的重複，使教材的難度、範圍以及效率與學生的最近發展區相適宜。同時，贊科夫針對

15 《教學與發展》：建立一種發展性教學論

傳統教學中的單調複習法提出改進策略，他認為，複習要對教材的內容進行多方面的結合，要經常地使用學到的知識，並把這些知識應用在生活中，這樣才能更好地幫助學生鞏固知識、保持記憶、加深理解。總而言之，贊科夫的高效率教學與傳統教學有很大的差別，他批評單調、機械的複習，但並不反對複習，他贊成透過改進複習的方法，讓學生的知識得到更好、更系統的鞏固，以促進學生的一般發展。

第三，理論知識發揮主導作用的原則。什麼是理論知識？贊科夫說，理論這個詞一般相對於實踐，指的是一些規律性的知識，學習理論的目的是讓學生舉一反三、聞一知十。他明確表示，理論知識是掌握學習技巧的基礎，因此，掌握理論知識不僅不妨礙學習技巧的形成，而且恰恰相反，掌握理論知識乃是形成學習技巧的重要條件。也就是說，掌握理論知識能加深理解事實材料和學習技巧的規律，使知識結構化、整體化，方便記憶；理論知識可以揭示事物的內在連結，學生在掌握理論知識後，能夠掌握事物規律，然後實現知識遷移，這樣可以促進學生的「一般發展」。贊科夫在強調理論知識的主導性時，是不是忽視經驗知識的地位呢？他並沒有忽視，贊科夫肯定小學生的認知是具體、感性的認知，主張運用由近及遠、由簡到繁、由具體到抽象的規則，但他不主張在小學階段一味地堅持使用感性認知的方法，他認為，感性認知和理性認知是有機地交織在一起的，經驗和理論處在相互作用之中，不能片面地強調其中的某一方面。

第四，使學生理解學習過程的原則。這一原則要求學生在理解知識本身的同時，也要理解知識是怎樣學習，也就是教材和教學過程都要著重於學習活動的「內在」機制，教學生學會如何學習。贊科夫指出，一般教學論的原則是指向外部，即把應當掌握的知識、技能和技巧作為理解的對象，而發展教學論的原則要求理解的對象是學習過程，是指向內部。例

教育教學的具體實踐

如，學生學習氧氣的化學性質，教師可先引導學生動手做碳、硫、磷、鐵分別在空氣中燃燒和在氧氣中燃燒的實驗，進而根據現象，使學生了解到，可燃物在氧氣中燃燒比在空氣中燃燒要劇烈，甚至在空氣中不能燃燒的物質在氧氣中也可以燃燒；同時以此為基礎，引導學生比較、歸納上述四個化學反應，提出它們有什麼共同點；再以蠟燭在氧氣裡燃燒的實驗和它比較異同，使學生理解碳、硫、磷、鐵等物質與氧氣的反應，知道它們儘管不全都是化合反應，卻全是氧化反應。顯然，使學生理解學習過程的原則要求學生把前後所學的知識進行結合，了解知識之間的關係，使自己能夠對知識融會貫通、靈活運用，教學要引導學生尋找掌握知識的途徑，要求學生理解在學習過程中錯誤的產生機制與解決途徑。概括地說，要發展學生的認知能力，培養學生的自學能力，這才有利於學生的一般發展。

第五，使全體學生都得到一般發展的原則。在班級授課制的情形下，學生有好、中、差三種類型。贊科夫認為：差生之所以差，主要是因為他們的發展水準低，對學習沒有興趣，缺乏學習信心，觀察力和思維能力薄弱，而教師對待差生的傳統辦法就是補課，即反覆做機械的練習。結果，差生的負擔更重，在同樣的學習環境中，差生見到的東西、想到的東西少了，學習到的東西自然也少了。智力活動的減少，更難提高差生的發展水準。為了改變這種狀況，教學就要面向全體學生，特別是要促進差生的發展，教材要適合大多數學生的學習水準；教學要以實驗為基礎，多做實驗，增強學生的感性認知，發展學生的觀察能力；要用知識本身來吸引學生，使他們感到學習是一種樂趣，讓他們體會到精神上的滿足和喜悅。贊科夫認為，教學中要注意設計好教與學的思路，重視知識的前後關係，要讓學生學會融會貫通。持之以恆地使用這些教學方法，促進全體學生的一般發展。例如，運用加法板進行加法的概念引導，孩子只要把算式中的數

字找到,然後按順序排列在同一條線上,最後在板子上面找到相應位置的數字讀出來,就可以得到正確答案。孩子容易操作這種教具,而且充分體現加法的概念就是把事物準確地合在一起。

贊科夫指出,這一原則之所以必要,是因為人們往往把補課和安排大量作業當作解決課業進度落後狀況的必要手段,沒有在學生的發展下功夫,結果反而增加了他們的學習負擔,加重了他們的落後程度。同時,這一原則也是針對傳統教學,贊科夫認為,有的學生學習成績屬於優等生,但是在發展方面卻處於中等甚至更低的程度。因此,即使是學習成績優異的學生,一定要在發展上多下功夫。

整體而言,贊科夫這五條發展性教學的原則各自獨立,又相互結合、相輔相成,體現了辯證法的思想。在發展性教學論中,貫徹這些教學原則可以激發、增強和深化學生學習的興趣,提供學生充分發揮個性的空間。

16
《課程與教學的基本原理》：現代課程理論「一本通」

當代教育評價之父 —— 雷夫・泰勒

雷夫・泰勒（Ralph W. Tyler，1902～1994年）是美國著名教育學家、課程理論專家、評價理論專家。他是現代課程理論的重要奠基者，是科學化課程開發理論的集大成者。由於對教育評價理論、課程理論的卓越貢獻，泰勒被譽為「當代教育評價之父」、「現代課程理論之父」。他於1949年出版的《課程與教學的基本原理》（*Basic Principles of Curriculum and Instruction*）被譽為「西方現代課程理論的基石」。其提出的「泰勒原理」被公認為是課程開發原理最完美、最簡潔、最清楚的闡述，達到新的科學化課程開發理論發展的歷史階段。

《課程與教學的基本原理》這本書雖然只有一兩百頁，但它卻是泰勒眾多作品中最有影響力的一部，該書自1949年初版以來，已經重印40餘次，並以多種文字翻譯出版，被世界各國的教育學者熟知。1981年，《課程與教學的基本原理》還被美國《卡潘》雜誌評選為自1906年以來對學校課程領域影響最大的著作之一，對於想要了解這個領域的人來說，這本書絕對是經典之作。

一、為什麼要寫這本書

第一次世界大戰期間，遠離歐洲戰場的美國保持中立且向參戰國提供貸款和援助，從中獲得了巨大的經濟利益，美國的國民經濟由此實現了騰飛，資本主義世界的金融中心也從歐洲轉移到了美國。再加上第二次工業

革命帶來的技術紅利，美國在科技創新領域同樣走在了世界前列。綜合來看，美國成為一戰後的最大贏家。

面對戰後經濟的高速增長，美國政府認為國內的市場機制已經足夠完美，沒有干預的必要，政府只要盡好「守夜人」的職責，把治安維護好就可以了。在這種放任自由的經濟政策下，美國政府對於市場的監管力度不斷減弱，美國的資本家們也藉機開始操縱市場，瘋狂投機。

這其中，受影響最大的就是美國股市。因為政府的放任，大量不受監管的資金開始流向股市，在這些資金的刺激下，美股行情異常火爆，比如1929年夏季的3個月裡，奇異公司的股票就從268美元上漲到391美元，美國鋼鐵公司的股票也從165美元上漲到258美元。股市一路高歌，讓不少民眾認為透過投機可以躺著賺錢，哪怕遊手好閒地在家待著，也能一夜暴富。無數美國民眾投身投機的浪潮，即便此時有學者對無序的市場經濟表示擔憂，但狂熱的群眾已經沉迷其中無法自拔，根本意識不到危機的存在。就連當時的美國總統赫伯特·胡佛（Herbert Hoover）都對反常的經濟狀況視而不見，甚至還說出「我們正處在對貧困戰爭決定性勝利的前夜，貧民窟即將從美國消失」的言論。

1929年10月24日，美國迎來了「黑色星期四」。這一天，美國股市從巔峰跌入了谷底，股價下跌的速度連記錄股票行情的大螢幕都跟不上。到10月29日，美國股市的股票物價指數平均下跌了40%，無數美國股民一生的積蓄在幾天內煙消雲散。此後的兩個星期，美股一共蒸發了300億美元的財富，這相當於美國在第一次世界大戰中的全部支出。股市暴跌引發的這次經濟危機，也帶來了被後來的人們稱為「大蕭條」的資本主義世界的經濟危機。

教育教學的具體實踐

在「大蕭條」的影響下，美國的失業率急速攀升，據統計，1930年美國有25%的成年人面臨失業，而青少年則幾乎100%無法找到工作。因為就業無門，大量的青少年無可奈何地回到學校繼續讀書，這讓當時14～17歲青少年的高中入學率從17%上升到51%。對於這一部分學生來說，他們進入高中只是為了不在社會上閒蕩，等到畢業成年後，他們就會選擇回到社會繼續工作，而不是考入大學繼續深造。然而尷尬的是，當時美國幾乎所有的高中課程都是為學生升入大學而準備的，對於大部分不打算就讀大學的學生來說，他們在學校學到的知識並不能很好地幫助他們走向社會。尤其是在大蕭條的社會背景下，這部分學生可能一畢業就面臨失業。

為了解決學校課程與社會現實之間的矛盾，1930年，由近百名教育家組成的美國進步教育協會決定，要從根本上對美國中學的課程進行嘗試性的改革與研究，從而使美國的高中生在畢業時，既可以考入大學，也能夠走向社會。經過一段時間的調查，美國進步教育協會最終選取30所中學和300所大學，展開一系列的研究與實驗，因為整體研究歷時8年，所以這項研究也被稱為「8年研究」。

為了保證研究工作的順利進行，美國進步教育協會成立了許多委員會來分配任務，其中，由泰勒領導的評價委員會是公認最有成果的。在參與「8年研究」的過程中，泰勒在實踐的基礎上，建構了目標制定、課程設計、評價過程之間的關係，從而奠定現代課程原理的基礎。

整體而言，20世紀初的「大蕭條」危機突顯美國課程教育上的不足，為解決這一問題，美國進步教育協會牽頭展開「8年研究」，其中評價委員會的負責人泰勒在研究過程中提出了現代課程原理，並以此為基礎創作了《課程與教學的基本原理》。

二、理論基礎：現代課程理論的誕生

雖然泰勒被譽為「現代課程理論之父」，實際上他的研究也是在前人的啟發下進行，因此，想要更加全面地了解《課程與教學的基本原理》，首先要了解現代課程理論的發展歷程，在這一了解的過程中我們也能發現泰勒理論的獨到之處。

20 世紀初，美國管理學家弗雷德里克‧溫斯洛‧泰勒（Frederick Winslow Taylor）提出了「科學管理」的概念，他認為個體僅僅是整個生產系統中的一個要素，在經濟利益的驅動下，人相當於一種可供操縱的生產工具。在弗雷德里克看來，如果人們想要提高生產效率，就需要用科學的原則來管理，也就是分析工人的特殊能力和限制條件，從而讓每個工人都能處於自己效率最高的狀態。

1911 年，弗雷德里克的《科學管理原理》出版發行，此書一經出版，不僅在管理學領域引起廣泛討論，在教育學領域同樣也備受關注，一些教育學家在接觸「科學管理原理」理論後，便將這種方法運用到教育理論和學校管理之中。這其中，美國教育學家約翰‧富蘭克林‧博比特（John Franklin Bobbitt）就屬於先行者。1918 年，博比特的著作《課程》出版，在這本書中，博比特首次將工科管理的原則運用到學校教育中，並且推演到課程領域，由此拉開課程研究領域的序幕。博比特認為，教育是一種讓人的潛在能力顯露出來的過程，而這些能力主要是為了讓學生今後能擁有一個完美的成人生活。只有讓教育的目標標準化和具體化，才能讓學生離開校園後更加容易地走向社會。

在博比特之後，另一位美國教育學家韋瑞特‧查特斯（Werrett Wallace Charters）也加入課程改革的運動之中。在查特斯看來，課程開發的第一步

同樣是確定教育的主要目標，但相比於博比特，他更看重理想在教育中的重要性，無論是在制定目標還是在選擇課程內容上，查特斯認為理想是需要考慮的內容。

整體而言，博比特與查特斯作為課程改革運動的早期代表，是他們第一次把課程研究確立為一個獨立的研究領域，在這個過程中，他們提出了很多課程研究的基本問題，比如「課程目標是課程開發的基本依據」、「課程目標與人類生活、兒童發展、學科知識有內在關聯」、「課程開發的重要問題是研究系統的知識領域和日常生活的實際需求的關係」等，這些基本問題在泰勒的理論中同樣有所體現，可見博比特與查特斯在課程研究上具有獨創性。

但相對的，博比特與查特斯的研究也存在一些局限性，比如把教育與課程視為幫助學生準備成人生活的過程，從而忽視了兒童階段的存在價值；又比如把教育過程等同於企業生產的過程，在效率至上的觀念下逐漸背離教育的本質，最終導致學生成為「學校工廠」的「加工品」等。也正因如此，泰勒的課程理論研究從某種程度上來說就是一個去蕪存菁的過程，他將博比特與查特斯等課程理論先驅的研究中有用的部分吸納，具有局限性的部分予以解決或修改，並融入「8年研究」的相關研究成果，最終形成自己的現代課程理論。

三、核心內容：課程編制的方法

《課程與教學的基本原理》闡述的是課程編制的一般原理，主要是透過四個問題展開闡述的，這四個問題分別是：學校應該達到哪些教育目標？提供哪些教育經驗才能實現這些目標？怎樣才能有效地統整這些教育

16 《課程與教學的基本原理》：現代課程理論「一本通」

經驗？如何才能確保這些目標正在得到實現？

儘管這四個問題構成《課程與教學的基本原理》的核心內容，但泰勒在書中卻沒有直接回答這些問題。在泰勒看來，這些問題的答案並不固定，它們會隨著學校性質和教育階段的不同而發生變化。因此在書中，泰勒主要闡述的其實是研究這些問題的方法和程序，因為在他看來，這些方法和程序本身就構成了考察課程與教學方法的基本原理。

這四個問題，實際上對應的就是課程編制過程中的四個階段，它們分別是確定目標、選擇經驗、統整經驗、評價結果。

1. 確定目標

對於確定目標的方法，泰勒主要是透過「目標的來源」、「解決目標之間的衝突」、「如何陳述目標」三個部分進行闡述。泰勒認為，如果要系統地、理智地研究某一個教育計畫，那麼首先必須確定我們所要達到的各種教育目標。而在確定教育目標的時候，任何單一的資訊來源都不足以幫助我們下定論，所以我們在設計一項全面的課程計畫時，應該對每一種資訊的來源都給予充分的考慮。而對於教育目標的來源，泰勒在書中總結了三種。

一是對學習者本身的研究。簡單來說，就是教育機構需要先了解學生的現狀，然後再將學生的現狀與某些理想的標準和公認的常規模板進行比較，來確定學生目前的狀況以及其與常規標準之間的差距，從而確定當下的教育目標。在確認這種教育目標來源的時候，教師可以採用與學生交談、與家長交談、問卷調查、測驗、檢視學校紀錄等多種方法。

二是對校外當代生活的研究。選擇這個來源的原因是，由於科學技術

迅速發展，學校要在課程中包含所有有用的知識已經變成了一件不可能的事情，在這種情況下，為了保證學生畢業後能夠適應社會，學校就要根據社會發展情形選擇當下最重要的知識和技能作為教育目標。而在研究校外當代生活時，泰勒認為需要從個體生活和群體生活兩個方面進行考量，並且研究者最好親自收集和分析數據，這樣才能更好地了解哪些知識和技能是最需要掌握的。

三是學科專家對目標的建議。這也是一般院校常用的方式。學校使用的教科書通常都是由學科專家編寫，而書中的內容也反映了學科專家對教育目標的建議。儘管有人質疑學科專家制定的教育目標太過專業、不適用於學生，但泰勒認為，因為學科專家熟悉自己的專業領域，所以他們自然會比常人更有可能提出建設性的教育目標。

在確定了教育目標的來源後，還需要解決目標之間的衝突。因為各種教育目標的來源不同，所以它們之間難免會出現相互衝突的情況，為了避免衝突，泰勒提出了兩道「篩子」，來幫助我們篩除那些相對不重要的目標。泰勒提出的第一道「篩子」是教育哲學，簡單來說，就是根據學校的辦學理念對教育目標進行第一道篩選，與學校辦學理念更加契合的目標相對來說重要程度肯定更高；泰勒提出的第二道「篩子」則是學習心理學，簡單來說，學生在不同的年齡層，對於知識的接受能力是不同的，因此從學習心理學的角度來說，我們應該選擇適合學生這個年齡層的教育目標。

當教育目標確定後，下一步就是陳述教育目標。泰勒在研究過程中發現，往往人們在陳述教育目標的時候容易犯三類錯誤：一是把目標作為教師所要做的事情來陳述，但沒有陳述期望學生發生什麼變化；二是列舉學科所涉及的各種要素（如課題和概念等），但沒有具體說明希望學生如何處理這些要素；三是採用概括化的行為方式來陳述目標，但沒有具體指明

這種行為所能應用的領域。

在泰勒看來，陳述教育目標最有效的形式，是明確指出學生需要養成的具體行為，再說明這種行為能夠具體運用的生活領域。簡單來說，就是每一個教育目標都應該包括行為和內容兩個方面，這樣才能夠明確地將教育目標闡述出來。舉例來說，學校基本上都會培養學生的團隊合作能力，團隊合作就是學生需要養成的具體行為；而之所以學校會培養學生團隊合作的能力，是為了讓學生將來進入社會後能夠與他人適應、協同工作，這就是學生需要養成的行為能夠具體運用的生活領域。透過這樣的闡述方式，我們就能很清楚地理解學校將團隊合作定為教育目標的意義。

2. 選擇經驗

確定完教育目標後，下一步就是如何實現這些目標。在這一部分，泰勒提出了「學習經驗」的概念。所謂「學習經驗」，指的就是學習者與外部環境條件之間的相互作用，學習經驗不等同於一門課程所涉及的內容，也不等同於教師所從事的各種活動，因為學習是透過學生的主動行為發生，學生是學習的主動參與者。舉例來說，同一個班級中的兩個學生，可能會有兩種不同的學習經驗，因為他們在學習中的行為不同，面對學習的態度也不同。

在書中，泰勒提出了 5 條選擇學習經驗的原則：第一條原則是為了達到某一個教育目標，學生必須具有實踐這個目標的隱含行為的經驗，俗話說「實踐出真知」，學生只有在實踐的基礎上，才能實現教育目標，否則很難產生實際的作用；第二條原則是必須讓學生在學習經驗的實踐中能獲得滿足感，這一點很好理解，當一件事情能讓我們心情愉悅的時候，做起來肯定更有動力；第三條原則是學習經驗所期望的反應要在學生力所能及

的範圍之內,也就是說,學習經驗應該與學生目前的能力相匹配,如果學生做不到學習經驗所涉及的行為,那麼就不可能達到理想的教育目標;第四條原則是同一個教育目標可以透過許多特定的學習經驗達到,當可以採用的方法多了,達到期望目標的可能性自然也就大了;第五條原則與第四條原則相對,是同樣的學習經驗可以實現多種教育目標,當我們用一種方法實現一個目標後,對於同樣使用這種方法的其他目標也能實現。

而在眾多的學習經驗中,泰勒又篩選出了 4 種在教育中最有效的學習經驗,分別是培養思維技能的學習經驗、有助於獲得資訊的學習經驗、有助於形成社會態度的學習經驗、有助於培養興趣的學習經驗。泰勒認為,能夠實現教育目標的學習經驗有很多,但這 4 種對於學生來說,無疑是最有效的。整體而言,在泰勒看來,選擇學習經驗的過程並不是死板的,而是一個富有創造性的過程。

3. 統整經驗

泰勒認為,教育並不是一朝一夕就能完成的,真正的教育往往是以滴水穿石的方式,在潛移默化中對人的行為產生影響。為了讓教育產生累積效應,泰勒認為必須將學習經驗統整起來,讓它們產生相互強化的作用。

對於統整學習經驗,泰勒提出 3 項準則,分別是連續性、順序性和整合性。連續性指的是反覆重申主要的課程要素,這一準則在某些需要熟練掌握的技能學習中常常出現,學生在學習這些技能時,往往要在一段時間裡反覆連續訓練這一技能;順序性指的是每一個後續經驗都是建立在前面經驗的基礎上,在進行後續經驗的同時還要對前面經驗的有關內容做更深入、廣泛的探討,舉例來說,新學期學習新知識前,常常會先複習一下上個學期的內容,然後從舊的內容延伸到新的內容,這就是順序性準則的體

現;整合性指的則是課程經驗的橫向連接,舉例來說,小學生在學習數學的時候,除了鍛鍊計算能力外,還要考慮數學的社會運用場景,比如購物、統計等,多種經驗的結合,才能更加有效地應用學到的技能。

在運用3個準則的過程中,需要注意的是,在規劃課程內容時,必須確定作為課程規劃線索的課程要素。簡單來說,就是在堅持連續性和順序性原則的學習過程中,會有一些貫穿始終的課程要素,我們在確立這些要素後,才能夠有針對性地讓學生反覆練習和不斷深化。舉個例子,在幼稚園和小學時,學生會被灌輸「人們之間存在相互依賴性」的觀念,只是在這個階段,學生對於相互依賴的理解是朋友之間或家人之間的依賴。而等到高中階段以後,「人們之間的依賴性」這一概念就被擴大到了世界範圍,學生開始理解世界各國人民在政治、經濟、文化等層面的相互依賴。這裡提到的「人們之間存在相互依賴性」,就是一個貫穿始終的課程要素。

在分析規劃經驗的過程中,泰勒還根據當時美國的課程規劃情況,對課程規劃結構進行了分類和歸納。泰勒將課程規劃結構分成了高、中、低3個層次。高層次的課程規劃結構包括學科課程(比如地理、數學)、廣域課程(比如社會學科、自然學科)、核心課程(把廣域課程或學科課程結合起來)、完全未分化的結構(即把整個教學計畫作為一個單元來處理)。中層次的課程規劃結構則包括按順序規劃的課程(比如大學英語Ⅰ、大學英語Ⅱ)、以學期或學年為單位的課程(比如六年級語文上冊、七年級數學下冊)。低層次的課程規劃結構則包括課(每天的學習單位)、課題(持續幾天或幾週的學習單位)、單元(將一些具有內在關聯的課程和知識綜合起來的學習單位)。

泰勒認為,這3個層次的課程規劃結構,在不同的條件下各有優劣,為了讓這些課程規劃結構發揮正向的作用,在建構課程的過程中一般要採

取一些步驟，比如要對課程的總體框架取得一致的看法，簡單來說，就是首先要確定是採用具體的學科，還是採用廣域課程或核心課程；或者是要對領域內所要遵循的一般組織原則取得一致的看法，比如在社會學科中，大家一致確定先從當地社會入手，然後再擴展到更廣泛的世界；或者是要對低層次單元的種類取得一致的看法，也就是確定究竟是採用課的形式，還是課題或單元的形式。

4. 評價結果

在探討完確定目標、選擇經驗、統整經驗的內容後，泰勒緊接著就開始分析最後一個重要步驟——評價。泰勒認為，評價的目的主要在於檢驗學習經驗是否有效，在這個過程中，我們能夠知道實際上的教學成果與理想中的教育目標相差多少，從而及時調整後續的教育工作。由此可見，評價環節在教育過程中是十分重要的。

泰勒認為，評價的第一步是明確教育目標，因為只有目標明確，我們才能對評價的結果進行衡量，否則評價就失去了它本身的意義。明確了教育目標後，下一步就要確定評價的情境，比如我們在評價學生的語言表達能力時，就需要為學生預先設定能夠展現語言表達能力的情境，或者在學生自由展現語言表達能力的情境中去進行觀察。

泰勒還對如何展現評價的結果做出說明。泰勒認為，從評價中得出的結果，不應該只是一個分數或者一個單一的描述性術語，而應該是反映學生目前狀況的剖析圖，因為評價的主要目的在於讓教師和學生了解教學的成效，只有評價結果足夠立體，教學成效才能直觀地展現出來。

17
《論我們教育機構的未來》：教育造就天才，天才創造文化

西方現代哲學的開創者 —— 尼采

　　西元 1844 年，弗里德里希・尼采（Friedrich Nietzsche，西元 1844～1900 年）出生於普魯士洛肯村的一個牧師家庭。西元 1864 年，他進入波恩大學攻讀神學和古典語言學，後於西元 1865 年轉學到萊比錫大學繼續攻讀語言學。西元 1869 年，尼采被巴塞爾大學聘為古典語言學副教授，在大學工作 10 年後因身體原因不得不辭去教職。人生的最後 10 年，尼采患上精神疾病，最終於 1900 年病逝於威瑪。

　　尼采的一生創作了諸多著作，其中較有代表性的有《權力意志》、《悲劇的誕生》、《不合時宜的考察》、《查拉圖斯特拉如是說》、《希臘悲劇時代的哲學》、《論道德的譜系》等。《論我們教育機構的未來》是尼采去世後才出版，它收錄了尼采本人在巴塞爾大學任職期間的五篇演講稿，主要闡述尼采對教育的批判。

一、為什麼要寫這本書

　　在這本書的內容創作期間，尼采關心的主題是希臘文化。此前一年，即西元 1871 年，尼采出版了《悲劇的誕生》，這本書談論的就是希臘藝術；此後一年，即西元 1873 年，尼采又寫成了《希臘悲劇時代的哲學》，這本書談論的是希臘哲學。正是由於尼采一直喜愛希臘文化，這形成了他對教

教育教學的具體實踐

育進行思考和批判的理性出發點。在尼采看來，德國的現代教育機構是德國精神的產物，而這種精神與古希臘的精神緊密相連。可是德國的現代教育已經偏離了培養學生人文素養的初衷，尼采正是基於希臘文化的精神傳統對德國教育文化進行了批判，力圖將學生從教育機構中解放出來，並使教育機構獲得新生。

尼采在巴塞爾大學任職期間，曾五次公開發表針對公共教育問題的演講。尼采本人對演講效果特別滿意，並宣稱將把第六次和前五次的演講稿整合出版。這本應是尼采人生中的第二本書，但他後來寫信給出版商，聲稱自己要再花幾年時間對文稿進行修改，使之更好一些。尼采認為，「這些內容不夠深入」，引起了讀者的「乾渴」，最後卻沒有提供「甘泉」。後來，尼采沒有續寫計劃中的第六篇，也沒有將前五篇出版。現在我們看到的《論我們教育機構的未來》一書是尼采的遺稿，也是尼采系統闡釋教育問題的殘篇。

雖然這本書是尼采去世後才出版的殘篇，但中國學者華東師範大學教授彭正梅的研究則認為，最近幾十年關於尼采教育學的國際學術交流中，《論我們教育機構的未來》仍被視為尼采最重要的教育文獻。它延續了《悲劇的誕生》的文化批判，把這種批判聚焦在教育之上，並由此形成了早期尼采關於自然、文化、天才、國家和教育之間關係的神祕學說，強調教育的最高任務在於孕育天才，但德國當時的教育機構又迫使天才從教育機構中離開。

17　《論我們教育機構的未來》：教育造就天才，天才創造文化

二、核心思想之一：尼采對德國教育的三大批判

　　尼采寫作此書時主要採用破立結合的思路，先對教育現實進行批判，然後論述天才與教育的關係、真正的教育內涵等問題。因此，可以從兩方面來讀這本書，一方面是尼采對教育現實的批判，另一方面是尼采教育觀的內涵。

　　尼采對教育現實主要進行了三個方面的批判，一是教育中的兩種錯誤傾向，二是兩種錯誤傾向在新聞界的合流，三是教育的可悲現狀。

　　第一個批判點，即教育中的兩種錯誤傾向。尼采在本書的導言部分指出，現代社會有兩股貌似相反、其作用有害、結果最終匯合的潮流：一方面是盡量擴展教育的衝動，另一方面是縮小和減弱教育的衝動。擴展教育的衝動是指教育應當被置於越來越大的範圍中，縮小和減弱教育的衝動是指讓教育放棄自身的使命，走上為國家服務的道路。相應地，第一種錯誤傾向是不斷地進行大規模的教育普及，使教育淪為謀生的手段；第二種錯誤傾向是不斷地縮小教育範圍，使教育僅成為國家的工具和專門培養學術人才的工具。這兩種錯誤傾向都偏離了正確的教育軌道，尼采以此批判教育的功利化、政治化、學術化，發出「何為教育」的拷問。

　　在教育的功利化方面，尼采認為盡量多的知識和教育導致了盡量多的生產和消費，繼而導致了盡量多的幸福。這裡的「知識教育 ── 生產消費 ── 獲得幸福」公式值得我們注意，當賺錢消費成為教育的目標，那麼教育就容易被看成是個人出人頭地、攫取錢財的捷徑，如此一來，教育就變成急功近利、速成產出的教育。在這樣的教育環境下，一切求學行為都被深深地刻上了「賺錢」二字，人被培養成賺錢的生物，這不是教育的真正使命。那麼教育難道不應該培養人的技能，讓學生畢業後賺錢維持生

教育教學的具體實踐

存嗎？尼采說出了答案。尼采反對把技能培訓、職業培訓和真正的教育相提並論，人為了生存，必須學習相關技能，但這一切的行為都與真正的教育毫不相干，只有當人不再為生計發愁時，教育才開始發生。尼采認為，任何一種學校教育，只要把求職或謀生作為它的最終目的，那麼這種學校教育就絕不是真正的教育，而只是一份指導人們進行生存競爭的說明書，相關的機構也只是支付生計的機構，絕不是真正的教育機構。以賺錢為目的的求學歷程只是為了有一份工作、拿一份薪水，這種歷程稱不上是接受教育，而成為職業培養所的大學充其量也只是個生計機構而已，絕不是教育機構。其實尼采本人並不反對生計機構的存在，但是他要求把生計機構與教育機構進行嚴格的區分。基於這一批判點，尼采提出了兩個根本問題，即教育有無超出職業培訓之上的更高使命？僅以職業培訓為目標的教育還是不是真正的教育？

在教育的政治化方面，尼采指出，現代國家嚴格地執掌著教育和學校的最高領導權。在德國，普魯士和其他各邦都設立了專門的教育管理機構，這些機構掌握著各級學校事務的最終決定權。在基礎教育階段，國家實施強迫性的義務教育，對於從事菁英教育的文科中學和大學來說，國家主要透過向畢業生提供在政府和軍隊就職機會的方式，把這類學校納入為國家利益服務的軌道上來，這樣就形成了「國家管學校，學校為國家」的循環利益圈。而德國的文科中學和實科中學不一樣，文科中學是為大學提供生源的菁英教育場所，可是也變成了功利化教育的樣子，尼采對此感觸尤深。若是追問文科中學為何會成為功利化教育的場所，尼采認為這完全是國家政策引導的結果，這種政策引導過程可以是這樣的：國家只需把進入政府和大學工作的資格都與文科中學捆綁在一起。文科中學的學生因嚮往政府官職、軍職，自然會被吸引到從政的方向上，由此，文科中學就是

17 《論我們教育機構的未來》：教育造就天才，天才創造文化

官位晉升的一個階梯，那麼功利化的教育目標在文科中學發生也就不足為奇。大學的情況也與文科中學相差不大，在德國的大學裡，老師和學生彼此獨立，老師和學生都有自己的選擇權利，都可以講一些自己想講的、聽一些自己想聽的，這看上去是一派民主自由的德國大學形象，但在師生交往的背後，卻站著一位嚴肅的監護者——國家。國家掌握對大學的監護權，國家控制著大學，所謂的大學文化都必須經過國家的篩選和支配，國家不斷地強化對大學的控制，大學也因此不斷地向國家靠攏，這樣的教育無論是在文科中學還是在大學，都是為國家服務的，教育成了國家的工具。尼采認為這並不是真正的教育。

在教育的學術化方面，尼采指出，學術的範圍已經擴展得非常大，一個資質良好的人，倘若想在學術上有所作為，就必須潛心於某一專業領域，對其餘領域要做到不聞不問。在他自己的研究領域裡，他就是鶴，但在其他領域，他可能就是雞群裡的一分子。尼采認為，教育本應使受教育者成為真正有教養的人，而學術分工只會培養出片面的人，這樣的人在自己的圈子裡如魚得水，但對其他領域卻只是略知一二，這種學者我們不能稱之為博學。尼采對當時的學者提出了這樣的批評：他認為他們是一些小家子氣的學者、考證狂、語源學癖，這樣的人不是真正修煉自己的人文素養，而是患上了「博學肥胖症」。尼采認為，以前的德國文科中學是以培養學生人文素養為目標，後來卻以培養學術人才的後備軍為目標，這妨礙了培養學生人文素養，導致文科中學成了「博學肥胖症」的培養場所。尼采在詳細介紹了教育的功利化、政治化和學術化後，認為擴大教育的衝動和縮小教育的衝動這兩種錯誤傾向於新聞界匯合在一起了，即教育的新聞化，這使教育淪為媒體的附庸。

第二個批判點，即擴大教育的衝動和縮小教育的衝動這兩種錯誤的傾

教育教學的具體實踐

向在新聞界的合流。教育新聞化的趨勢讓記者成了老師，日報代替教育，在古典人文教育的衰弱和大眾傳播媒介的興起中，記者取代了偉大的天才和時代的導師，成為把人們從當下解救出來的救星。由於大眾傳播媒體具有受眾較為廣大、傳播內容淺顯易懂等特徵，剛好符合現代教育的普及化衝動和內涵縮小化衝動（普及化衝動就是指不斷地擴大教育規模，內涵縮小化衝動是指教育成了國家的工具，教育自身的內涵逐步減少），導致德國教育中的兩種錯誤傾向在新聞界「握手言歡」。尼采對新聞支配教育文化的趨勢深惡痛絕，他認為新聞每天透過報刊不斷擾亂人們的生活，還宣稱自己就是文化、就是教育，這樣的新聞極其容易讓人們蒙上黑布，讓人們在黑暗中為偽文化、偽教育搖旗吶喊。

前面我們說到新聞界對教育和文化的支配，那麼現代教育有向新聞界靠攏的現象嗎？當然也有。學校的招生宣傳廣告、學校的大型活動宣傳等，幾乎都是教育向新聞界靠攏的現象，教育界不再奔走著追問何為教育自身的使命，而為了宣傳自身不斷擴大影響，這其實也是一種功利化和競爭心在作祟。

第三個批判點，即教育的可悲現狀。尼采指出，現在幾乎到處都有數量過多的中等教育機構，因而不斷需要大量的教師，這遠遠超出了一個民族按其自主發展規律所能產生教師的程度。於是，有太多不夠資格的人進入教育機構，他們逐漸決定了這些教育機構的精神實質。在這裡，尼采強調的是，由於教育規模的不斷擴大，學校教育機構四處興起，導致學校應徵老師時無法按照原先的標準進行篩選，進而導致素養較差的教師也走進了學校。當素養較差的教師越來越多時，整個教育機構的精神也就隨之下降。當一切都與教育的真正使命背離時，一位優秀的教師該如何與現實抗爭、該如何播撒教育的種子呢？這成了尼采反思現代性教育的著力點。他

17　《論我們教育機構的未來》：教育造就天才，天才創造文化

發現，不僅教師處於這樣的可悲現狀，學生的境況更是可憐。尼采指出，在學校裡，學生無一人能夠抵抗那使人疲憊、糊塗、神經緊張、永無喘息之機的強迫性教育；在學校外，當學生走上被任用和僱傭的職位後，他們會有種深深的無力感，會絕望地沉浸到普通生活和辛苦勞作的世界裡去。學生入學前的雄心壯志不復存在，他們只能不斷追求那些實際的甚或低階的利益，這一切都是偽教育造成的，這樣的教育實際上造成了埋沒天才，讓天才從教育的貧瘠土地上蹣跚離去。

三、核心思想之二：
尼采的教育觀──教育造就天才，天才創造文化

在尼采教育觀的內涵方面，主要闡述「教育造就天才，天才創造文化」的觀點。

第一，天才與教育的關係。教育造就天才並不是說教育可以培養出天才，而是說好的教育應當是天才成長的搖籃。尼采認為，天才是一種「天然」的存在，而好的教育只是受孕的子宮和養育的母體，是適合天才生長的土壤。尼采認為教育要擔負起養育和保護天才的責任，若教育沒有盡到這樣的責任，彷彿天才降生到了一個錯誤的地方。因此，尼采認為教育的目標是培養優秀的少數人，這些少數人也並不是天才，他們只是為天才服務的人，天才或許會從這些少數人中產生，但也可能不會從中產生。真正的教育目標就是要培養少數優秀的人為天才服務和工作，因此尼采的教育觀常被人們稱為「菁英教育」。這些少數優秀的人需要為天才服務，這是他們不可逃避的義務，而教育便是盡這個義務的主要領域。因此，尼采主張，少數天賦優異的人，包括數量較多的天賦良好的人，應該消除自負，甘於從事輔助工作，自覺地為天才的誕生和其作品的創造做準備，如此才

教育教學的具體實踐

是盡了生命的責任。

　　但問題是少數優秀的人究竟如何培養出來呢？難道真的只需要教育一小部分人嗎？尼采認為，只有多數人接受了教育，少數人的教育才有可能獲得成功，在人數眾多的受教育者之中，最後能夠真正獲得教育成功的也只是少數人，這是符合教育規律的。這就好比一個金字塔，站在頂端的人始終是少數，站在底端的始終是多數，也只有多數人的襯托，少數人的教育才有可能成功。教育造就天才並不是說透過教育直接生產天才，教育無法生產天才，透過教育只能產生少數優秀的、為天才服務的人，天才的誕生乃是大自然的產物，教育只需要保護好、支持好天才的成長就可以了。

　　第二，真正教育的內涵。雖然尼采本人並沒有對教育的內涵提出明確的定義，但從他對教育的關注初衷看來，他是要恢復教育自身的使命，即提高學生的人文素養。在本書中，尼采從三個方面對提升大學生的人文素養提出了要求：一是學生對哲學的需求，二是學生在藝術方面的本能，三是古希臘羅馬古典文化。

　　一是學生對哲學的需求，尼采主張學生要具備哲學的悟性。對於一個敏感的青年來說，日常生活的各方面都會引起他哲學性的驚疑，比如當看到奇怪的生物，他會追問這是什麼，它從哪裡來，有什麼本領？好奇引起人們的追問，而追問乃是對世界的一種探索。起初古希臘哲學家就是透過對世界本原的追問而建立起哲學中的本原學說，這種哲學衝動是一種本能，青年學生也有這種本能，只是現實中很多學生的這種本能已被現代教育體系消磨得漸漸退化。面對新奇，人們似乎不再熱切地去追問那是什麼、或為什麼，而是習慣以一套固定的流程來發現答案並將發現的答案確定為一種知識素養。尼采對此種現象進行了猛烈抨擊，他說，這樣一來，大學裡那些特立獨行的哲學家彷彿是執行著祕密勾當。學生依靠本能來領悟自

17　《論我們教育機構的未來》：教育造就天才，天才創造文化

然，原本是一種無須學習的能力，而現代教育不斷摧殘著這種本能甚至用精明的計算去戰勝自然、征服自然。

二是學生在藝術方面的本能，尼采要求每位學生要有正確的藝術感覺。在尼采的心目中，嚴格的藝術訓練其實就是語言藝術的訓練。尼采將語言（尤其是母語）的訓練定位為一切後續教育工作的自然且豐產的土壤，那麼如何進行語言訓練呢？尼采認為閱讀和寫作是語言訓練的主要方法。教師必須認真指導學生閱讀母語經典著作，並且要將經典閱讀和寫作結合起來，唯有在這樣的嚴格訓練下，一個人才能真正有語言藝術的感覺。經過這種語言藝術的訓練，學生將獲得正確的藝術感覺、擁有良好趣味、獲得真正的審美判斷力。那麼如何判斷一位學生已經擁有了正確的藝術感覺呢？尼采提出了他的判斷標準，即當學生面對報刊上的時髦風格和文學匠們的漂亮文體時，他們會感到生理上的噁心，這樣他們就再也不會閱讀那些平庸之作了。

三是古希臘羅馬文化方面，尼采要求學生要具備古典文化的人文修養。尼采極為重視古希臘文化，所以在談到大學的古典教育時，他認為，如果我們的教育培養出來的學生沒有哲學的悟性、缺乏藝術的感覺，他們怎麼可能會和人文素養極高的希臘人、羅馬人為伍？對於大學的這種現象，尼采只是簡單地進行了責問，他在對文科中學的闡釋中論述了更多古典人文教育的內容。尼采認為，德國的文科中學教育放棄了對德國經典作家的研讀和對母語寫作的嚴格訓練，德國教育中早就不存在真正的古典教育，就連那些文學教師也遭到尼采的諷刺。尼采指出，當面對古希臘羅馬文化時，我們會感到自己無顏存在，但是從這些文學教師身上卻很少看到這種羞恥感，這些人從大學時代起就在令人驚嘆的希臘文化的廢墟上轉悠，並且揚揚自得，沒有敬畏之心。對這些人來說，學習古典文化只是為了捧得

教育教學的具體實踐

飯碗，古典文化只是他們玩弄學術把戲的對象。所以說，大學培養了忽視古典文化的文學教師，這樣的教師教育著文科中學的學生，如此循環下去，真正的古典教育將在德國的所有教育機構中不復存在。

18

《教學的勇氣》：走進教師心靈，喚醒教師職業激情

美國在高等教育領域最具影響力的領導者之一
—— 帕克・J・帕爾默

　　帕克・J・帕爾默（Parker J. Palmer，1939～）博士是著名的教育家、演說家和社會活動家，曾擔任美國菲茲爾研究所的高級顧問，美國教育學會高級委員，也是美國K12（專指從學前到高中的基礎教育）教師養成計畫的創立者。帕爾默的研究領域和參加的社會活動都比較廣泛，他一輩子從事過很多工作，工作機構包括大學、基礎教育學校、社區教育學校、宗教組織、各種基金會和公司。除此之外，他還積極成立多種教育活動，在各地開設與教育主題相關的工作坊、演講團、研修班等。他的研究領域包括教育、共同體、領導力、精神激勵和社會變革等方面。帕爾默為教育事業做出了突出貢獻，他因此還獲得了多個國際獎項。他獲得了13個榮譽博士學位，曾經被譽為美國「在高等教育領域最具影響力的領導者」。

一、為什麼要寫這本書

　　帕爾默花了10年時間，經過無數次反思和修改，才最終完成了這部經典著作《教學的勇氣》（*The Courage to Teach*）。帕爾默曾說自己是一個「重寫者」，因為書裡的每一頁都反覆修改過很多次。這本書一版再版，並被翻譯成多國語言在全球發行。這本《教學的勇氣》旨在引導教師走進自己的內心，顯露其本真，重振他們對教師這一人類崇高事業的激情。

教育教學的具體實踐

　　這本書在一個非常簡單的理論前提下建構闡述：好的教學不應該降格為僅僅追求教學技術和方法，好的教學源自教師的自我認同和自我完整。帕爾默在書中批判性地指出當人們談論教學的時候，總是問「是什麼」的問題，如教師應該教什麼科目和內容？然後問「怎麼」的問題，比如教師應該採用怎樣的教學方法才能做好教學工作？但卻很少問「誰」的問題，忽略是誰在教學？身為教學活動的執行者，教師與周圍環境，例如與學生、學科、同事等之間的關係如何？帕爾默在書中強烈呼籲不能忽視教師的內心世界，任由教師內心缺失，失去他們身為教師所依賴的意義。僅僅機械地依靠加撥款額、重組學校結構、重新編制課程以及修改教科書等外部方法，遠遠達不到教育改革的目的，獲得不了最終的成功。

二、向內求索：從教師心靈中汲取力量

　　帕爾默指出，教育存在著太多的分離結構。這其中一部分是來自教育體制方面，比如教師和學生的等級體系、教學管理者和教師之間的分隔、學科之間的劃分隔離，以及教師間、學生間的競爭機制等。

　　不過帕爾默指出這些都是外部世界的分離，導致分離結構的一個更為普遍且要命的問題是來自人們內心世界對於教育的恐懼，這才是最深層和本源的問題。如果人們能驅除內心的恐懼，就能用自我內在的力量去克服和化解外在的各種分離性結構。帕爾默指出，現在課堂中充滿了恐懼，要嘛是教師恐懼，要嘛是學生恐懼，更多的是學生和教師都恐懼。包括帕爾默自己在內，雖然已經做了幾十年教師，但到目前為止還能感受到恐懼。比如走進教室，要開始上課，他會感到恐懼；提問學生，學生沒有反應，他也會感到恐懼等等。與此同時，他發現學生們也處在恐懼之中，他們怕

上課、怕老師、怕被提問、害怕聽不懂、害怕失敗等等。

帕爾默剖析了恐懼背後的三層原因：第一層是對於多元性的恐懼，也就是害怕承認一個問題可以有多種答案；第二層是對衝突的恐懼，帕爾默指出學術文化一直以來都只相信一種零和博弈的「不是贏就是輸」的競爭模式；第三層是失去自我認同，失去自我意識的風險。

帕爾默認儘管恐懼是很正常的，但是需要留意恐懼並且掌控恐懼，防止恐懼影響教學行為和教學目標。更為重要的是，不能讓恐懼支配人的自身認同，影響教師與學生連結的能力。既然恐懼對教與學的危害如此之大，又無處不在，那麼應該如何超越它，縮小結構分離，重新建立連結呢？

教師應該有自身認同和自我完整。所謂自身認同就是意識到自己是誰；自我完整就是在意識到自己是誰的基礎上，做真實的自己，讓自己所做的和真實的自己一致。帕爾默指出，現在教學中普遍追求教學的具體方法和技巧，但是忽略了教師的自身認同。人們總在追求外部世界的客觀性，但是很少向內關注內心世界。如果教師躲在真實的自我後面，僅靠一些模仿和表演技巧來教學，會失去與學生的連結，在教師和學生之間形成一道隔膜，導致學生成為遠遠觀望的學習者，教師成為傳遞資訊的機器。

怎麼才能促進教師的自我認同，保持自我完整，與學生建立和保持連結呢？帕爾默提出了一些建議和方法：教師在執教初期尋找心靈導師；與自己的學科相遇；源於內心的自我對話和反思。

帕爾默認為教師跟隨心靈導師的學習不在於接收具體知識，而在於心靈導師可以給予教師信心，激發教師真實的自我潛能。帕爾默回憶自己大學時期的一位教授，這位教授對他的影響非常大。這位教授滔滔不絕的講授方式雖然違反一些與學生互動的教學規則，但是他慷慨地把自我的精神

教育教學的具體實踐

世界向學生們敞開，他激昂的教學方式激發了帕爾默隱藏起來的自身認同，帕爾默認為自己也有這種天分，並最終選擇了教師職業。當然，帕爾默也指出，從心靈導師那裡汲取力量，也要注意可能會受到對方一些錯誤經驗的影響。比如，在帕爾默規劃的一次工作坊活動中，一位教授分享了自己的經歷。他一直以來嘗試模仿自己導師的教學模式和學術生涯模式，他希望以導師為模範建立自己的教學生涯，結果卻是一場災難。因為他和他的導師完全是不同類型的人，導師的性格特質可以讓他做到單向講授的教學方式，但是這位教授可能更適合對話式的教學方式。這位教授想要嘗試複製自己導師的教學風格，但是實際上卻破壞了自身認同和完整。所以帕爾默指出，我們應該更多地了解自我的獨特性，有展示自我個性的技巧，而不是掩飾自我，只有這樣優秀教學才會產生。

帕爾默認為與外界連結的方式還要有來自教師自身內心世界的呼喚。這種呼喚不靠外部規範，而是教師內心真正的自我對話和反思，靠理智自明自斷，教師的內心是使生命鮮活的核心。帕爾默指出，教師的自我內在反思非常重要，教師能與自己的內心對話，才能深入學生的內心，教師只有把教學與學生生命內部的鮮活核心連結起來，與學生的內心世界連結起來，才會「發生」教學。除此之外，教師傾聽來自自己心靈內部的聲音也有益於身心健康。帕爾默推薦透過獨處靜思、讀書沉思、寫日記、野外散步等「自言自語」的方式來促進教師內心的自我對話。

教師還要解決認識論的問題。教師要用悖論式的整體思維來全面、完整地了解世界，而不是黑白分離地看問題。帕爾默指出，教育分離的其中一個重要原因：我們總是傾向於採用兩極化、分離化的思考方式看待世界，比如，當帕爾默和教師們談論學生如何把恐懼帶進教室的情形時，就會有一些批評家站出來說：「所以你就是希望我們不做教授，去做臨床治

療專家?」這顯然是採用非此即彼的分離思維思考問題。那麼我們應該怎麼擺脫這種非此即彼的二元思維方式,轉而全面地看待事物呢?帕爾默基於物理學家波爾關於悖論的基本原理提出,一些簡單的真理可以透過二元分離方式獲得,比如確定某一棵樹是楓樹還是松樹,但是一些非經驗主義事實的深刻真理,往往是悖論,我們需要用整體的邏輯全面思考。正如之前帕爾默提出的觀點,好的教學來自教師的自身認同而不是教學技術。但是如果教師在擁有了自身認同且自我完整的情況下提升了教學技能,那麼教學技能反過來也可以幫助教師更充分地表達自身認同和自我完整。所以,教師需要整體地看問題,而不是把自身認同與教學技能對立割裂地看待。

在具體的教學實踐中,帕爾默認為透過掌握悖論的張力促使學生達到更深層次的學習,是教學中最困難的一環。基於悖論邏輯,帕爾默提出了針對課堂教學設計的六個悖論。

第一個悖論是「空間需要既有界限又是開放的」。所謂「有界限」,就是教與學時圍繞教材中的問題、文字、數據包等確立的主題或範圍,但是又不拘泥於此,在這個界限內學生們可以暢所欲言。也就是說,雖然鼓勵學生擴散性思考,但又彷彿有一條或若干條主線,使學生沿著主線思考,思維不至於漫無邊際地擴散。這樣的學習教學活動就好比帶領學生去爬山一樣,「界限」是目的地山頂,「開放」是提醒我們到達山頂的路線不一定只有一條。

第二個悖論是「這個空間應該既令人愉快又有緊張的氣氛」。學習活動不能僅僅是愉悅的,而沒有適當程度的挑戰性。這一點與維果斯基的「最近發展區」有點類似,也就是說,學習的內容應該稍高於學習者的現有程度,這樣學習者才有一定的挑戰,從而激發他們的好奇心、求知欲,

使他們更主動地參與學習活動，向更高一個層級發展。有一句話可以概況這種情況，叫「痛，並快樂著」，這就是一個真實存在的悖論。真正好的學習一定是讓學習者先體驗到一點點的痛，然後他們才能夠體會到經過有點痛的思考與探究而獲得的快樂，即自我生長後的快樂，或者說是一種「更上一層樓」之後而視野開闊的暢快感受。

第三個悖論是「這個空間應該鼓勵個人表達意見，也歡迎團體的意見」。帕爾默認為：「如果一個空間（教室）有利於學習，那它一定要能夠鼓勵學生找到自己真正的表達機會。當學生們不能表達自己的想法、情感、困惑甚至偏見的時候，學習是不會存在的。然而，僅有個人表達是不夠的，教學空間也是團體意見被綜合、被完善的地方。」只有這樣，思想、意見在個人與團體、團體與團體之間互動往來，思想經過不斷地碰撞、提煉，形成更高層次的認知，學習才得以真正發生。

第四個悖論是「這個空間應該既尊重學生們瑣碎的『小故事』，也重視傳統與紀律的『大故事』」。例如，有的教師只關注宏大敘事或所謂的科學知識，而忽略了學生的個體生活經驗和體會，使課堂裡教授的知識與學生的生活經驗相分離，這樣的知識僅僅停留在知識本身的意義裡，沒有滋養學習者的生命。

第五個悖論是「這個空間應該既支持獨處又隨時有群體的資源支持」。教師要提供學生單獨思考和吸收學習內容的時間，同時也應為學生提供共同體中的交流機會。即，教師進行教學設計活動的時候，首先要考慮如何在尊重學習者內心世界真實完整的前提下進行，這樣所設計的活動才能與學習者內心真實的世界產生有效連結。這個時候學習者需要獨處的機會聆聽自己內心的聲音，當學習者內心的聲音越來越大的時候，他們需要有一個表達與交流的空間，這就是學習共同體中的交流空間。在對話交流中，

學生的想法可以被檢驗，偏見也會受到挑戰，知識得以拓展。

第六個悖論是「這個空間應該沉默和爭論並存」。教學中，教師不僅要允許沉默的存在，同時更要努力地讓學習者能夠有沉思默想的機會。在現實的世界裡常常看到熱鬧的課堂，看到滔滔不絕講課的教師，人們似乎特別怕冷場。這在帕爾默看來，是恐懼這個老毛病在作祟：人們習以為常地以為人只有在出錯時才沉默。所以，要給予學生適當保留沉默的機會。

三、向外連結：建構教育共同體

帕爾默指出，教師的內在心靈很重要，但是也要與外部世界連結，如果教師想要在實踐中成長和提高，必須尋求兩個方面的加強：一個是內心世界，那裡是教學的泉源；另一個是共同體，從其他教師那裡可以更了解自己和教師職業。

共同體是教師自身認同、自身完整與世界連繫中的交融。這就像醫生做手術的時候需要有其他醫生配合，教師也不應該躲在一間教室裡獨自上課。現實是一個個體彼此連結、編織成的公共關係網，只有身在其中才能了解現實。那麼應該如何建立教育共同體呢？

帕爾默首先指出關於共同體的理解一般可以分為治療型共同體、公民型共同體和市場型共同體三種模式。

治療型共同體即治療模式，一般用於親密關係，指的是在親密關係中個體間可以彼此敞開自我，確切地知道別人充分了解自己，有被完全接受的信心。這種治療型親密關係多見於配偶之間、父母與子女之間、朋友之間等。

公民型共同體與親密關係的窄圈子不同，這種共同體建立在本來互不

相識的人之間,透過一系列制度方法形成政治圈子。在公民型共同體中,個體間透過共同制定和遵守一定的契約和準則,利用少數服從多數等原則利於大多數人的公共利益。常見的方法比如參政議政、選舉投票等。

　　市場型共同體,指的是將教育機構與學習者的關係看作產品製造者(課程與教學)和消費者的關係。

　　這三種關係各有特色,但是也都存在著各自的缺陷與潛在威脅,比如治療型共同體過於強調親密關係,這種模式把共同體限定在狹小的圈子裡,使得教師接觸不到教育的核心,難以提高師生與日新月異的事物建立關聯的能力;公民型模式的潛在威脅是運用傳統型民主政治方式處理差異,最終為大多數人追求利益,這種簡單粗暴的少數服從多數的模式有一定好處,但是不利於尋求真理,因為真理不是透過民主的方法就能決定或者發現的,真理往往掌握在少數人手裡。而市場型共同體的問題在於它更側重於產出,忽視教育的過程性,同時市場評價機制難以準確客觀評價教育含量。比如學生在教育過程中可能有很多不好的情緒,對教師產生不滿,若出現矛盾,透過市場評價機制人們可能會判定為教師存在問題。但實際上這很可能是教師在實施有效的教育,真正達到了教育的目的,可能若干年後學生才會感謝當年的老師。

　　既然帕爾默認為常見的共同體模式都有缺陷,那麼應該如何建構教育共同體呢?帕爾默認為教育共同體形式的核心是「教學就是要開創一個實踐真正共同體的空間」。這是因為帕爾默認為教育的核心使命是認知、教學和學習,因此尋求的共同體模式應該是一個能擁抱、指引和優化這些教育使命的模式。帕爾默提出的這種共同體模式如一張蜘蛛網,位於核心的是主體,也就是我們的認知對象,它可以是人,也可以是物,我們承認我們的認知對象的獨特身分和完整意義,並與它建立關係。在此基礎上,我

們身為求知的個體之間也透過各種連結建立關係，共同建構一張網狀的教與學的共同體。帕爾默認為，這種從客體到主體的知識觀念轉變在我們的認知、教學和學習過程中發揮著決定性的作用，因為主體可以用來發展關係，而客體則不能。連結我們所有關係的核心是重要主體本身，而不是親密性、公民性、問責性，是活生生的主體的力量。帕爾默認為我們要想了解現實，就必須參與到共同體。他進一步指出，我們的認知源於我們對某一個主體著迷，同時主體也在吸引著我們，比如地質學家聽到岩石說話，這是一種雙向的連結，世界萬物向我們呼喚，我們對萬物著迷。帕爾默所提出的以主體為中心的教育，顛覆了我們原有的對於教育教學的認知，因為這裡的主體既不是教師，也不是學生，而是我們認知的對象。想像這樣一個場景：一位優秀的教師與一群5歲的小孩子圍成一圈坐在地板上，一起討論一個關於大象的故事。透過孩子們的眼睛，幾乎可以看見他們眼前真有一隻大象！大象就是這個共同體中認知的對象。

所以，治療模式、公民模式和市場模式此三種共同體都不適用於教育教學，只有以主體為核心建構共同體網路，才能為教學提供最有效的實踐空間，建立彼此間的連結，達到教育目的。

四、自下而上：教育實踐推進教育改革

面對教育領域改革的重重阻力，帕爾默認為首先應從觀念和思維上進行改變，在教育改革問題上不要陷入「非此即彼」的思維失誤，而是要將其看作「既……又……」相互依存的共生關係。也就是說，把既有的教育制度和組織問題看作改革的起點，清醒地意識到，阻力本身就意味著對某種新事物的需求。因此，教育改革並非澈底改變組織結構，而是從改革運動的方式出發，找到變革運動的精神力量，把阻力視為任何事物變化發展

的起點而不是終點。那麼教育實踐應該如何一步步地推動教育變革呢？帕爾默認為可以劃分為四個階段。

第一個階段是多個彼此獨立的個體各自喚醒自我認同，實現自身完整。這就要求每個個體分辨出能夠融入整合到自我個性中的元素，分辨其中哪些適合自己。也就是覺察和分辨自己所選擇的給予生命意義的各種世界觀、人生觀、價值觀是否協調。帕爾默認為，如果個體已經開始探索內心世界，那麼他就已經站在了真正的力量入口處。

第二階段是這些覺醒的、自我認同的、自我完整的個體彼此發現對方並且形成「志同道合的共同體」。這個「志同道合的共同體」是互相支持、扶持、幫助，共同進步與發展。例如，透過教學沙龍、研討會等各種機會，播撒共同體的種子，使之生根發芽。

第三階段是這些共同體走向大眾，將它們關注的問題轉變為大眾問題，並在此過程中接受的評論。例如，透過圖書出版，把教學改革實踐成果和教育改革的理念向更廣闊的學術共同體和大眾傳播，同時接受他們的評論，從而獲得更多的改革力量。

第四階段開始出現選擇性激勵系統，也就是變革演化出一套新的獎懲系統，促使機構組織權力減弱，做出改變，進而制定符合教育規律的改革。比如，如果讓中學階段後的教育只由大學院校承擔，那麼一些相應的落後制度就很難改變，因為每個想要進入中學後教育體系的人都要被迫接受大學制定的規則，這種讓人毫無選擇餘地的模式注定難以進行教育改革。但是當有了其他選擇，比如中學後的教育可以由商業、工業甚至軍隊來承擔，傳統大專院校就能感受到壓力而開放自己，以求新生。

在以上四個階段的教育變革過程中，個體會得到精神上的巨大獎勵：

第一階段的精神獎勵是人們可以更好地認識自己;第二階段的精神獎勵是個體在共同體中找到彼此認同與支持;第三階段的精神獎勵是個體參與到更廣闊的公共生活和事業中去;第四階段的精神獎勵是個體在教育機構中得到更多的發展空間。

這些精神獎勵形成巨大的推動力,推動個體認識自我,推動個體與其他個體連結,推動教育機構進行統整和制度優化,最終推動教育變革。

19

《為生活而教育》：教學做合一的「生活教育」

中國新教育的奠基人 —— 陶行知

中國教育家陶行知（西元 1891～1946 年）是「不折不扣的中國新教育 —— 人民教育的奠基人」。處在 19 世紀與 20 世紀的交叉口，陶行知的教育理論根植於近現代中西方文化的衝突與融合。陶行知一生浮沉於教育事業，他以獨特的經歷、睿智的眼光、高超的見解，綜合性地審視了以往的各種教育理論，有選擇地進行吸收與改造，在既有傳承亦有創新的基礎上，陶行知形成了自己的教育理論，核心為「生活即教育」、「社會即學校」、「教學做合一」。這些理論為後續的教育發展奠定了堅實的基礎，陶行知也被譽為「銳意進取、愛滿天下」的教育巨匠。

陶行知一生留下了三百多萬字的文稿，包括論文、演講紀錄、翻譯的外文著作、編寫的各類課本，以及詩歌、書信等。需要指出的是，陶行知青年時於中國南京的金陵大學求學，後又到美國的伊利諾伊大學、哥倫比亞大學留學。「五四運動」期間，陶行知還擔任過哥倫比亞大學教授約翰‧杜威（John Dewey）、孟祿等學者的英文翻譯。陶行知英文能力超群，故而他的一部分著述是用英文撰寫的，有的是說明中國教育改革的報告，有的是專題的演講稿，還有與師友間的書信，目的多是向西方世界介紹中國。《為生活而教育》其實是陶行知英文文稿的選編集，從獨特側面展現陶行知的教育理論，從寫作時間上看，涵蓋陶行知求學、在南京高等師範學校任教、創辦曉莊學校以至抗日戰爭爆發後四處奔走之時。

19　《為生活而教育》：教學做合一的「生活教育」

一、為什麼要寫這本書

西元 1891 年，陶行知出生於安徽省歙縣，原名陶文濬，後改名為陶知行，又改名為陶行知。從「陶知行」到「陶行知」，不只是名字的改變，也是陶行知教育思想的逐漸成熟。因為影響陶行知一生也貫穿陶行知一生的，最重要的便是「知行合一」的思想。無論是從他的為人處世，還是從他留下的數量眾多的文稿中，都可以很清楚地看到這一點。

縱觀陶行知 56 年的人生，絕大部分精力都投身於教育事業。回顧陶行知的一生，描述其所作、所為、所思、所想，可以很清楚地看到，陶行知對教育有著全面深刻的思考。這些思考體現在他不同時期所撰寫的教育論述、時事政治論述、調查報告，以及演講紀錄、會議提案中。

陶行知的一生，可以分為三個階段。

第一階段：求學後、赴美留學。

1910 年，二十歲的陶行知在金陵匯文書院預科部完成中學學業，升入金陵大學就讀。在 F·G·亨克（F·G·Henke）教授的指導下，陶行知開始研究明代哲學家、教育家王陽明的學說。王陽明提出「知行合一」，強調「知」是道德意識，是認知；強調「行」是道德行為，是實踐。「知行功夫本不可離」，既不能只有知，沒有行；更不能只有行，沒有知，而要知中有行，行中有知。陶行知循著王陽明的「知行合一」，認為認知在先，實踐在後，要先知後行，才能知行並重，所以第一次改名為「知行」。

1914 年，陶行知赴美留學。先是在伊利諾伊大學攻讀政治學碩士學位，一年後轉入哥倫比亞大學師範學院攻讀教育行政學博士學位。陶行知的導師是美國教育行政學會會長斯特雷耶（G·D·Strayer），在斯特雷耶的指導下，陶行知研究美國公共教育行政問題。

教育教學的具體實踐

　　在此期間，陶行知受到在同校任教的美國教育家約翰・杜威的影響更大一些。杜威認為，教育過程要適應於兒童身心發展的規律和特點，教育結果要指向於社會生活和社會發展。杜威的這些觀點與陶行知所接受的「知行合一」思想，在內容和邏輯上都有很多相通之處，陶行知迅速地接受杜威的實用主義教育學說，並把杜威的理論進行改造。

　　求學時期的陶行知筆耕不輟。在金陵大學時，陶行知倡匯出版中文報《金陵光》並擔任主筆，陸續發表《因循篇》、《民國三年之希望》等。到美國留學後，陶行知經常為北美的中國基督徒學生會學報撰稿，闡述自己對中西文化的差異與衝突以及教育的看法。

　　第二階段：建立曉莊學校前後。

　　在哥倫比亞大學求學期間，陶行知的教育思想觀念有了巨大的飛躍，這讓他逐漸在教育界嶄露頭角，成為登高而呼的教育改革倡導者。陶行知先是任職於中國江蘇的南京高等師範學校，發表《試驗主義之教育方法》、《生利主義之職業教育》，探討如何將中西方教育理念融合，以他山之石、可以攻玉，改變教育的不足。他還演講《以科學之方新教育之事》，大刀闊斧地進行了一系列的教育教學改革。

　　陶行知從基層的鄉村學校開始，透過教育改造鄉村社會，進而改造社會。他發起鄉村教育同志會，推進鄉村教育運動，解決鄉村教育的種種問題。陶行知一生都將此視為理想、視為使命。

　　於是，陶行知在1927年建立了曉莊學校。他想的是「擬將鄉村教育及師範教育作澈底騰翻的改革」，同時他也是這麼做的。在這過程中，陶行知更深刻地體悟到了知行合一的真諦，他將「知是行之始，行是知之成」調換順序，改為「行是知之始，知是行之成」，肯定了「行」在「知」之先的

19 《為生活而教育》：教學做合一的「生活教育」

意義，後來乾脆直接改名為「行知」。

第三階段：投身教育運動。

儘管因為種種原因，曉莊學校在三年後就被查封了，但它存在的意義非同凡響。以此為標誌，陶行知以「知行合一」、「教學做合一」為理論，以推動教育教學改革、創立新學校為實踐，根本目的是想要改造教育，進而改造社會。在曉莊學校復校無望之後，陶行知積極推動「工學團」，明確「生活教育」的意義，以解決在戰爭烏雲籠罩下的各種實際問題。

這一時期，陶行知的教育理論已經理論化、系統化，他在各種學潮中起落浮沉，在各種運動中大聲疾呼。即使曾因政見爭執，被政府通緝，但他仍然克服萬難，發表了《從教育上謀國難的出路》、《民眾教育觀》、《從一個學校想到別的學校》；他創辦普及教育助成會，展開普及教育活動；成立國難教育社和生活教育社，舉辦戰時教育運動；主持民盟中央教育委員會，推動民主教育等，試圖實現一直以來的理想。

1946年夏天，陶行知突發腦溢血去世。陶行知奔走一生，留下了大量教育論稿、演講紀錄，據不完全統計，有2,530篇之多。在陶行知去世後，他的各種文稿被保存、整理，自1991年開始，多卷本的《陶行知全集》陸續出版。但全集體量龐大，難以涌讀，故又有從不同角度編撰的陶行知的各種教育論著文選。儘管這些文選不是陶行知所寫的「書」，但實質上還是陶行知「所寫的書」。可以說，陶行知「所寫的書」貫穿了他的一生，是他數十年來教育教學改革實踐的理論結晶。

二、主要內容：中國教育運動

《為生活而教育》主要編選了陶行知的十九篇文稿，這些文稿都是陶行知用英文撰寫的。

從內容上看，這些文稿大致可以分為五類：

第一類包括：《中國在轉變中》、《中國的道德與宗教教育》。這是陶行知在系統學習了西方教育學理論後，對教育的反思。

在《中國在轉變中》這本書裡，陶行知認為，19世紀和20世紀的時代特徵是中西方文化一直在衝突與融合，即是東方文明與西方文明的雙重文明的產物。對於不同文明中的多種觀念，無論或舊或新，都應當取其精華，去其糟粕。

在《中國的道德與宗教教育》這本書裡，陶行知比較了不同國家的道德和宗教教育。歐洲的英國、德國在中小學課程中偏重宗教教育，而美國各州情況有所不同，整體上，美國的中小學宗教教育比較淡化。與之相比，中國是獨具特色的修身與倫理的道德教育。

第二類包括：《1924年的中國教育》、《中國（1924）》、《中國鄉村教育之一斑》、《中國（1938）》。這四篇文章以調查報告的形式，說明了1920、1930年代中國教育的發展情況，也闡述陶行知由此引發的種種設想和解決問題的方法。

在《1924年的中國教育》與《中國（1924）》中，陶行知首先說明影響中國教育發展的時代背景，如農業與商業的經濟狀況、外交狀況、文化界的發展等，其次描述了當時的新的教育體系，重點在於不同學段的學制改革，如學前和幼稚園教育、初等教育、中等教育、高等教育及職業教育等。

19　《為生活而教育》：教學做合一的「生活教育」

此外，陶行知還討論了教育行政管理、教育師資培訓、學生的在校福利等問題。新的教育體系已經開始相容中西，其中還有許多需要改進的地方，如基層教育組織力量薄弱、財政投入少、師資不足，這些問題既嚴重又緊迫，但只能逐步解決。

隨著教育視角的轉變，在《中國鄉村教育之一斑》、《中國（1938）》中，陶行知更多描述的是鄉村教育的發展。《中國鄉村教育之一斑》明確描繪了鄉村教育的計畫，如鄉村教育推進的不同階段，對鄉村幼稚園、中心小學、師範學校等各級學校的教與學的設想，設立專門從事鄉村教育研究的研究部以謀求鄉村教育的現實解決策略。由於抗日戰爭的影響，陶行知在《中國（1938）》中描述了當時教育界的不足和困難，但也肯定了鄉村教育發展獲得的成績。

第三類包括：《創造性教育》、《新大眾教育運動》、《小先生與識字運動》、《中國大眾教育運動》、《中國的人民教育運動》、《全民教育》、《培養難童人才幼苗的育才學校》。陶行知提出教育中的「創造性教育」觀念，認為教育與生活、社會應該是三位一體的，由此才能帶來「教學做合一」。如何真正將「生活即教育」、「社會即學校」、「教學做合一」的理論落到實處，更是陶行知一直在深思、嘗試的。

在《新大眾教育運動》中，陶行知闡述了「工學團」制度。「工學團」制度的理論基礎，指的是教育來源於生活，根植於社會，整個社會都是我們的學校，全部生活便是我們的課程，透過「工學團」，人人都可以得到切合實際的教育，人人學習，人人生產，人人平等互助，社會便能平穩發展。

在《小先生與識字運動》、《中國大眾教育運動》中，陶行知特別倡導

教育教學的具體實踐

「小先生」的做法。從字面來看,「小先生」說的是有知識的小孩也能當他人的老師,因為凡是有知識的人都有責任將知識傳授他人。從深層來看,「小先生」也是以兒童為主體的「工學團」,可以把教育滲透到生活的每一個角落,普及到社會的每一個層面。

無論是「工學團」的制度,還是「小先生」的做法,主要目的都是覆蓋正規學校教育不能覆蓋的地方。在《中國的人民教育運動》和《全民教育》中,陶行知闡述了教育運動的根本原則,旨在實行全面教育、終生教育、全民教育;提出了教育運動的最高理想,是「讓教育成為人人可以免費得到的禮物」。除「工學團」和「小先生」之外,還有以志願教師為主體的「傳遞先生」,他們都讓教育不再是狹隘的學校教育,而是無處不在的生活教育與社會教育,由此才可以利用一切可用的資源提升全民的文化素養,塑造全民的民主精神。

在《培養難童人才幼苗的育才學校》中,陶行知還關注到「如何發現有科學天賦的人才幼苗並加以特別培養」,以開啟特殊教育的新途徑。陶行知分別說明了「育才三方針」、「育才十字訣」、「育才學校實況」,可以看作是 1939 年在重慶創立的育才學校的建立宣言。其建校目的,見陶行知《育才學校教育綱要草案》,育才學校也是陶行知教育理論實踐的有機組成部分。

第四類包括:《祁氏漢語字典的新貢獻》。《祁氏漢語字典的新貢獻》寫於哥倫比亞大學,其中介紹《新漢語字典》的編排特色,也是其優點之所在。

第五類包括:《我的履歷及終身志願》、《就育才學校情況回答羅格夫人提問》、《籲請外國友人資助育才學校》、《關於「創造性的救濟」》。這是

19　《為生活而教育》：教學做合一的「生活教育」

四封信件，有的是私人信件，有的是公開信件。在私人信件中，《我的履歷及終身志願》是陶行知寫給時任美國哥倫比亞大學師範學院院長羅素，信中說「矢志以教育管理為終身事業」，陶行知的一生確是如此。《關於「創造性的救濟」》是有關曉莊學校研究情況的說明，《就育才學校情況回答羅格夫人提問》則是育才學校資金使用情況的回應。這兩封信同時也表明了希望能籌措到更多的資金以用於教育的發展。在公開信件《籲請外國友人資助育才學校》中，陶行知更是明確表達了此意，唯有資金充足，才能實施更有效的教育。

這些文章從各個側面展現出了陶行知對於教育發展所做出的努力，無論是鄉村教育的發展、特殊學校的設立，還是全民教育的推動，都是在探索近現代教育事業的新路徑。

三、核心思想：以教育改造生活

陶行知對教育事業的貢獻是人人皆知、有目共睹。他提出的「生活教育」，其中涵蓋了「生活即教育」、「社會即學校」、「教學做合一」、「在勞力上勞心」、「以教人者教己」等觀點，既是教育學理論的建構，也是在近代背景下，為教育之弊、社會之患開出的對症良藥。

陶行知講「生活教育」，不是生活加教育的簡單組合，而是要以教育改造生活，教育不僅可以改造個人生活，更可以改造社會生活。在人的一生中，時刻都可以去學習，終生都可以受教育。就像陶行知在《新教育》中說的那樣：「教育的作用，是使人天天改造，天天進步，天天往好的路上走。」教育可以讓人一直進步，不斷向善。當人人都接受了合適的教育，去做合適的事情，整個社會自然風氣醇正、和諧發展。

教育教學的具體實踐

　　為了達到以教育改造生活的目標，陶行知提出了「社會即學校」的觀點。陶行知在《我之學校觀》中說，學校「要有化社會的能力，先要情願社會化」。在《生活教育》中說，「整個的社會是生活的場所，亦即教育之場所」、「社會是大眾唯一的學校，生活是大眾唯一的教育」。各級學校只是狹義的教育場合，社會生活才是廣義的教育環境。陶行知說明了社會與教育的關係：一方面，社會是大的學校，在社會中，教育無處不在，才能提高全民的道德修養和教育程度；另一方面，學校是小的社會，教育內容不能與社會脫節，教育要把盡可能多的生活引進學校。由此來看，陶行知推動鄉村教育，倡導「工學團」，都是試圖將社會、學校、教育三者打通。

　　以鄉村小學教育為例，鄉村小學課程內容要與鄉村生活密切相關，學習後可以運用到實際生活中。例如，教學生園藝，就要讓學生切身去參加勞動，先學會怎麼種植，再由老師藉助園藝作物，教會學生讀、寫和數數。這也是陶行知主張的「教學做合一」，什麼是做？做是知、行的合體。教育都要以做為先，老師要在做上教，學生要在做上學。只有老師拿做來教，才是真教；只有學生拿做來學，才是真學。

　　再以工學團為例，陶行知創辦的孟家木橋兒童工學團，不僅是一個學校，也是一個綜合工場，更是一個小型社會。在這個工學團中，團員上午學習文化知識，下午參加各種勞動，或者學習種植植物、養殖動物等農副產業的技巧，或者自己動手製作課桌椅、實驗器材，乃至工廠產品等。工學團是將學校、工場、社會連成一片，實現了在學習中培養工作能力，在教育中塑造全面素養。

　　在陶行知看來，所謂的「課外活動」是教育理論中的偽命題，因為各種生活技能、社會工作等本就應該是教育的組成部分，甚至應該是教育的重心。無論是在各級學校還是工學團，包括飲食、衛生、會計、文書等

19　《為生活而教育》：教學做合一的「生活教育」

一切事務，都是師生共同承擔的，在共同勞動的過程中，老師將相關知識、相關技巧都傳授給學生。一旦學生養成了邊做邊學的習慣，當他離開學校，走進社會後，仍能保持這種隨時隨地學習的習慣，時刻為生活而學習。

陶行知如此強調教育應用於生活、應用於社會，顯而易見，是受到了他所處時代的影響。在動盪時局下，陶行知試圖以教育運動帶動社會運動，這是他理想的外在展現。其中最值得我們關注的是，陶行知的「生活教育」具有強大的適應性、開放性與包容性，儘管至今已走過半個多世紀的歷程，但他的教育理論仍可以在現代指導教育政策的制定、教育內容的選擇、教育方法的調整。因為無論何時何地，教育都是在引導人人生活更好、社會發展更佳，這也正是陶行知「生活教育」的真諦。

教育教學的具體實踐

學校教育改革的方向

20

《大學的理想》：探尋大學理念，實踐自由教育

19世紀著名思想家 —— 聖若望·亨利·紐曼

聖若望·亨利·紐曼（Saint John Henry Newman，西元1801～1890年），是英國19世紀著名的神學家、教育家、文學家、語言學家，自由教育的偉大倡導者和捍衛者。

西元1801年，紐曼出生於一個新教聖公會家庭，西元1817年進入牛津大學三一學院並於西元1820年取得學士學位。隨後在西元1822年成為牛津大學奧列爾學院的特別研究員直到西元1845年。同年，紐曼正式加入天主教會，後升任神父和紅衣主教。西元1851年，他應邀擔任新創辦的都柏林天主教大學校長，從西元1852年開始為學校做了一系列演講，《大學的理念》（The Idea Of A University）這本書就是由紐曼所做演講整合編著而成。

一、為什麼要寫這本書

1860年代，英國發起了一場技術革命，也就是我們熟知的第一次工業革命。漸漸地，隆隆作響的蒸汽機取代了傳統的手工生產，也建立各種大型的紡織和冶煉工廠，工人們在機器之間穿梭，或者在生產線上加工商品……當然，工業革命帶來的不僅是英國人對新技術的痴迷，高等教育也亟須變革。人們漸漸發現，需要補充一些專業知識，例如學習怎樣操縱、改進機器，來應付自己的工作。

20　《大學的理想》：探尋大學理念，實踐自由教育

　　於是倫敦、曼徹斯特還有達蘭這些地方，都創辦了自己的新大學，這些大學的座右銘就是「實用」。在很多英國中部城鎮，還出現了專門為工人階級提供繼續教育的機械學院——它們常常舉辦一些「半科學性質」的講座，向人們普及技能知識，目的就是為工業革命培養一批能夠從事複雜勞動、同時擁有一定知識水準的工人。比如當時名噪一時的倫敦機械學院，招收的學生就是來自普通家庭的年輕工人，他們不僅可以在學院學習物理、化學知識，還能接受與職業相關的其他專業技能培訓。

　　然而這些新大學的出現，就受到教育界的嘲諷，比如牛津大學林肯學院院長馬克‧帕蒂森這樣評價新建的倫敦大學：它好比是「某種集市，各貨攤之間互不相干，各自兜售堆在一起的各種貨品」。教育思想家約翰‧彌爾更是直截了當地說：「大學不是職業教育的場所，它不是為了教人們一些謀生的技能。」

　　為什麼大學教育不能用來培養人們的職業技能呢？其實，在當代社會，各種類型的職業教育學校已經非常普遍，這類院校開設的學科也豐富有趣，從農林牧漁到食品加工，從醫藥衛生到文化教育——都是為了培養學生的職業技能。但是，在16世紀英國伊頓公學的一份課表中，都是奧維德、加圖等詩人和散文家的著作。比如達爾文回憶自己在什魯斯伯里公學讀書的時候，就說過這樣一句話：「那裡除了古典文學，別的什麼也不教。」雖然這些書籍晦澀乏味、枯燥難懂，難以提起學生的興趣，但人們相信，人類最高貴的美德都濃縮在這些古典人文課程中，閱讀它們、學習它們自然有助於陶冶人性，培養紳士品格。甚至一直到19世紀，牛津和劍橋這些老牌大學仍然表現出對古典人文主義課程的迷戀，它們的核心課程包括三個部分：第一部分是文化、歷史之類的古典文學；第二部分是哲學，比如邏輯學、倫理學；第三部分是神學。

這就是英國老牌大學的教育目的。他們認為大學是傳授自由人文學科的場所，大學培養出來的是一個個純粹的「人」——這些人擁有冷靜的頭腦、極高的智商和敏銳的鑑賞力，他們是真正的紳士，而不是穿著職業套裝的工人。所以，以技能培養為主的新型大學教育一出現，就引起社會廣泛的關注。與傳統的大學教育相比，新型大學更加注重實用性、專業性，也因此招致很多批評和反對。

在眾多反對者中，就包括《大學的理想》的作者——紐曼。紐曼從小就接受了良好的古典教育，從牛津大學畢業後，他成為學校的研究員，並隨後擔任了聖瑪麗亞教堂的教區牧師。牛津大學的校園生活深深地影響著紐曼，他相信傳統古典大學才是最「完美」的教育場所。

西元1851年，教皇頒布訓令，在都柏林創辦一所新的大學，50歲的紐曼受邀擔任大學校長。客觀地評價，紐曼是一位失敗的校長，他此後設定的二級學院絕大部分都夭折了，只有醫學院保留了下來。但是他在宣傳這所新大學時所做的一系列演講卻獲得了極大的成功。後來，他把自己的部分演講彙編起來，合成了《大學的理想》這本書。

在當時的背景下，紐曼《大學的理想》的產生就是為了回應新型高等教育的弊端，提出「紐曼式」的大學理念，告訴人們，真正的大學應該是什麼樣的。

二、核心問題：理想的大學是什麼樣的

《大學的理想》這本書又被翻譯成《大學的理念》，簡單來說可以歸結為一個核心：一所理想的大學到底是什麼樣的？

在《大學的理想》前言中，紐曼就提出了自己對理想大學的看法：大

20 《大學的理想》：探尋大學理念，實踐自由教育

學是一個傳授普遍知識的地方。他把這點當作一所大學和其他教育機構之間的主要區別。紐曼認為普遍知識就是所有知識的集合，普遍知識的傳授就是平等地看待所有知識。因為各門學科之間有著千絲萬縷的關係，如果過分地突出其中一門學科知識，會讓其他的知識偏離正確的軌道。他用「調色盤」打了個比方：如果將不同的學科知識看作是調色盤上的一種顏色，比如歷史學是紅色，文學是黃色，哲學是藍色 —— 當我們把不同顏色放在一起時，就會調出不同的色彩效果，當然，如果缺少了其中一種顏料、一門學科，我們的畫卷也會黯然失色。

如果說大學是傳授普遍知識的地方，那自然也就包括宗教神學知識。在《大學的理想》這本書中，紐曼直言不諱地指出，神學知識和科學知識並不是相互對立，而是緊密連結在一起，宗教神學是洗滌人心的一種重要方式。所以他說，「我想讓有理智的俗人恪守宗教教規，也想讓虔誠的教士變得有理智。」

紐曼的大學理想不僅體現了他的大學觀，還包含他對新型大學的反思，以及對職業教育的批判。他認為，如果一個人被他的職業所占領，他將會從頭到腳裹在制服裡。他的美德和思想會被套上一層外衣，這個人就在專業技術的模子裡被塑造和壓迫。紐曼對職業教育的形容讓人感到窒息，在他看來，新型的大學以傳授實用的專業知識為主要目的，它們培養出的學生，大多是掌握某種職業技能的「專才」，是沒有靈魂的機器，而不是擁有普遍知識宇宙的「人」。

所以說，《大學的理想》這本書的核心問題就是提出一個關於理想大學的設想。紐曼指出，只有在這樣的大學裡，在普遍知識被傳授和學習的過程中，思想和思想才能得到碰撞，知識和知識才能形成對話，錯誤才最終得以公之於眾。

三、思想體系：以自由教育培養良好公民

紐曼的大學理想本身是一個具有嚴格邏輯結構的體系，具體包括三個方面：大學的理念、大學的職能和大學的目的。這三個部分在《大學的理想》這本書中被反覆提及。

大學的理念：自由教育。在《大學的理想》這本書中，紐曼一再強調，大學應該是傳授「普遍知識」的場所，在一所大學裡，知識不應該有高低貴賤之分。也就是說，大學應該吸納所有類型的知識，比如藝術、科學、歷史、哲學等，這些學科相互關聯，共同構成了一個「知識世界」。在紐曼看來，因為學生時間有限，不可能攻讀所有學科，只能選擇部分對他們開放的科系。但如果學生生活在大學這個「知識世界」中，耳濡目染、潛移默化，必將有所收穫。

紐曼把這種大學理念稱為「自由教育」。「自由教育」聽起來似乎很簡單，但卻沒有一個具體的衡量標準。因為我們很難回答，什麼樣的大學教育才是自由的。

紐曼也反思了這個問題。他先從語法意義上指出，與「自由」這個詞相對的是「奴性」，比如北美殖民地的奴隸，他們常常在皮鞭和責罵聲中從事著艱辛的機械勞動，不分日夜地種植菸草、採摘棉花或者蓋房子，這類工作基本上不需要心智活動的參與，換句話說，奴工們不用動腦子，只是在奴隸主的訓令下做事，他們自然是沒有自由可言的。

夾雜著心智和思維活動的工作就是自由的嗎？紐曼也不這麼認為，他說，一些純專業化的工作儘管需要很強的心智活動，但也不是真正的「自由」。比如幫人看病是需要動腦的技能，但是在古代，從業醫生也是沒有自由的奴隸。

20　《大學的理想》：探尋大學理念，實踐自由教育

　　在紐曼看來，「自由知識」立足於自己的要求，是不受他人支配的，進一步來說，「自由教育」意味著：知識的傳授是不受目的影響。比如我們學習詩詞、閱讀古典文學，這類知識雖然無法為我們帶來實用的工作技能，但足以讓我們沉思和遐想，讓我們精神富足，這就是自由的知識、自由的教育。

　　大學的職能：教育。大學的職能是紐曼大學理想體系中又一個核心的觀點，它回答了一個問題：大學主要是做什麼的？紐曼用兩個字做出了回答：教育。

　　當代社會，大學不僅是學生們學習的場所，還是重要的科學研究機構。比如哈佛大學，它有一個著名的「哈佛生命實驗室」，那裡有各式各樣的先進實驗設備，供世界各地的頂尖學者研究使用；再比如，在美國加利福尼亞大學洛杉磯分校，有一位教授名叫安德烈婭・蓋茲（Andrea Mia Ghez），她用世界上最大的望遠鏡，透過星際氣體和塵埃，追蹤到了銀河系中心的黑洞，她因此獲得 2020 年諾貝爾物理學獎。

　　但是按照紐曼的思想，這些偉大的科學研究發明已經偏離了「大學」的本質。他甚至可能會毫不留情地反問：如果只是為了進行科學研究和哲學發現，那麼，大學裡為什麼要有學生呢？他列舉了很多偉大的思想家和科學家，比如畢達哥拉斯、柏拉圖、亞里斯多德、牛頓……他們大多避世離俗、超然物外，根本沒有閒暇和精力在大學的校園裡傳道、授業、解惑。

　　所以說，紐曼認為大學和科學研究機構之間存在著明確的界限。大學的一切活動都是圍繞學生進行的，大學的主要職能就是傳授知識、就是教學；但是研究機構的主要職能則是科學研究發現，比如義大利、法國聞名遐邇的文學和科學研究院，就屬於這樣的機構。這些研究院獨立於大學，

但又與大學保持密切的交流關係，正是這樣的模式，讓義大利和法國在科學研究方面取得了傲人的成績。

　　大學的目的：培養紳士。在《大學的理想》中，紐曼提出兩種教育的目的，其中第一種目的是哲學性的，第二種目的是機械性的。哲學性的教育目的讓人形成普遍的觀念，但是機械性的教育目的，只能賦予人外在的實用技能。

　　舉個簡單的例子，有一對雙胞胎兄弟，他們自出生後就被送往兩個家庭，接受不同的教育。哥哥從小生活富足，他在老師的指導下學習各個國家的語言，讀莎士比亞，接觸古希臘的哲學思想⋯⋯這些知識已經成為他心智的一部分；然而他的弟弟就沒那麼幸運了，他被寄養在一位裁縫的家裡，除了跟養父母學習了一些縫紉的專業知識外，他對古典文學、歷史和藝術一無所知。這對雙胞胎就分別對應著紐曼所說的兩種教育目的，哥哥接受的是普遍的、純粹的知識教育，他所學習到的已經不僅僅是「知識」這樣東西，而是萬事萬物相關聯的體系。而弟弟掌握的是一項可以謀生的專業技能，遺憾的是，這項技能是孤立的，它幾乎無法與其他知識產生連結。

　　紐曼認為，大學教育的目的應當是培養擁有全面知識的人，培養聰明、能幹、活躍的社會成員。簡單地說，就是他在《大學的理想》一書中反覆提到的「紳士」。紐曼心中的「紳士」是接受了良好教育的、充滿智慧的、舉止高貴的人。更重要的是，在他們身上可以發現最難得的特質，正直、包容、會替他人設身處地地著想，他們心胸開闊，即使是那些沒有信仰的紳士，也不會隨意嘲諷宗教。總之，在紐曼看來，大學教育培養出來的是勇敢、正直、博學的「社會良好成員」。

《終身教育引論》：教育改革的新視角

終身教育之父 —— 保羅・勒格朗

保羅・勒格朗（Paul Lengrand，1910～2003年），終身教育理論的主要奠基者，終身教育運動的積極倡導者，被譽為「終身教育之父」。勒格朗結合自身的教育經驗與時代的發展情況，發表了眾多著作與文章，如《終身教育引論》、《終身教育問題》、《終身教育的前景》、《以終身教育為基礎的學習領域》等。

1965年12月，在聯合國教科文組織舉辦的第三屆成人教育國際促進會議上，勒格朗的提案──《關於終身教育》引起了大範圍討論。1970年《終身教育引論》出版，且在國際上影響廣泛，先後被譯為18種文字，至今仍是終身教育理論的經典著作。中譯本《終身教育引論》於1985年發行，我們解讀的是由中國學者周南照和陳樹清翻譯的版本。《終身教育引論》引起了人們的深刻思考，國際上關於終身教育的思潮也由此湧現。

一、為什麼要寫這本書

「終身教育」一詞最早出現在1919年，但「終身教育」這一觀點受到國際社會的廣泛關注卻是在1965年聯合國教科文組織舉辦的大會上，這次大會，勒格朗提出了終身教育的思想。作為大會12個主題之一，終身教育思想引起了教育學家們的廣泛關注，許多國家的教育政策隨之做出了相應調整，終身教育思想開始深入各國並產生持久的影響。

學校教育改革的方向

　　1960 年代，勒格朗對當時的時代更迭和世界變化有著清楚而深刻的認知，他在《終身教育引論》中他提出了九類現代人面臨的挑戰，比如世界變化加快、人口增加、科技發展等，這些變化為人類帶來許多負面影響，讓人過度追求物質利益而忽略精神發展，人性和道德也會受到物欲支配，從而引起嚴重的社會危害。為了應對這些挑戰，勒格朗提出了「終身教育」思想，希望透過終身教育幫助現代人對抗這些挑戰帶來的負面影響。

　　世界更新變化，使終身教育成為時代發展的必然產物。經濟飛速發展讓人們的生活壓力有增無減，如今人們物欲膨脹而精神世界卻變得越來越空虛，傳統的有時間和年齡限制的教育體系開始失靈，更具靈活性和適應性的教育模式應運而生。世界人口從 1970 年的 37 億發展到 2023 年已有 80 億，同時隨著醫療技術的發展，人口壽命也持續地延長，這讓教育的需求進一步增加。

　　此外，科技的發展日新月異，資訊傳播方式也在不斷更迭，人們無時無刻不在接受資訊的衝擊，傳統學校的課本知識難以適應科技的變革，對資訊的理解、闡釋、吸收和利用也需要個體養成一定的甄別能力，因此，「學會學習」和「終身學習」便成為現代教育的新目標。

　　勒格朗提出這樣的終身教育理論：「終身教育包括了教育的各個方面、各項內容，從一個人出生的那一刻起一直到生命終結時為止的不間斷地發展，包括了教育各發展階段各個關頭之間的有機關聯。」只有貫穿人生命的全過程並且能夠隨著時代變化不斷更新的教育才能解決現代人面臨的諸多問題，終身教育政策的實施和發展在這時候就顯得尤為重要了。一定程度上，終身教育理念的產生是時代發展的產物，它變被動學習為主動學習，讓終身學習成為普遍的意識形態和生活方式，並進一步從根源上改變人們的思想和行為，築牢社會的根基。所以說終身教育的提出和普及將是

推動時代向前的明智之舉。

1965 年 12 月，聯合國教科文組織舉辦的第三屆成人教育國際促進會議上，勒格朗的提案——《關於終身教育》引起了大範圍討論。1970 年《終身教育引論》出版，且在國際上影響廣泛，先後被譯為 18 種文字，至今仍是終身教育理論的經典著作。《終身教育引論》引起了人們的深刻思考，國際上關於終身教育的思潮也由此湧現。

二、終身教育的推力與阻力：教育革新的「雙刃劍」

勒格朗提到，「政治革命」、「受教育者的論爭」、「國家發展及其問題」和「成人教育」四者對終身教育能否在一個國家普及有著重要影響。這四個要素對終身教育發展來說，都是「雙刃劍」，能運用得好，它們將對終身教育產生「推力」，運用得不好又會成為「阻力」。

第一個要素是「政治因素」。「政治因素」指的是一個國家在進行政治變革後實行的教育政策。

如果一個國家在經過新政或者革命後，能夠將終身教育作為教育政策中的重點進行推動，那麼毫無疑問，「政治因素」就是終身教育普及道路的「推力」了。近代的南斯拉夫和蘇聯就是很好的例子。南斯拉夫在解放後對教育事業十分重視，將發展教育作為政治改革和經濟發展的積極因素，並把終身教育原則看作是連結各個教育部門的基本紐帶和新教育法的基礎。因此，南斯拉夫成了公認的應用終身教育原則的第一個國家。再說蘇聯，社會主義革命後，蘇聯青少年的課程內容與革命前大不相同，舊制度下文化和勞動相分離的局面不復存在了，文化與勞動有機結合，各種形式的政治、社會事業的發展受到重視，成人教育也得到了特別重視。雖然

蘇聯在當時還沒有明確提出終身學習的概念，但是革命為蘇聯教育尤其是成人教育帶來的改變還是值得關注的。要知道，「政治因素」可以像以上兩個國家一樣，對終身教育和成人教育產生「推力」，但是也可能由於當局對終身教育的不重視而使終身教育發展面臨「阻力」。

第二個要素是「受教育者的論爭」。「受教育者的論爭」就是指受教育者對實行終身教育改革的討論和爭取，也是終身教育能否在一個國家廣泛傳播的影響因素。

論爭在任何領域都可以說是進步的發酵劑，在過去，無論是工人運動、婦女運動，還是關於有色人種、殖民地的問題，論爭都是推進這些事件改變的重要因素。在終身教育的問題上也不例外，只有「發聲」才能被「聽見」，廣大受教育群體對傳統教育的弊端和缺陷進行討論，對實行終身教育大力爭取，這些來自受教育者的呼聲就是促使上級政府重視終身教育問題的「推力」。當然了，受教育者如果不能自由發聲，不去呼籲實行終身教育制度，甚至發出反對的聲音，那也會成為終身教育發展的「阻力」。

第三個要素是「國家發展及其問題」。「國家發展及其問題」是指一個國家在其發展過程中對終身教育的重視程度，以及發展過程中存在的問題對終身教育實施產生的影響。

任何國家在建立現代文明社會的過程中都不可避免地需要依靠教育活動來培養組織管理和國家治理人才，如果缺少對教育的正確認知和大力支持就會產生負面後果。關於這一影響因素，勒格朗特別提到了開發中國家在終身教育投資方面存在的問題。許多開發中國家透過向先進國家借鑑經驗，在中小學和大學教育上取得了良好成效，但是在終身教育發展方面卻遇到了「阻力」。那是因為在本國經濟和政治條件的限制下，開發中國家

認為終身教育投資與其他形式投資相比，取得的收益與其投資額不成正比，因此往往在傳統教育普及工作完成後就不再進行終身教育投資了。還有一些開發中國家，一方面傾向於走先進國家走過的成功的教育路徑，另一方面又害怕丟掉傳統力量會導致不良後果，因此對待終身教育問題舉棋不定，最終讓數量發展但生活品質落後成為本國教育難以突破的瓶頸。這些問題成為許多國家終身教育普及工作的「阻力」。開發中國家只有突破自身發展過程中存在的這些問題，才能化「阻力」為「推力」，推進終身教育在本國的普及。

第四個要素是「成人教育」。「成人教育」就是指過去幾十年中成人教育的實施對終身教育的影響。

一方面，自成人教育實施以來，大批的工人透過「上夜校」的方式提升了自己的工作技能，從而得到了更多的收入，提高了生活水準。獲益的先例讓更多成年人投入到學習中去，從這個角度來說，成人教育也為終身教育的發展做了鋪陳，產生了一定的「推力」作用。

另一方面，成人教育的授課方式仍舊以「學徒制」為主，沒有脫離傳統教學中「老師講、學生聽」的舊模式，知識傳授仍舊是單向式的，嚴重忽略了成年人的特性和個體的差異，教育的重點仍是集中在獲得知識而忽略對「完整的人」的教育，這對於終身教育的發展而言就是「阻力」了。

「一個人擁有一定的知識和技能後便可以終身應付自如，這種觀念正在迅速過時並在消失之中」，勒格朗在1960、1970年代就已經預料到了這樣一種發展情形。「一技傍身」就會有「鐵飯碗」的時代已經不復存在了，終身學習才是自我提升的唯一選擇，在終身教育發展過程中化「阻力」為「推力」，早日普及終身教育是國家和個人都需要為之努力的大事。

三、終身教育的目標：實現更美好的生活

　　勒格朗提出的終身教育的目標，是要「實現美好的生活或者從中汲取一切有益的東西，使人過一種更和諧、更充實、符合生命真諦的生活」。勒格朗提出的終身教育的目標可以從個體生活的不同角度進行探討，一方面可以按照人的年齡從縱向發展的角度來看，另一方面可以透過梳理個體接受的各類教育從橫向來進行理解。

　　按照人的年齡從縱向發展角度分析。「學習受年齡的限制」這句話，從生理學和心理學角度來看有一定的道理，因為過了一定年齡之後，人逐漸走向衰老，對一些學科知識（如外語和數學）的掌握會變得困難，更別說學習舞蹈、樂器這些需要在幼年時期就進行訓練的活動了。但思想懶惰的人卻傾向於將年齡限制作為藉口，實際上，許多教育活動，比如口語和文字的使用，不僅不會隨著年齡增長而退化，反而會因不斷使用而有所提高。教育的訓練在整個人生中都占有一定位置，從兒童期到青少年期，再到中年期、老年期，每一個階段都需要進行專門的教育訓練，無論是專業技能的訓練，還是心理和哲學方面的學習，這些複雜的訓練應當伴隨生命的全過程。

　　可對於絕大多數的人來說，教育只是意味著在學校內接受專門的授課、和專業的人員進行教學活動。成年後的人們因為對自己在未成年期受義務驅使而接受的學校教育形成了不好的印象，致使他們在擁有自主選擇權的成年期拒絕接受成人教育。

　　因此，要使教育貫穿個體的一生，並在個人生活的各方面發揮作用，就要突破年齡和傳統學校的限制，在終身教育過程中將各項人類活動連結起來，使教育對象能積極有效地參與每個年齡層的學習，實現終身教育幫

助人們過更和諧、更充實、符合生命真諦的生活這個目標。

按照個體接受的各類教育從橫向發展角度分析。人口激增和資源短缺帶來的競爭讓文憑和資格考試成為當前主要的人才選拔方法，傳統中小學和大學教育下的考試制度以一種「完成就終止」的模式草率地區分出傳統教育體制下的「成功者」和「失意者」，這樣的教育機制只會破壞民主原則和機會平等原則，引起更多社會問題。終身教育所追求的是人們不斷進取，形成有意識、有計畫、有良好的物質和精神條件的生活狀態，讓教育發揮幫助人們生活而非加劇不平等的作用。

終身教育應當貫穿個體成長的每個年齡階段和生活的各個方面。

一是情感教育。複雜情境下人與人之間的互動常常有一定的模式和準則，同時也需要一定的想像力和創造性，伴侶之間、父母與子女之間、人與社會其他人之間的情感交往需要一定的指導和幫助，學會與他人的情感交流是讓小家庭和大社會穩定發展的必修課，因此情感教育在一個人的終身發展中可以說是必不可少的。

二是職業教育。在個體的職業生活中能夠不局限於工作本身，而是把勞動當作一種組織形式和出發點，在實踐中以適當的方法廣泛而深刻地了解社會的特點及問題，這在一定程度上就實現了職業與教育的結合，不僅符合終身教育的發展，也有益於個體的全面發展。

三是閒暇教育。閒暇時間舉辦各項活動與工作並存也是現代社會所倡導的生活形式。像是讀書、散步、歌唱、繪畫、參加體育、觀賞賽事等各項活動，培養個性，擴大知識面，提高社會文化素養。因此，終身教育不是只追求個體在教育程度上的提升，發展愛好、強健體魄，使自己的閒暇時間充實並有意義，也是終身教育的重要內容。

公民的教育也是勒格朗針對開發中國家提出的終身教育的重要內容之一。數量眾多且訓練有素的公民是一個國家民主繁榮的前提，關心國家命運，有知識、有能力的公民在各種組織中正確履職是國家機器正常運轉的關鍵。將公民教育作為終身教育中的重要內容，在知識與理解、技能與態度、價值與取向等各個方面培養公民，讓公民在未來的生活中能夠真正地行使權利、履行義務。建設一個將學習貫穿終身、使個體成長為全面的人、逐步實現教育民主化的社會，一個使公民更公平地分享消費品和文化資源的社會，一個能極大地豐富和改善公民的精神生活的社會，是勒格朗所期望實現的終身教育的最終目標。

22

《學會生存 —— 教育世界的今天和明天》：以終身教育和建設學習型社會的理念促進教育革新

法國傑出的政治家、評論家、歷史學家和傳記作家
—— 愛德加・富爾

　　愛德加・富爾（Edgar-Jean Faure，1908～1988年）是法國第139任和第144任總理，傑出的政治家、評論家、歷史學家和傳記作家，曾於1957年、1963年、1979年三度訪問中國。富爾在擔任聯合國教科文組織國際教育委員會主席一職時，便帶領同事開始了全球教育問題的大考察，並於1972年5月向聯合國教科文組織遞交了《富爾報告》，即《學會生存 —— 教育世界的今天和明天》（Learning to be，以下簡稱《學會生存》）。其中首次提出終身學習（lifelong learning）的概念，他指出：「雖然一個人正在不斷地接受教育，但他越來越不成為對象，而越來越成為主體」，因此，教育過程的重心必須發生轉移，應當「把重點放在教育與學習過程的『自學』原則上，而不是放在傳統教育學的教學原則上」。

　　《學會生存》透過回顧人類教育的發展歷程，深入探討和分析了全世界教育活動面臨的挑戰和問題，詳細闡釋了終身教育的深刻內涵和學習化社會的建構目標，並嘗試提出了教育改革和創新的策略與途徑。本書內容豐富，主題多樣，對教育工作者來說有很高的理論參考價值。

學校教育改革的方向

一、為什麼要寫這本書

1908年8月18日，富爾出生於法國埃羅省貝齊艾爾市，父親是一名軍醫。富爾曾在巴黎東方語學校學習俄語，後轉讀法律，畢業後在巴黎操律師業。二戰期間，富爾留在巴黎並加入激進黨，積極參加抵抗運動，於1943～1944年加入阿爾及爾（阿爾及利亞首都）的法蘭西民族解放委員會，1946年當選為國民議會議員。1968年「五月風暴」事件（即法國爆發的一場學生罷課、工人罷工的群眾運動）後，他出任教育部長並在一年內對法國的入學制度進行了大刀闊斧的改革。1969年富爾被迫下臺，因為他的改革沒有得到新任總統的批准。1972年，基於對教育發展問題的思考和對全人類命運的關切，富爾起草並向聯合國教科文組織提交了名為《學會生存》的報告。

富爾認為，教育是世界各國普遍認定、對人類發展有關鍵意義的重要議題，若想實現創造美好世界的目標，就要為未來做好這方面的準備。他指出現代社會中的教育存在諸多問題。

第一，社會上有一種普遍認知，人們覺得傳統的教育體系曾歷經時間的考驗，因此只需要改良和調整它便可以長久沿用，然而隨著時代變遷，針對傳統教育體系的批評不絕於耳，年輕人對於強制性的教育模式和學校設定也極為不滿並進行了公開的抵制。

第二，1960年代末，第三世界國家開始團結起來，這些國家普遍呼籲在教育領域確立新的國際秩序，這些國家的公民也期許能更廣泛和更均衡地獲取知識，因此第三世界國家紛紛照搬西方的教育民主化模式建立起本國的教育體系，即主張人人有權利接受教育，但是後來發現西方模式與他們的實際情況完全不符，原因是第三世界國家在教育方面的投資和財政預

算不對稱。

第三，由於缺乏權威性的評估，有些國家並未意識到自身教育體系存在的不足與壁壘，因此亟須有效地解決途徑和良好的管理措施加以改正和破除。

對於這些問題，富爾的結論是：現代國家在考慮自身利益的同時也要增強國家之間的合作，各國不僅要考慮自身利益，也要有組織性地與其他國家交換文獻數據和交流教育經驗，以加速推進全人類教育事業的長足進步。富爾倡議在全球建立國際共同體，他認為國家間應當盡量避免產生分歧和衝突，應將合作視為國際關係的基本走向。

對富爾影響最深的一個人，是法國著名的哲學家和教育學家盧梭。盧梭在他的政治著作《社會契約論》中最早提出了共同體的概念，這為富爾的國際共同體思想提供了深厚的理論基礎。18世紀的法國，啟蒙運動進行得如火如荼，資產階級開始尋求權利與平等並要求掌握政權，盧梭身為啟蒙運動的代表人物便喊出了「天賦人權」和「主權在民」的口號。他認為，社會契約一旦被締結，就意味著每個人將自己的全部權利都轉移給「人民結合成的集體」（盧梭最初的共同體概念），那麼個人服從集體意識也就等同於服從自己，人民就是共同體的主權者。然而這種思想有著明顯的局限性，因為人數和能力是可以直觀看出來的，但如果共同體缺乏明確的發展方向和有才能的領導者，就無法促進共同體的發展。那麼如何才能既保證成員的思想獨立性，又對共同體的前進方向做出正確的判斷呢？

這個問題引起了社會學家們的思考，因此在啟蒙運動之後，社會學框架下有關共同體的討論開始不斷湧現。1887年，德國社會學家斐迪南‧滕尼斯（Ferdinand Tönnies）發表《共同體與社會》一書，把共同體從社會概念中分離出來，共同體開始正式成為一個現代社會學意義上的概念。滕尼

斯用共同體來表示建立在情感一致基礎上的社會連繫（即社會結構），以及富有人情味的生活共同體。富爾深受滕尼斯的啟發，做出了透過建設國際共同體來推動教育發展的初步規劃。在他的帶領下，國際教育發展委員會自 1971 年 3 月工作之日起，在一年之內舉行了 6 次會議，實地考察了 23 個國家，充分引用了教科文組織在長達 25 年間累積的大量思考與活動經驗，研究了 70 多篇有關世界教育形式與改革的論文，終於在 1972 年 5 月完成了《學會生存》的報告。

二、核心問題：怎樣培養「完人」

在富爾的闡述中，他提出要透過教育的方式來培養「完人」，即完善的人，以提高全人類的生存能力。富爾所謂的「完人」，廣義上是指自身能將體力、智力、情緒、倫理等各方面因素都充分體現的人，該定義在後來的各個時期受到人道主義者們的追捧，也為世界各國教育事業的發展帶來諸多啟發。

富爾在《學會生存》中從兩個角度說明了培養「完人」的原因和必要性。

一是人的力量在不斷擴大。英國教育學家和人道主義者朱利安・赫胥黎曾指出，人類應該積極地向著具備優秀特質的群體進化，而每個集體中的領導者則要時刻引導人類的進化過程朝著良好與正確的方向前進。富爾繼承和發揚了赫胥黎的觀點，在他看來，現代社會的人們已經擁有了豐富的知識來源和無窮的創造力，因此能夠持續探索未知的新領域。換句話說，現代社會中的人透過知識獲取和科學研究的方式，讓自己改造自然的能力逐步得到提升，也讓自己改變生存環境的影響力越來越大。人已經有條件與能力主宰命運，而發揮潛能和創造價值的前提就是讓自己成為一個

完善的人。

　　二是人在現代社會中可能會面臨人格分裂的困境。富爾認為，社會階層的劃分引發體力勞動與腦力勞動的對立，而為了滿足教育科學化和教育專門化的需求，就會讓品德規範及素養培養無法得到足夠的重視，這對於實現人的全面發展是十分不利的。富爾最終的觀點是，獲得知識、表達思想和展開研究是人類發展過程的外在表現，而體格、情感與道德層面的提升則是實現人的全面發展的內在需求。

　　社會的進步與發展對人們提出更高的要求，發展越完善的人的社會適應性會越強。怎樣才能培養「完人」呢？對此富爾提出了四點看法：教育者要秉持科學的態度，將科學分析問題的方法傳授給受教育者；人類應勇於探索發現，積極地在工作過程中發揮創造力；人類要自覺承擔社會責任和履行社會義務，提高自身修養；人類的情感、智力、道德因素缺一不可，都要得到均衡發展。

三、核心思想：展開終身教育與建設學習型社會

　　「學會生存」是富爾向教科文組織提交的報告中的關鍵旨意，而「學會生存」的對象就是整個人類。在生存能力提高之後，人類就要面對怎樣推動文明進程和促進社會發展的問題。1970年代，在第三次科技革命的影響下，全球科學與技術水準不斷提高，新的知識領域和活動形式開始湧現。基於對現實層面的思考，富爾提出了展開終身教育和建設學習型社會的理念。富爾建議各國在制定教育政策時將終身教育納入考慮範圍，因為人們只有透過接受教育和不斷學習的方式，來更新自身的知識、鍛鍊和掌握多種能力，才能適應社會的飛速發展。在理想的終身教育體系中，每個人都

能找到適合自己的前進方向，因為它提供的是遵循個體自然屬性的教育。

確定了將終身教育作為教育基本原則之後，在討論貫徹原則的途徑時，富爾提倡建設學習型社會。他認為，學習型社會與終身教育具有密不可分的關係，甚至可以說「終身教育是學習型社會的基石」。美國教育學家羅伯特·梅納德·哈欽斯（Robert M. Hutchins）首先在1960年代提出學習型社會的概念，他所謂的學習型社會，就是藉助合理機制和有效方法來促進全民學習和終身學習的社會，基本特徵是使全社會的公民都善於不斷學習，從而形成積極良好的社會風氣，核心內涵是全民教育和終身教育。如同座標上的橫軸和縱軸，全民教育和終身教育是關乎人類生存發展的兩個重要領域。學習型社會的建設是時代發展和社會進步的必然結果，全社會的人只有不斷學習，才能做好準備應對新的挑戰。然而，學習型社會不是自然而然地形成的，而是人們根據社會發展的需求，努力建設出學習型的家庭、組織、企業、社區和城市，從而組合構成學習型社會。

富爾指出，學習型社會中人的教育是最重要的，教育活動的崇高價值毋庸置疑，除了學校以外，包括政府機關在內的所有部門都必須擔負起當地公民的教育任務。但不得不承認，受各國發展不均的限制，在全球廣泛建立學習型社會還是十分困難。儘管如此，富爾仍然提出了一些可嘗試的建議，包括確立國家和政府的職責分工、持續推動教育改革程序、制定符合實際情況的教育政策、因地制宜規劃教學活動、增加教育機構和組織的數量、秉持開放包容的教育宗旨、推動教育管理體制的全面完善等。

23

《學校與社會》：如何建設一所理想的學校

20世紀影響最大的教育家 —— 約翰‧杜威

約翰‧杜威（John Dewey，西元1859～1952年）是美國人，在美國，他既是一位致力於教育改良的實踐者，也是一位致力於社會改革的自由主義派人士。在全球，杜威是公認的20世紀影響最大的教育家，日本、英國、法國、德國、俄國、土耳其、墨西哥等國的現代教育，都深受杜威思想的影響。他被世人譽為「今日的蘇格拉底」。杜威的學術觸角觸及社會、政治、文化、藝術等各個領域，學術生涯後期的杜威多以社會活動家的身分自居，在美國學術界獲得了極高的讚譽，他也是美國著名哲學家、心理學家、實用主義的集大成者、機能主義心理學和現代教育學的創始人之一。

胡適和陶行知都曾在哥倫比亞大學求學，同時師從杜威。當時杜威已年過半百，思想成熟，對胡適和陶行知的啟發很大。杜威還曾到中國講學，在兩年多的時間舉辦幾百場演講。他的真知灼見，深深影響後人的教育思想。

杜威的《學校與社會》（*The School and Society*）寫成於西元1899年，是杜威影響最廣泛、譯本最多的教育學著作。這本書是杜威前期之作，其中觀點鮮明，認為民主、科學、技術與工業化發展，已深刻地影響了社會的基本結構，學校必須隨之作出有效的反應，才能推動社會的繼續進步。這是杜威教育論的基礎，這本書也可視為杜威教育理論的導言、教育思想的縮影。

一、為什麼要寫這本書

杜威於西元1859年10月20日出生在佛蒙特州的柏林頓城一個雜貨商之家。杜威在典型的美國中產之家長大，年少時就讀於公立學校。

西元1875年，16歲的杜威進入佛蒙特大學就讀。杜威選擇佛蒙特大學的原因是離家近，佛蒙特大學歷史悠久，是美國建國以來的第20個學府，最初的八所公立常春藤大學之一。當時學校的規模很小，每年只招收90個學生，實行小班型、個性化的教學。杜威在佛蒙特大學四年，陸續修讀了希臘文、拉丁文、數學、哲學、地質學、生物學、生理學等多門課程，推開了他走入學術世界的大門。

大學畢業後，杜威當過一段時間的教師。西元1882年，杜威到剛成立不久的霍普金斯大學讀研究生，選修哲學。霍普金斯大學建立於西元1876年，學校借鑑德國的教育理念，看重研究生的獨立思考能力。在這裡，杜威身處完全自由交流的學術氛圍，迅速提高了自己的學術水準，短短的兩年後，他就以《康德的心理學》為題順利完成論文答辯，獲得了哲學博士學位，具備了一位學術研究者所應有的素養。

隨即，杜威受聘於密西根大學哲學系。此後，杜威的一生幾乎都在大學度過。在密西根大學的10年時間裡，杜威累積了豐富的學術研究經驗。杜威不僅拔高了自己的哲學建樹，而且開始進入心理學、教育學的研究領域。他發表了《心理學觀點》、《作為哲學方法的心理學》等論文，還編寫了一本《心理學》教材。漸漸地杜威意識到，無論是研究哲學還是心理學，最重要的是為社會服務，解決現實問題，有了這樣的認知後，他萌發了把哲學、心理學、教育學結合起來研究的設想。

西元1894年，35歲的杜威受聘於芝加哥大學，擔任哲學、心理學、

教育學系主任。杜威在芝加哥大學任教 10 年,完成了他從哲學家到教育家的轉變。杜威在芝加哥大學任職期間同時開設了哲學俱樂部、教育學俱樂部,鼓勵學術思想的自由交鋒。杜威相信,真正的教育出自人的好奇心,而不是社會外在的壓力。大學如此,中小學亦如此。在沒有慌張和恐懼的環境中,人才能有自覺學習的興趣。帶著這樣的理念,杜威開始致力於中小學教育的研究。

西元 1896 年,杜威創立了聞名遐邇的芝加哥初等學校,後來也稱杜威學校。對這所學校,杜威傾注了他大量的心血。學校招收 4～15 歲的兒童,最初只有學生 16 人,鼎盛期達到 140 人。杜威為學校擬定教育目標、規劃教學計畫,聘請合適的老師,進行了為期 8 年的教育實驗。在教育實驗的基礎上,杜威把自己的思考凝結為多本論著,《學校與社會》就是這時期的代表作。

二、具體內容:學校即社會、教育即生活

杜威創辦了芝加哥初等學校,他把這所學校視為「哲學、心理學、教育學的實驗室」。在學校建立之初,杜威就寫了《我的教育信條》(*My Pedagogical Creed*),點明教育的意義,即社會進步與社會改良的基本方法,這是杜威的教育宣言,立下了杜威教育學研究的標竿。在此基礎上,杜威摸索探求,他一方面努力回應現實教育問題,另一方面試圖建構完善的理論體系,由此他完成了《學校與社會》。

《學校與社會》共 8 篇。前 3 篇是杜威對關心芝加哥初等學校的家長和社會人士發表的演講稿,分別是〈學校與進步〉、〈學校與兒童生活〉、〈教育中的浪費〉;後 5 篇是杜威單獨撰寫的論文,分別是〈初等教育心理學〉、

〈福祿培爾的教育原理〉、〈作業心理學〉、〈注意力的發展〉、〈國中教育中歷史教學的目標〉。

這8篇文章討論的具體內容要點如下。

第一，論學校與社會進步的關係。杜威指出：「如果我們的教育對於生活必須具有任何意義的話，那麼它就必須經歷一個相應的完全的變革。」他強調在社會革新進程中，學校也要發展，而不能固守舊傳統。在杜威看來，「社會是由一些循著共同的路線、具有共同的精神，並參照共同的目的而活動的個人聚集在一起形成的。這些共同的需求和目的，要求日益加強思想的交流和感情的和諧一致」。對於兒童來說，擁有的一切大多是從學校獲得的。所以，杜威提倡新學校，認為新學校不是呆板地學習功課的場所，而是生動的社會生活的形式。新學校能引導、訓練每個兒童成為社會的成員，讓兒童提升能力、擴大見識、樹立精神，在長大成熟進入社會後，才能建設和諧社會。

第二，論學校與兒童生活、兒童發展的關係。杜威反對舊學校中的舊教育，批評舊教育中消極地對待兒童、機械地使兒童集合在一起、課程和教學法的簡單劃一。這樣重心在教師，而不是在兒童的教育模式，無疑是戕害兒童的。杜威提倡，學校要以兒童為中心，教育要順應兒童的本能，規劃有益於兒童生活、發展的活動。杜威將兒童本能分為四種：社交本能、語言本能、製作本能、藝術本能。透過教育的引導，四種本能可以形成四方面的興趣：交談的興趣、探究的興趣、製作的興趣、藝術表現的興趣。透過對兒童興趣的培養，既滿足了兒童交流傾訴、製造設計等欲望，也激發了這些欲望的正向意義，即鍛鍊兒童將來參與社會、改良社會的經驗。

第三，論學校教育中的浪費問題。在杜威看來，學校教育的浪費不是金錢、物質的浪費，而是導致「兒童在校時生命的浪費和以後由於在校時不恰當的和反常的準備工作所造成的浪費」。教育的浪費要從兩方面來看：一方面是兒童在學校學習的死板知識，在社會上不能實際應用；另一方面是學校扼殺了兒童在校外獲得的經驗，在學校裡的兒童和在學校外的兒童不像是一個人。這就是學校的隔離，學校是封閉不開放的，打算與世隔絕，強硬地按照學校的標準去改造兒童，一切為了學校的發展，而不是為了兒童的發展。這樣進行的教育對兒童毫無益處，兒童只是教育生產線上的固定產品，沒有生機、沒有創新，更沒有意義。

第四，論新、舊初等教育心理學。杜威對兒童心理學的研究，揚棄了舊心理學，建立了新心理學。杜威認為舊心理學有諸多缺陷：舊心理學只把心理視為個人對外界接觸的直接反應，新心理學則把心理學視為社會生活的有機組成部分；舊心理學認為心理結構是一樣的，差別在於表現出來的內容與程度的不同，新心理學則認為心理結構有發展的過程和規律，絕不能對兒童心理、成人心理等同看待。

杜威分出了兒童的三個心理階段：第一階段從 4 歲到 8 歲，重視激發兒童的生活興趣；第二階段從 9 歲到 12 歲，注重鍛鍊兒童的思維能力；第三階段與中等教育交界，開始注重培養兒童的社會經驗。三個階段要循序漸進，不能冒進超前。

第五，論福祿貝爾的教育原理。福祿貝爾是德國教育家，致力於幼兒教育研究，是近代幼稚園教育體系的建立者。杜威認同福祿貝爾的自然教育原則，但對福祿貝爾的一些具體觀點持異議。

杜威認為福祿貝爾提出的「透過遊戲教育兒童」，如果遊戲是教師主

觀設計的,那對兒童沒什麼益處。遊戲應該是兒童的,不是教師的。

杜威認為福祿貝爾設計的兒童教材過難,教育方法過於複雜,過猶不及,會引起兒童的反感,反彈出負面效果。

杜威認為福祿貝爾的教育帶有過濃的宗教色彩,導致了無用的形式主義、無病呻吟般的象徵主義,在杜威的教育思想中,這些都是要摒棄的。

第六,論兒童作業的設計與意義。杜威否定了舊教育中的作業,認為那只是刻意讓兒童不吵鬧、不淘氣的生硬辦法,比如機械地背誦課文、大量的數學運算等,浪費了時間,讓兒童變成書呆子。真正的作業應該是讓兒童「復演社會生活中進行的某種工作或與之平行的活動方式」,目的是讓兒童適應進入社會的步驟,打好進入社會的基礎。好的作業要在兒童的知識與能力間達到一個平衡點,先把知識轉化為能力,再以能力繼續鞏固知識,知識以智慧為本,能力以實踐為本,兩者互相促進。而且,作業應該是有機連續的,就像用一塊塊骨頭最後可以拼接成一副骨骼那樣,要杜絕隨機零散的影響,以有體系的作業讓兒童累積出有效的經驗。

第七,論兒童注意力的發展規律。杜威在兒童注意力方面指出了舊教育的弊端,包括兩個方面的內容:一是強制要求同齡的兒童一定要有相同的注意力,沒有顧及兒童發展的個性;二是機械地透過教師說教、實物教學進行兒童注意力訓練,使用的教材也一成不變,沒有顧及兒童的主觀能動性。在杜威看來,這樣的兒童教育比沒有還糟。真正的教育不是灌輸,而是啟發,要啟發兒童的興趣、培養兒童的感情、激發兒童的注意力,讓兒童自己去探求對生活、社會及自然的欲望,再引導兒童找到正確的答案。這個原則與孔子的「不憤不啟,不悱不發」接近,就是要幫助兒童提供自己尋找興趣、培養注意力的機會和空間,不是幫助兒童直接解決問

題,而是幫助兒童學會發現問題和解決問題。

第八,論初等教育中歷史教學的目標。這是一個專題問題。很多兒童討厭上歷史課,替歷史課貼上了乏味、枯燥的標籤。為什麼會這樣?杜威認為,歷史課的失敗在於盲目地知識灌輸,無論兒童是否能理解、消化,如同填鴨一般地硬塞,引起了兒童的反抗心理。真正有效的歷史課不是讓兒童背誦歷史人物、事件年表,而是為兒童展示歷史的圖景,讓兒童體會歷史的意義。杜威將兒童歷史課分為三階段:一是概括的歷史論,讓兒童理解歷史記錄的多是有意義的社會活動;二是具體的美國史及芝加哥城市史;三是歐洲史及世界史。

歷史課教學的根本目的,是讓兒童了解在前進的、動態的歷史進程中,人對歷史的推動作用,並能反思歷史,以繼續推動歷史的發展。

三、核心問題:何為理想的教育

杜威所處的時代,正是美國政治、經濟的鉅變期。1890 年代至 20 世紀初的 10 年裡,隨著美國工業生產總值躍居世界第一,美國完成了從農業資本國家到城市化工業國家的轉型。資本的原始累積為人們帶來巨大財富的同時,也帶來無盡的煩惱。金錢只能豐富物質,卻讓精神跌入空虛。一系列的社會矛盾被激化,如政治腐敗、種族歧視、貧富差距等,連本應純潔的兒童世界也被汙染,傳統的教育卻根本無力解決這一切。

如何透過學校、透過教育來解決現實社會問題,這是杜威教育思想的核心。當時數量有限的公立學校、低水準的教師隊伍、老舊的教育理念等,已明顯跟不上時代發展的巨輪,杜威所考慮的,正是要推陳出新,大力改革,創造出一種更切合實際的新教育。

學校教育改革的方向

杜威在《學校與社會》中，大致從兩個方面回應了學校、教育與社會的核心問題。

一方面，怎樣才是完美的學校？完美的學校具有社會生活的全部含義。抽象地說，學校不是孤立於社會之外的組織，而是一個生氣勃勃的社會機構。學校應該具有以下三個特點：學校為兒童提供了簡化的社會環境；學校是處處有道德；學校是為學生考慮的。

只有在這樣的學校環境中，兒童才能形成有用的習慣和經驗，為社會生活做好準備。從具體課程上說，學校既要有提供基礎知識的學科課程，如數學、歷史等；更要有適合實踐鍛鍊的活動課程，如園藝、烹飪、紡織縫紉等，將兩者結合，兒童才能獲得參與社會的能力。

另一方面，怎樣才是理想的教育？理想的教育是為社會而教育。在理想的教育中，每個人都能掙脫狹隘的個人束縛，進入「人人為社會、社會為人人」的境界中去。有人可能會想，對幼小的兒童講社會問題，未免太沉重了。但杜威認為，社會問題是不能逃避，也無須逃避的。在杜威設計的理想教育中，順應兒童自然成長的規律，透過各式各樣的學校活動，激發兒童的天性，讓兒童自覺養成習慣、累積經驗，從天性到習慣再到經驗，即潛移默化地塑造了一個「社會人」。所謂的「理想教育」，就是以學生為主體、以學校為方法、以社會為目的。

在《學校與社會》之後，杜威又陸續撰寫了《兒童與課程》、《教育的情境》、《教育上的道德原理》、《教育上的興趣與努力》、《明日之學校》等，繼續完善其教育理論體系。尤其是1916年撰寫的《民主主義教育》，是他教育學研究的另一部巔峰之作，該書也將與哲學、心理學緊密結合，將貼上杜威標籤的實用主義推向高潮。

教育發展的新方向

24

《後現代課程觀》：建構一種新的課程觀

後現代教育之父 —— 小威廉・E. 多爾

小威廉・E・多爾（William E. Doll Jr.，1931～2017年）身為課程理論的研究專家，近年來在教育學界很活躍，被譽為「後現代教育之父」。多爾生於波士頓，曾在波士頓、丹佛、巴爾的摩教書，後在約翰斯・霍普斯金大學獲得了博士學位。之後，多爾進入大學任教，歷任紐約州立大學奧斯威戈分校初等教育系主任、加州雷德蘭茲大學師範教育專案主任、路易斯安那州立大學課程與教育學系教授、維拉・富蘭克林與 J. R. 伊格斯捐贈基金榮譽教授。

出版於1993年的《後現代課程觀》（*A Post-Modern Perspective on Curriculum*）是多爾的成名作，也是多爾課程理論的奠基之作。多爾的理論根植於美國教育，這本書也可以稱得上是美國課程理論研究的一大代表性成果。多爾在《後現代課程觀》中，描繪了一幅後現代的課程藍圖，肯定了課程與教學的內在價值，突出了人的成長意義。

一、為什麼要寫這本書

在1980年代末，多爾接受了後現代主義的思想，並開始將後現代主義的一些觀點，融入他的教育學研究中。1987年，多爾帶著他的一篇《不穩定性課程》論文，參加了在華盛頓特區召開的美國教育研究協會年會，在與參會學者的交流中，在同仁們的建議與鼓勵下，多爾萌生了將相關的

課程理論研究寫成一本書的構想，由此點燃了《後現代課程觀》這本書創作的星星之火。

在美國教育學界，與後現代主義相關的課程理論研究，始於 1970 年代，一馬當先的是威廉・F・派納，他是美國國際課程研究促進協會（IAACS）的主席。1975 年，派納出版了《課程理論化：概念重建主義者》一書，指出美國現行課程與教學的多種弊端，並提出，要根據「課程」一詞概念的原意，結合最新的哲學、心理學、社會學等思想，對課程進行「概念重構」，由此拉開了課程研究的序幕。

在西方，課程一詞從古希臘文演變而來，原意是「跑馬道」，後引申至教育領域，意思是「學習者學習的路線」。19 世紀，英國哲學家、教育家史賓賽在一篇〈什麼知識最有價值〉的文章中，將「課程」定義為「教學內容的系統組織」，也就是有目的、有計畫地安排學習過程。漸漸地，「課程」成為教育學中的一個分支，關於它的研究也應運而生。

關於課程的研究五花八門。其中，所謂的「課程觀」，指的是對課程的基本看法，包括課程的本質、課程的價值、課程的結構、課程的實施、課程的效果等。派納對課程的「概念重構」，實質上就是認為，課程觀要與時俱進。在派納的影響下，美國教育學界一度湧現出了多種多樣的課程觀，如大衛・雷・格里芬（David Ray Griffin）認為，課程的根本目的，是要樹立「一個鼓動人心、激勵意志、提供眾人一個共同的目標的理想」；再如，J・P・米勒提出「整體性課程」，K・凱森提出了「批判的過程課程」，C・鮑爾斯提出「後自由主義教育理論」等，這些都是圍繞著課程觀展開的研究。

多爾在研究過許多相關的理論後認為很多課程觀都有各種不足，所以，

他要對之前的課程觀進行系統的研究。他同時受後現代主義的影響，於是採用了後現代主義觀點和方法進行課程研究，提出了一種富有創造性、探索性和發展性的後現代課程觀。

二、內容框架：現代主義與後現代主義、現代正規化與後現代正規化

我們一直享受科學帶來的紅利。基於各種科學研究得來的科技成果，優化了我們的生活，讓我們的生活更加舒適便利。更重要的是，我們已經習慣了用科學的觀點，去理解世界、理解生活、理解人生。就像多爾在書中，引用了史賓賽《教育：智力、道德和體力》中的一段話：「為了直接的自我生存……依靠科學；為了完成撫養責任……依靠科學；為了形成良好的公民修養……依靠科學；為了欣賞藝術……依靠科學。」在史賓賽看來，科學與社會生活密不可分；而在多爾看來，科學甚至成了現代人的一種精神迷戀。

當科學主導了現代社會，它的弊端也慢慢地突顯出來。多爾認為，科學變成了一種主義，控制了它自身之外的很多領域，如哲學、社會學、心理學、教育學領域等。美國人是如此崇拜科學，認為科學既能讓人上天入地、征服自然，也能讓人理性思考、改變社會。但在多爾看來，將科學高舉在神壇之上，正是現代社會的異化。

儘管如此，科學還是裹挾著教育滾滾向前。在全球的教育中，學校在課程裡教的、學生在學校裡學的，在數量上最多的，在專業度上最高的，就是科學知識，而且，大部分人對「科學是最重要的知識」這一點深信不疑。多爾正是看到了科學主義對教育的控制，以及對課程與教學的影響，

才引發了他的深入思考。既然以科學為主導是有偏頗的，那我們就應該反駁它。且多爾深受後現代主義的影響，而後現代主義本就蘊含著反科學。多爾認為，應該從後現代主義出發，消除科學主義對教育的負面影響。

在書中，多爾沒有直接將科學與後現代主義對立起來，而是區分了現代主義與後現代主義。在多爾看來，科學是現代主義最顯著的標籤。

什麼是現代主義？現代主義的特徵是什麼？現代與傳統是相對的。關於傳統與現代的分野，從時間上看，現代始於 15 世紀晚期，歐洲工業革命後，世界走入現代。從觀念上看，以文藝復興為分水嶺，之前是神學至上，之後開始追求理性。現代主義頌揚的，正是人的理性精神。如果我們幫現代主義下一個定義的話，那就是，「在本質上表現為理性啟蒙精神，強調人透過對自然的理性掌握和技術征服，而確證人的主體性的精神」。而對自然的理性掌握和技術征服，依靠的就是科學。

什麼是後現代主義？後現代主義的特徵是什麼？現代社會的種種弊端，讓很多人開始奮力呼籲，我們應該超越現代，進入後現代。從廣義上講，後現代主義帶著批判的眼光，在很多領域，如自然科學、哲學、社會學、文學藝術等，去質疑現代主義；從狹義上講，後現代主義是反對現代主義固化了的研究正規化，如強調非理性思維，反對現代主義的理性思維；強調多視角、多元化，反對現代主義的單一化；強調不確定性、差異性，反對現代主義的普遍性等。

儘管後現代主義幾乎可以算得上是精準擊中了現代主義的弊端，但後現代主義提出的很多觀點，在很大意義上是空想。迄今，我們仍生活於現代，依靠著技術，享受著科學。就像多爾打的比方那樣，後現代主義是「迷人的想像王國」，我們去往那裡，還有很漫長的路要走。

因此,多爾也沒有大而化之地討論現代主義、後現代主義與教育的問題,正如這本書的書名點明的那樣,多爾直接從「課程觀」的角度切入,分別討論了在現代主義影響下形成的現代正規化的課程觀,在後現代主義影響下形成的後現代正規化的課程觀。

在多爾看來,現代正規化的課程觀是封閉的。這樣的課程觀,大力主張的是科學性,這主要體現在四個方面,即教學目標必須是精確、實用的;教學內容必須是普遍、客觀的;教學過程是要預先設計的;教學效果是可以量化的。這樣看起來頭頭是道,很有規律,也有可操作性,但這樣的課程教出來的學生,就像是把原材料放在工業生產線上製造出來的產品。

多爾主張的後現代正規化的課程觀是開放的。相比於現代正規化的死板,後現代正規化有三個不同的主張:其一,反對課程的一切權威,不要將課程單一化,而要將課程多元化;其二,課程的模式,包括教學目標、教學內容、教學過程等,不是靜態的穩定,而是動態的生成;其三,課程的教學效果,不是直線前進,而是螺旋式上升。在這樣課程觀的指導下,學生才能成為有自由思想的人。

三、主要內容:現代正規化的「課程觀」與後現代正規化的「課程觀」

「模體」這個概念在電腦領域比較常見,一般理解為在網路中反覆出現的相互作用的基本模式。多爾在《後現代課程觀》中借用了這一概念,提出「4R課程模體」(matrix),指的是一種內部因素相互作用的課程模式。多爾提出4R課程模體後,得到了大家的公認,後來,4R課程模體漸

漸成為教育學中的一個專有名詞。

　　本書第一部分共有兩章。在第一章中，主要討論了笛卡兒的方法論、牛頓的宇宙觀；在第二章中，主要討論泰勒原理。

　　勒內・笛卡兒（René Descartes）是 16 世紀至 17 世紀法國的哲學家、數學家。多爾總結了笛卡兒的方法論，將其分為四個要點：我們只能接受「清晰而顯然」的真理；將要解決的問題分出盡可能多的部分，再各個擊破；解決問題要按照從簡單到複雜的順序；解決問題之後要回顧，以確保沒有遺漏。在多爾看來，笛卡兒的方法論「提倡清晰的定義、簡化的方法和仔細的評價」，這正是現代正規化課程方法論的基礎，在課程中既有選定的教學目標和確定的經驗知識，還有有效的課程組織和回饋的課程評價等。

　　牛頓是 17 世紀英國皇家學會會長，是著名的物理學家，被譽為「百科全書式的全才」。多爾於書中首先肯定了牛頓在物理學上的成就。牛頓尋求大千世界的規律，用各種抽象的、統一的公式，解釋了宇宙現象。在多爾看來，牛頓的科學研究蘊含著因果預測性、線性序列性，這些滲透到教育觀念中，就體現為現代正規化課程觀中推崇的進步的逐步性、發展的線性關係。通俗易懂地說，現代正規化的課程觀，要求課程循序漸進，教學要分年級階段，在學習過程中，不能隨意跳躍。

　　笛卡兒、牛頓都不是教育家，二人在各自領域的理論研究，對現代正規化的課程觀的意義，只在於方法上的啟發。真正奠定現代正規化課程基礎的是泰勒原理。

　　泰勒是美國教育家，被譽為「現代課程理論之父」。他在 1949 年出版了《課程與教學的基本原理》，這本書被譽為「西方現代課程理論的基石」。在

這本書中,泰勒提出「泰勒原理」,即課程觀要回答四個問題:學校應該試圖達到什麼教育目標?要提供什麼教學經驗才能達到這些目標?如何有效地統整這些教育經驗?如何確定這些目標是否達到?在多爾看來,「泰勒原理」有積極的意義,它創造了現代正規化課程的模板,在很長一段時間內指導了教育實踐。但同時,泰勒原理導致了課程的僵化。在時代發展的洪流中,課程觀應該有新的改變。

第二部分共有四章,分別討論了皮亞傑的生命系統、伊利亞·普里高津的耗散理論、布魯納的認識論,以及杜威與懷特黑德的過程思想。多爾認為的新改變,就是要建構後現代課程。

皮亞傑的生命系統。瑞士的皮亞傑,是近代著名兒童心理學家。多爾認為,皮亞傑因不滿現代主義物理學的世界觀,提出自己的生物學世界觀。皮亞傑認為,人的本質是開放的生命系統。在這個系統中,各個組成部分既相互連結,也是自主平衡。連結是多元的,平衡是複雜的。所以,基於皮亞傑的生物學世界觀,後現代課程觀提倡課程的開放性。

普里高津的耗散理論。普里高津曾任比利時皇家科學院院長。普里津耗散理論的理論基石是混沌理論。1960 年代,混沌理論產生於數學、物理學領域,與相對論、量子論一起,被稱為 20 世紀三大科學革命。我們前面提到,牛頓認為宇宙現象是有序的、是可預測的,與此相反,混沌理論的觀點是,宇宙現象是無序、不可預測的。可以說,有序的宇宙觀肯定平衡,而無序的宇宙觀否定平衡。由此,普里高津提出了耗散理論。耗散理論與平衡理論相對。平衡理論認為,萬物具有平衡結構,在維持平衡結構的過程中,不需要任何能量或物質交換。在普里高津看來,平衡結構的前提是有序,而無序的宇宙具有的不是平衡結構,而是耗散結構。與平衡結構不同的是,耗散結構要透過與外界交換能量或物質才能維持。多爾認

為，後現代課程觀在混沌理論與耗散理論中得到的啟發是，課程不應該強調平衡的有序，而應該強調耗散的變化，耗散的變化又是自組織的，所以，後現代課程的特點，也是自組織的，也可以說是自然而然的。

布魯納的認識論。布魯納是美國心理學家，他認識皮亞傑，也受到了皮亞傑思想的影響。布魯納提出的觀點是，學習是人的認知過程，主觀能動性非常重要。或者說，學習是一個主動完成認知結構的過程。多爾認為，後現代課程觀要吸收布魯納的觀點，強調課程的本質是互動、個人的，而不是被動接受、外在灌輸的。

杜威和懷特黑德的過程思想。杜威是美國的哲學家、教育家，懷特黑德是英國的哲學家、教育家。杜威主張經驗過程思想，懷特黑德主張有機過程思想。在杜威看來，人從反思中獲得經驗，而課程的目就是激發經驗。在懷特黑德看來，任何事物都是過程性的，課程也不例外。多爾將杜威、懷特黑德的過程思想結合起來，認為後現代主義課程，先要形成一個有機的整體，然後才能在多方面激發人的經驗，讓人在獲得經驗的基礎上，再去認識自己、認識世界。

四、創新之處：4R 課程模體

這本書的第三部分，是全書的重中之重。在這一部分中，多爾先總結了後現代主義的課程概念，又提出了 4R 的課程觀，這是多爾思想的精華。所謂「4R」，即豐富性（Richness）、回歸性（Recursion）、關聯性（Relation）和嚴密性（Rigor）。多爾對比了現代正規化的課程與後現代正規化的課程，指出了後現代正規化的發展，主要有以下四點。

第一，現代正規化的課程觀是理論先於實踐，也就是在沒有進行課程

之前，就已經預先規定了教學目標、教學內容、教學過程、教學效果等條條框框。後現代正規化的課程就是要打破這些條條框框，一切從實際出發，根據不同的情況，發展新課程、創造新知識。

第二，在現代正規化的課程中，教師是課程的實施者、控制者，教師與學生的關係是單向的；而在後現代正規化的課程中，教師和學生同為課程的創造者、開發者，教師與學生的關係是雙向的。當然，在課程中，教師與學生還是要分主次，在多爾看來，教師應該是「平等者中的首席」。

第三，在現代正規化的課程中，教的知識是確定、不容置疑的；而在後現代正規化的課程中，教的知識是啟發性，是希望引起學生自主思考。多爾舉了一個例子，在以往的數學課中，教師只教學生做題的方法、步驟，數學題有標準的答案，是否學會了知識就看做題正確與否，而做題正確與否則用標準答案一刀切。在後現代正規化的課程中，教師在提供了數據、講清楚了方法後，還會啟發學生自主設計題目，討論題目的合理性，以培養學生的創新思維。

第四，當前美國課程的評價標準，依然是現代正規化的課程觀的天下。評價課程的好壞，以評價教學效果的優劣為標竿，實質上是將學生分出了勝利者和失敗者。學得好的學生，是教育的成功品，學得壞的學生，是教育的失敗品。多爾非常抗拒這一點，他寄希望於後現代課程能有所改變。但他清楚知道，後現代最缺少正規化的課程觀，就是一套理想的標準。所以在當前，要想從後現代的角度去考察評價課程，其實不太可行。

身為後現代課程大力的提倡者，多爾當然要想辦法補足這些缺陷。他創新地提出了 4R 模體，試圖以此作為後現代課程的標準。所謂 4R，指的是課程的豐富性、回歸性、關聯性、嚴密性。

豐富性是指課程的整體深度、課程意義的層次，課程內容的多種可能性或多重解釋。也就是說，後現代正規化的課程內容不封閉，而是開放的，隨時都可以有新的內容補充進去。

　　課程的回歸性，就是沒有固定的起點和終點。在多爾看來，後現代正規化的課程的回歸性，體現在課程是一個不可分割的整體，課程的各部分可以任意組合，但殊途同歸，都可以達到最終的目標。

　　多爾將關聯性分為教育連結、文化連結。教育連結指有關課程的一切因素都互有關連，文化連結指課程與文化息息相關。總之，在多爾看來，課程是一個點，要擴散性地與自身之外的任何一點，都建立起連結。

　　在 4R 中，多爾最看重的就是課程的嚴密性。在多爾的理論中，嚴密性是不確定性與解釋性的完美結合，具有嚴密性，就可以避免後現代正規化課程走向極端，陷入相對主義與唯我主義。

25

《現代教育學基礎》：日本教育學理論的入門之作

世界一流學府 ── 日本築波大學教育學研究會

日本築波大學成立於 1973 年 10 月，前身為東京教育大學。東京教育大學於明治 5 年（西元 1872 年）創辦，最初取名為東京師範學校，後相繼發展為東京高等師範學校、東京文理大學，二戰後實行新學制而改名為東京教育大學。築波大學的誕生最早緣於 1961 年日本政府提出建立築波科學城的設想，後此設想於 1970 年獲得內閣會議通過，1973 年，建立築波大學的法案通過，同年 10 月進行了日本有史以來最為澈底的大學改革，並以「開放性大學」、「教育研究的新計畫」、「新型大學自治」為辦學特色，創立了綜合性的大學。築波大學擁有三位諾貝爾獎得主，入選日本超級國際化大學計畫 A 類頂尖大學，是日本著名的研究型綜合國立大學，世界一流學府。

《現代教育學基礎》由築波大學教育學研究會編，日文原版出版於 1982 年，中文譯本 1986 年出版。儘管這是一本 40 年前編撰的教材，但其內容的豐富性、完整性、系統性，在當今也足以被稱道。用主編松島鈞在中文版序中的話講，這本教材是集中展現教育學的全貌於一書之中，以便讀者一目了然地理解各研究分支的相互關聯，而嚴整地構築起來的教育學寶庫。

25　《現代教育學基礎》：日本教育學理論的入門之作

一、本書的寫作原則和特點

《現代教育學基礎》的主編松島鈞在序中說，這本教材是以「整理歸納教育科學的最新成果，著重提供教育學的基礎知識，以使讀者打下將來深入研究的基礎為宗旨而編撰的」。這可視為這本教材的編撰宗旨。此外，因為這本教材是集體編撰的，為保持體例上的一致性，松島鈞還提出了編撰的六大原則：針對現實的課題選材；提供教育學的基礎知識；闡明問題的來龍去脈；展望國際動向；體現學際研究的特點；運用豐富的數據和統計。由此可見，這本教材兼具教科書、數據書、研究指南「三合一」的性質。

根據這樣的編撰宗旨與原則，教材分為三大部分，即教育基礎論、教育實踐論、教育學的歷史與研究法。在每部分下又分章節，章節下列小標題，以專題論述的形式，配以適當的數據，深入淺出地闡釋了大量的教育學基礎理論與問題。

第一部分，講理論。首先考察教育問題與教育學的關係，然後就教育與文化、教育與社會、教育與發展、教育的目的、教育制度的傳統與革新、教育的國際化、終身化等問題，從理論上闡述歷史、分析現狀、展望未來。

第二部分，講實踐。多以日本學校為對象，在理論闡述的基礎上，從微觀上抓住教育實踐的現實問題，如課程編制、課堂分析、各科教學、道德教育、生活指導、教育評價等，進行更具體、更實際的考察。

第三部分，講研究。一方面，先概括了歐美和日本教育學所經歷的道路，再透過對教育學研究動向的闡述，提出了未來將要面臨的問題。另一方面，概述了教育學的研究法，並力圖提供原則性的見解。

此外，教材後還附有數據。其中包含日本的教育辭書、教育法令集、

教育統計及調查報告書、海內外教育雜誌一覽、教育年表，以提供教育學研究之便。

教材在行文中，採取了正文和數據對照的方式。《現代教育學基礎》這本教材的正文言簡意賅，數據豐富詳實，兩者的內容量幾乎相當。正文與數據對照，既使得編寫形式更活潑，也能說明教材中的觀點都有據可依。數據中，有名詞解釋，如 AGIL 圖式；有引用他人著作，如英國洛克《教育漫話》；有羅列他人觀點，如德國赫爾巴特「五段教學法」；有教育公文，如第十四屆聯合國大會通過的《兒童權利宣言》；有表格，如日本不同收入階層之大學生的出身階層；有統計圖，如日本僑民子女各年度的演變；有分析圖，如日本學制的演變等。

在每一章後，還列有研究指南。有的是參考文獻，有的是內容總結，還有的提出了新的研究思路，具有很強的啟發性。所以，這本教材不僅適用於攻讀教育學的大學生閱讀，而且適用於學校的教師、教育行政人員閱讀，利於他們職業進修。

這本教材引人入勝之處在於其對日本教育遇到的疑惑、遭遇的困境的思考。如教育評價以考試為中心，唯成績論，帶來了無盡的教育焦慮。再如，義務教育推行多年，卻依然不能解決青少年的道德問題，諸如這些。如何解決、如何改善，不是一時一地的，需要長期的思索，在日復一日的教育改革中努力。

二、教育史的理解：
古代教育的興起、近代教育的起源、現代教育的演進

　　《現代教育學基礎》在第一部分的第二章、第三章，以時間為線索，講解了教育在古代、在近代、在現代的發展。

　　古代的教育何以興起？學校何以出現？一方面，古代社會的成人禮，代表一個人長大成人已可以獨立進入群體生活，在履行個人義務的同時，也享有相應的權利。「成人禮」從其內容和意圖來看，是對個體教育的強調。另一方面，人類社會隨著文字的出現，經驗和知識能夠持續傳承，為了掌握社會權利，貴族開始對子女進行專門培養，如亞述人讓孩子學習算數，埃及人讓孩子學習書法，這都是家庭教育的體現。

　　教育、學校的早期發展，還可以從城邦的民主政治、中世紀的宗教等角度考察。在雅典城邦，由於民主政治的盛行，演說、辯論作為必須掌握的學問，有了社會需求。在這樣的情況下，被稱為詭辯家的職業教師應運而生。他們紛紛開設講席，如柏拉圖的「阿加德米」學園，亞里斯多德的「呂克昂」學園等，有償教授公民家庭的孩子。到了中世紀的歐洲，教會則成了教育的核心力量，影響了教育的方式和內容。

　　近代的教育如何起源？近代教育的起源，一是歐洲的宗教改革，打破了神學的壟斷，如西元1561年蘇格蘭公布的《學校及學院規則》，強調教育的內容不能全是宗教教義，要以教義問答書為中心，強化讀寫訓練；二是國民國家的建立，國家為了培養人才，把學校教育置於國家權力的統治之下，使教育開始向庶民下沉，如俄國葉卡捷琳娜二世女王時代，創辦免費的二年制小學。

　　近代教育發展出現新的教育思想。比較有代表性的，如法國盧梭提出

教育發展的新方向

「兒童的發現」的觀點，他認為，真正的教育在於使兒童的自然本性得到發展，這確定了近代教育的原理。又如，英國洛維特西元 1837 年起草的《憲章運動者的教育政策綱領》，提出了「受教育權」，此後，義務教育觀發生了從強制教育到保護兒童的變化。還有，捷克的康米紐斯在他的《大教育學》(The great didactic)中，肯定了教育要藉助學校的教學組織和班級教學制度，才能更好地實現。

現代的教育如何演進？一是新教育運動的持續展開。新教育運動最初起源於歐洲，在明治末年影響到日本，大正時期出現了新教育運動熱。經過了昭和時期的谷底，二戰後，日本走入現代教育，一直影響到現在。新教育運動的目標，就是要打破僵死、孤立在社會之外的學校軀殼，把學校改革成適應時代要求、社會與學習息息相通、行之有效的培養的場所。而新教育運動的特色，是強調「尊重兒童」，學校的主角從教師變為學生。

二是教育思想的自由平等。現代教育確定的兩大基本原理，就是自由競爭和教育機會均等。而且，現代教育還明確了「受教育權」，不僅包括享受教育機會的權利，還包括對教育內容與方法的發言權、教育管理的參與權等。

三是教育方法的科學化。最典型的就是教學新媒體的出現，從無線收音機，到電視、電腦、手機，再到教學設備等，都深刻地影響了現代教育的發展。

四是教育的國際化。當代社會出現了很多國際教育機構，如聯合國教科文組織，強調尊重人權，理解教育的差異性，並促進中小學生、教師與研究人員的交往，以及教材、教育學術情報的多方面交流。

三、教育觀的分析：
人與教育、社會與教育、文化與教育

　　人的本質也是動物，是遵從生物學的一般法則。但是與動物相比，動物在生存中直接發揮作用的能力，大多是先天賦予的，人則是在後天獲得。從生物學和教育學的雙重觀點來看，人的大腦中多種多樣的神經元高達一百多億個，這表明人在後天學習的巨大可能性。當然，人的學習要符合人的身心發展，這就是教育中要尋求的規律。

　　教育的目的，是使人在社會中成為更好的人。那麼，要做好教育，還要分析教育與社會的關係。

　　在現代，教育越來越走向社會化，尤其是學校教育的普及，兒童到了一定的年齡，就要去學校上學。在學校教育中，弱化了家庭對兒童的影響，而強化了社會對兒童的要求。也可以說，學校擔負著兒童從家庭到社會過渡的橋梁的作用。根據學校提出的評價，社會對接受了相應教育的人進行選拔和分配，由此完成教育對人的社會性塑造。

　　但是，扛著社會化的大旗進行教育，是有著明顯弊端。以日本為例，教材中指出，兒童因家庭出身不同，去的學校不同，教育機會不可能均等，所以在社會進行選拔與分配時，存在學歷歧視；即使學生可以透過考試來改變現狀，這樣又將造成「考試地獄」，使教育變成了異化人，而不是優化人。

　　人與社會都被籠罩於文化之下。可以說，一個降生於社會的人，作為社會成員生存所必須掌握的生活能力和生活規則的種種產物，就是文化的內涵。教育不能背離文化價值。所謂文化價值，通俗地說，就是創造、維繫某種文化的人們，所共有及公認的觀念。在文化價值的約束下，人們生

活在社會中，便有了很多要遵守的規則。如仁、義、禮、智、信等，都可以稱為文化觀念，這些未必寫進法律，但人人都不能違反。

全世界有很多種文化，文化與文化有差異。即使在教育走向全球化的今天，教育也要尊重文化的多元性，不能產生文化歧視。而對於不同的文化和教育而言，教育中要保留和傳遞的，都是文化中的精華。同時，教育也要擔負起改革舊文化、創造新文化的重任，以促進文化的可持續發展。

四、教育學的基本理論：教育目的、教育制度

教育學理論的起點，是明確教育目的。在近、現代，對教育目的的討論紛繁複雜，不同的教育學家因人、因時、因地，提出了形形色色的教育目的論。在本教材第一部分的第七章，便羅列分析了不同的教育目的論。

比如，德國的赫爾巴特，提出了「教育的唯一整體課題可以用道德這一概念加以恰當的表述」，也就是說，無論何種教育，教育目的中都要有道德意義。瑞士的裴斯泰洛齊，提出了「順應自然，發展並形成人的心境、精神、技術諸能力和素養」。英國的史賓賽認為，教育目的應當規定為使人掌握社會生活所必需的各種能力。德國的馬克斯則認為教育的目的是締造社會，因為近現代教育，本就是透過克服現實中的矛盾而產生的。

教育目的論之所以紛繁複雜，還是各教育學家對教育的認知不同，或認為教育以人為中心，或認為教育以社會為中心，或認為教育以文化為中心。

所謂培養目標，就是以最理想的人的形象為榜樣，作為教育的追求。教育目的是形形色色的，培養目標也五花八門。比如，古代斯巴達教育的培養目標，是能夠克服自身慾望，無條件地效忠國家的人。從古代羅馬的

25　《現代教育學基礎》：日本教育學理論的入門之作

衰亡到 14 世紀前後的中世紀，以基督教為核心的教育的培養目標，是虔信上帝、憐憫他人的宗教人。文藝復興運動後的教育，培養的目標是掌握豐富的人文古典教養的人。資本主義運動後的教育，培養的目標是有獨立自尊的自由人。二戰後，世界格局分出了自由主義國家和社會主義國家。籠統地說，自由主義國家的教育，追求能夠使個人的尊嚴與獨立同國家、社會的穩定與繁榮相協調的人；社會主義國家的教育，追求能夠積極參加社會主義社會的建設，具有共產主義覺悟和高度教養的全面發展的人。

無論實現何種教育目的、確定怎樣的培養目標，都要制定教育制度。對受教育者來講，在不同年齡時期，要接受不同的教育，這些合起來，就構成了較為完整的教育制度。以日本為例，首先是家庭教育，父母是孩子的第一任老師，在日本的社會結構下，母親在家庭教育中，充當了更重要的角色；其次是學前教育，如上幼稚園、保育所等；再次是初等、中等教育，在不同階段，教育的內容、方法不同；最後是高等教育，儘管入學需要資格考試，但比起在相當程度上受國家掌控的初等、中等教育，高等教育明顯具有自由精神。

現代教育制度具有兩大特點，一是公共教育，二是終身教育。

公共教育。二戰後，世界格局分出了自由主義和社會主義國家。但無論是在自由主義還是在社會主義國家中，現代教育制度都側重於公共教育，也就是由國家來保障基本教育。

國家要對教育進行保障，首先要制定相應的教育法規，目的是讓公共教育有法可依、有章可循。其次要設立教育行政部門，以公權力來規劃公共教育。最後要設立教育財政部門，管理從國家到地方的公共教育經費。從這個角度講，國家就是公共教育的指揮家。

有了國家的指揮,並不是說公共教育完全由國家控制。作為公共教育的主要結構,學校是有一定的自主性的。前面提到了高等教育的自由精神,以日本為例,日本的大學在一定程度上可以「學校自治」,一方面是「以自由的人格展開生氣勃勃的教育」,另一方面是「獨立地決定、運籌學校的教育計畫、活動及有關事項安排」。

終身教育。1965年,聯合國教科文組織在巴黎召開了國際成人教育促進委員會會議,時任聯合國教科文組織教育局繼續教育部長的勒格朗在總結的一篇文章〈關於終身教育〉中,提出了教育應該貫穿人的一生,才能讓人獲得持續的成長和發展。這在當時引起了強大的社會反響,之後,「終身教育」成了膾炙人口的教育學術語。

在日本,「終身教育」被習慣地稱為「終身學習」,終身學習強調每一個人必須終身持續不斷地學習。從個人的角度說,終身學習需要有自覺性、積極性,所以,要在學校教育階段,培養學生終身自學的願望,使學生掌握終身學習的能力和方法;從學校的角度說,尤其是大學,要具有開放精神,源源不斷地向社會產出學習資源;從社會的角度說,要有相應的體制,如對職業人員的再教育,圖書館、博物館的建設等。

五、教育的實踐:教育課程與課堂教學

本教材以日本的「教育病」為切入點,討論日本教育實踐的諸多問題。所謂「教育病」,顧名思義,就是「源於教育的病,以及產生病的教育。同時也是教育中顯現出來的亂子」。比如,教育競爭造成的焦慮,差生的心理失衡導致的暴力、犯罪,過度教育帶來的教育浪費等。儘管在近代教育體系內,對這些問題也有不少理論上的解釋,但在教育實踐的具體

25 《現代教育學基礎》：日本教育學理論的入門之作

實施中，不僅結果不盡如人意，甚至較之前還出現了更大的偏差。

就理論而言，什麼是教育實踐？教育實踐是向教育對象施以直接或間接的影響，以形成其人格的具體行為。具體來說，教育實踐有三個特點：其一，教育實踐要有一定的方法，不能脫離教育理論的指導。其二，教育實踐依賴於實踐者的主體性。也就是說，教育實踐者是教育實踐的主導者。教育實踐者根據受教育者的具體情況，規定教育目標、內容和方法，做出符合各種具體情境的教育決策，並付諸實施。其三，教育實踐既受社會、文化的制約，但同時也隨著社會、文化的發展而發展。

教育實踐既在學校教育中，也在家庭教育、社會教育中。但在現代教育中，討論最多的，仍是佔據主導地位的學校教育。關於學校的教育實踐，要從兩方面來看：廣義上是教育課程的制定；狹義上是課堂教學的實施。

什麼是教育課程？教育課程由何構成？教育課程就是學校教育的有意圖的計畫，以及其展開的過程；或是說，教育課程就是學校為學生準備的一切活動。教育課程由課堂課程與其他活動構成。課堂課程既要有相應的內容分類，還要有具體的、可行的計畫，才能保證課堂教學的實施。

如何合理地開始課堂教學？第一，明確教學目的。比如，在不同的教育階段的課堂上，教學的目的不同。具體來講，初級教育的目的，是向兒童提供基礎經驗或基本體驗，以便為他們日後的發展奠定基礎。中級教育的目的，則是鍛鍊受教育者的身體和心智，為他們繼續學習開闢道路。第二，選用合適的教學原則，如興趣原則、直觀原則、個性化原則、社會化原則等。第三，準備課堂教學的各種因素，主要包括四個方面：一是教材。沒有教材，很多課堂教學就是海市蜃樓。選擇教材時，要注意教材的

適用性，可以用三原理衡量：心理學選擇原理，「能夠迷住我的學生的心的是什麼」，即興趣；目的論選擇原理，「我的學生需要什麼」，即有用；價值論選擇原則，「對我的學生來說，什麼重要」，即價值。二是具體教學過程的制定。要根據不同的教學目的、教學內容，選擇不同類型的教學過程。如系統學習的過程是，預備－提示－鞏固－實踐課的解決－檢查；發現學習的過程是，抓住學習課題－提出假設－驗證假設－確立假設－發展；範例學習的過程是，接觸現實的根本問題－課題的現象－洞察基礎性知識的活動－經驗的統合。三是教學方式的選擇。教師和學生為了教與學而展開的活動方式，就是教學方式。選擇了合適的教學方式，課堂教學才能得到事半功倍的效果。四是輔助教學媒體的選擇。如投影片、音訊、影片等於課堂教學的應用。但要注意，教學媒體的應用要適度，不能喧賓奪主。

六、教育的內容：
自然與社會的教學、道德教育與生活指導

《現代教育學基礎》以二戰後的日本教育為例，分析了多種具體的教學內容，以及相應的教學方法。

關於自然認識的教學內容。就是透過開設理科教學，運用觀察和實驗等科學方法，對自然進行探究，培養學生認識自然的能力與態度。如對地球與宇宙的構成、自然界物質的基本構造及其物理化學性質、生物體的形成與生命現象等的認知，是培養一個人科學觀的必不可少的內容。

關於社會認識的教學內容。身為社會存在的人，在認識自然的同時需要認識社會。這一類的教學內容，一是地理學，目的是培養學生對自然現

象、社會現象的地理認知;二是歷史學,透過讓學生分析多種歷史現象,歸納歷史的規律,培養學生的歷史意識;三是社會現象教學,透過對法律、經濟學的講解等,讓學生掌握成為社會公民的基本素養。

關於道德教育。從內容上講,道德教育要根據學生日常生活的特點,培養學生接受社會共同的行為方式和社會規範。而從方法上講,道德教育分直接的道德教育和間接的道德教育。直接的道德教育以教授道德價值的知識為主;間接的道德教育,是在教學過程中乃至生活中向學生滲透道德價值,目的是培養學生解決道德問題的能力。但需要注意的是,間接的道德教育需要學生有相應的生活經驗,還要有對此經驗進行抽象的能力。所以,從這個角度說,對學生要先進行直接的道德教育,待到了一定的教學階段後,再進行間接的道德教育。

關於生活指導。生活指導是以人的尊嚴為前提,培養學生根據自己的特質、環境與將來的出路,謀求自我實現的態度和能力而施以的指導。值得注意的是,在教育課程中,生活指導的內容並不單列,而是貫穿於各門學科教育之中。而家庭教育、社會教育對生活指導,也有極大的影響。

總結來說,這些具體的教學內容與相應的教育方法,構成了現代日本的立體化教育。而隨著社會的發展,教育的內容也會隨之變化。不單在日本,在全球範圍內,對教育內容的分析、討論與研究、建設,依然是任重而道遠。

七、教育的評價:教育評價的意義對象、領域等

在整個教育實踐過程中,教師地位的重要性是不言而喻的。可以說,沒有教師,就談不上教學實踐。

一要確定教師的性質。狹義的教師就是站在教室的講臺上授課的人；廣義的教師還包括在學校工作的其他人員，如學校的行政管理人員，像日本學校中的養護教諭、校務員、夥食管理員等。如果要為「教師」這個職業確定一個概念，那就是：「透過特殊的教育或訓練，掌握了業經證實的認知（科學或高深的知識），具有一定的基礎理論的特殊技能，能按照來自非特定的大多數公民自發表達出來的每個委託者的具體要求，從事具體的服務工作，藉以為全社會利益效力的職業。」

二要了解教師工作的特點。從狹義上講，教師工作的重心肯定是「教」，但「教」並不是單純地傳授知識，還包括引導學生的興趣，發展學生的能力。其實，這對教師的要求是很高的。就像蘇聯教育家蘇霍姆林斯基說的那樣，要授予學生小小的知識火花，教師就得吸收整個光海。意思是說，教師要了解所教知識的整個體系，理解所教知識在整個知識體系中的地位與意義，才能適時、合理、恰當地將知識傳授下去。再廣義地講，教師的工作還有很多其他側面，如課下的家訪、參與教研活動、參加職業進修等。

身為教師，終身學習還具有更深一層的特殊意義。那就是，研究和進修是身為教師的義務與權利，日本還有專門的《教育公務員特例法》，規定「教育公務員為履行其職責，必須不斷致力於研究與修養」。詳細點說，儘管目前大多數教師就讀過師範院校，在知識、能力、素養上都達到了教師的基本要求，但教育是要與時俱進的，教師只有不斷地學習進步，不斷地去解決教育實踐過程中的具體問題，才能使教育成為一潭活水，才能保持與時代一致的步伐。

在現代教育中，學校是教育實踐的主要場所。學校具有半強制性質，一般來說，義務教育的初等、中等院校按照年齡，以學年分割。學年通常

25　《現代教育學基礎》：日本教育學理論的入門之作

是一年，學年的等級，意味著依據教育目的制定的教育課程上的修業進度的等級。在同一所學校中，為了使學生更有效地掌握知識，往往將學生編成集體，以方便一起施教，這就是班級。班級也是進行課堂教學的最基礎單位。

學校編制班級，優點是可以有效地規範教育實踐，但同時帶來很多不足，如班導作用的放大、師生關係的固化、班級與班級的不必要競爭等。如果學生一直被束縛在班級內，教育實踐就會變得模式化，學生就像學習的機器一樣，上課下課，作業考試。所以，學校還要在必需的課堂教學外，拓展更多的其他活動，如日本學校常有的俱樂部活動、學生會活動等。這些活動以興趣為主導，目的是讓學生德、智、體和諧發展，培養學生豐富的人性。

那麼，怎樣才是好的教師？怎樣才是好的課程？怎樣才是好的學校？這就談到了教育的評價。

教育評價，就是系統地、有步驟地從數量上測量，或從性質上描述學生的學習過程與結果，據此判定是否達到了所期望的教育目標的一種方法，教育評價的對象大致可以分為以下幾個：一是評價學生。教育評價最直截了當的目的，就是促進和改善學生的學習效果。比如透過測驗或考試，評價學生對知識的接受與理解程度；透過論文撰寫，評價學生的學習素養與思維能力；透過活動觀察，評價學生技能等。二是評價課程與教師。教師在授課的過程中，是否真正地挖掘了人力、物力條件，收到了相應的教育成效，既要在課程教學實施過程中進行評價，也要在實施過程後進行評價，然後根據評價的結果，再去改進不足。三是評價學校。既包括對學校物質條件的評價，如校舍、學校用地、設施設備等，也包括對學校組織的評價，如教師的構成、學校管理的方式、各項制度的制定與實施

等,甚至還包括對校風校紀、校園文化建設等精神內涵的評價。

　　教育評價的根本目的,是讓教育進入良性循環,課程有更高的價值,教師和學校對學生有更多的關懷,培養學生接近完美的人格。可惜在具體的實施過程中,教育評價也被異化了,越來越被作為一種可怕的規則,煽動著從社會到學校、再到家長、到學生的競爭心理。

《羅素論教育》：縱觀成長路徑，探究現代教育的本質

「百科全書」式的思想家 ── 伯特蘭·羅素

伯特蘭·羅素（Bertrand Russell，西元 1872～1970 年），20 世紀最負盛名的英國哲學家。羅素在三一學院畢業之後，曾在劍橋大學、哈佛大學等大學任教。羅素的學術思想具有廣泛的影響力，他不僅致力於哲學的大眾化推廣，同時對教育思想也有頗多的研究，他的許多教育思想、教育觀念對後現代的教育改革有重要的價值，羅素是一個「百科全書」式的思想家。

羅素在教育學上作出的卓越貢獻，使 20 世紀之後的教育學研究變得更為系統，例如他區分了兒童早期教育和品性教育等不同成長階段的教育關注重點，為後續的教育工作者指明研究方向。他在教育學上的研究心得、教育子女的實踐經驗，以及對自己早年人生經驗的反思，開墾出了教育領域一塊全新的「思想大陸」。

一、為什麼要寫這本書

《羅素論教育》（*On Education, Especially in Early Childhood*）於 1926 年在美國和英國同時出版。羅素聲稱，本書主要是為即將做父母的人所寫。早在第一次世界大戰時，羅素就開始關注人性的問題。《羅素論教育》是 20 世紀初歐洲重要的教育學研究著作，吸收了當時許多新思潮、新理論，但是本書並沒有全盤肯定或者否定其中的任何一種觀點，而是抽絲剝繭地

分析，取其精華、去其糟粕。正因為本書對教育研究使用了客觀又細緻的分析方法，因此在出版後受到熱烈追捧，一版再版，一度成為 20 世紀教育經典著作之一，而羅素本人也因此躋身 20 世紀最傑出的教育家行列。

二、開門見山何為現代教育

在 19 世紀之前，英國教育家洛克以及法國教育家盧梭，他們關注教育改革與調整，思考的只是貴族階層的教育，而身為一個普通農家的小孩，並不是教育關注的對象，所以最開始的教育其實是服務於貴族階級的，那時的教育並不是每一個人都能享受到的社會公共服務，因此當時的教育不具有普遍性，不面向數量眾多的普通大眾，所面對的貴族階層只是非常小的社會組成部分，無法建構出整個社會組成狀態，所以最開始的教育自然就不具備相對的社會性。

所謂現代性的教育就是指由於社會的現代化發展，現代化視野被納入教育改革之中，由此引發了教育的現代性改變，這個現代性改變是指整個社會開始注重個體平等的教育，而不是只關注某一個階級的教育情況。

所謂教育的民主化，指的是由於生產力和個人社會需求（指生產能力的提高導致整體社會經濟水準的提高，以及社會活動的活躍程度）的提升，普通人靠工業的發展解放雙手，他們在解決社會的基本生存需求後，貴族階層的教育理念也開始普及。在這裡不難看出，當民主化的思想與普通大眾受教育權相結合，就構成了真正意義上的「現代性」。以前由於缺乏社會生產力與經濟條件，無法實現普通階層的全面教育，隨著 19 世紀工業革命使社會生產力快速提高，人們的生活水準得到改善，便開始將「現代性」這個概念引用於教育領域。在當時的人看來，教育是人類特有

的現象，它是透過人類社會特有的產物——語言和文字來進行。工業革命之後，部分教育從生產勞動中分離出來，擔負起獨立的社會職能（比如以前的學徒制教育是在勞動的基礎上進行的學習，後來作為某種技藝轉變成具有系統性的現代學科），成為具有普遍性、必要性、專門傳遞社會生活經驗和培育人的活動，最終目的是使受教育者社會化。

羅素認為，在整體社會的快速發展之下，教育類似於工業革命，是一個必然走向現代化的結果。工業革命解放了人類的雙手，其中所蘊含的民主化思想的種子也埋在教育的土壤中，整個社會關於教育的思考是讓教育踏入現代性的行列的原因，這不僅是教育的必要，也是人類發展進程的必要。至此，教育同生產力一起，跨入了現代性的社會。

在傳統的古典教育中，教育是為了裝飾、點綴人這個主體，是為了人的門面而存在的。文藝復興以後，對於希臘文和拉丁文以及經典著作的學習，在舊時代的英國紳士階層中成了主流的教育。當時的社會存在這樣一種觀點：教育的功用應該在古典環境中，汲取前人的智慧，陶冶情操、啟發心智以及產生道德教育等功能，不應該過分強調其本身是否具有實用性。與此同時，隨著科學的發展，實用主義出現並逐漸興起，實用主義在教育領域與傳統的古典教育展開了論辯，一些聲音說：「與其重視教育的裝飾功能，不如重視教育的實用功能。」在當時這樣的論調被稱為教育現代性的另一種發展趨勢。

在羅素看來，關於教育的裝飾功能與實用功能的衝突，其實是古典教育與現代教育關注方向不同所造成的，現代教育的實用性來源於對工業技術知識實用價值的認可，包含拉丁語、希臘語等學科的古典教育無法與它相比。比如說，瓦特的蒸汽機讓人從馬車改乘火車，促進世界各國間各領域的交流與人類社會的繁榮進步，但是手握一本拉丁語著作卻無法有這樣

實際的改變。不過羅素也認為，雖然貴族化的理想教育已經不符合時代的發展，但是這並不意味著傳統的古典理想教育不如實用的科學教育重要，在他看來，如果將教育的裝飾功能及實用功能結合起來，二者可以共同促進人類自身的發展。古典教育的優點在於它具有愉悅人精神的功能，如果人類不知道如何陶冶自我的心靈，那麼就算創造出無比豐富的物質文明世界，也不具備太大的意義。

在羅素的觀點裡，無論是教育的裝飾性還是實用性，從現代性的教育的角度來看，都是必要的。人類不僅需要科學技術為社會帶來進步，還需要詩歌藝術等來滋養人的心靈。所以，現代性的教育觀點實際上以更加包容的姿態調和了古典教育與實用性教育這兩種教育觀點的衝突，而讓教育更靈活，更能為人服務。

三、初發芙蓉兒童品性教育

品性教育就是對人特質和性格的早期塑造。羅素的品性教育學說受精神分析學家佛洛伊德的深刻影響，即回到人的成長初期去分析個體的行為。他認為：「品性教育主要說的是嬰幼兒時期，如果處理得當，6歲以前便能夠基本完成。」羅素認為父母應樹立正確的兒童觀，面對兒童的時候像對待成年人一樣，要尊重他們，任何時候都不能將孩子視為類似於寵物一樣的玩物。羅素不光強調「人人平等」的概念，他還提到人是中性的，原本是一張乾淨的白紙，只是在成長過程中發生變化、被塑造成不同的人，是透過不同的教育與各自所處的環境而被引入不同的方向，所以應當從嬰兒期就展開對人的道德教育。這是因為新生兒具有快速學習的能力，雖然不能快速學會表達正確的語言與行為，但是這個階段是人類接受教育

的第一個階段,不應當被忽視。

在嬰兒期的習慣培養上,應當考慮健康和品性兩個方面,羅素認為身體與心靈的健康並不矛盾,兩者應當是共同發展的。首先,可以透過睡眠、飲食和排泄等活動來使嬰兒養成按時行動的習慣,培養其健康生活的準則;其次,父母身為養育者,應該嘗試培養嬰兒時期孩子的自我娛樂活動並給予配合,強調孩子在自我活動當中建立獨立性,這樣做是為了讓孩子以後在面對任何事情時不總是第一時間去求助他人。

在羅素的觀察中,嬰兒時期教育的主要困難是在對教育對象的忽視與溺愛之間尋求一個平衡,這個平衡需要父母在與孩子的相處中逐漸學會,不能溺愛孩子,也不能過於嚴苛,如果父母在對孩子早期的品性教育之中有意識地訓練這一點,那麼對於孩子後期的發展將會有非常大的幫助。

品性教育可以看作兒童成長路上的第一個需要訓練的特性,父母身為養育者,在面對白紙一樣的兒童時,所做出的每一個舉動都是會被模仿與學習,所以對於父母來說,在兒童早期時就能讓其意識到什麼是最基本的情感體驗回饋,如果訓練到位的話,就可以為兒童在接下來的社會化訓練中打下堅實的基礎。

羅素認為嬰幼兒時期的品性教育要關注情緒狀態的干預問題。羅素指出,由於新生兒在出生之後極易受驚嚇,這種驚嚇會集中並持續到第二年或第三年,接著會產生恐懼這樣的情緒,產生的原因來自佛洛伊德所認為的「無意識狀態」,是嬰幼兒的一種本能行為。羅素認為,即使人類恐懼的本能來自先天,但是如果不經過成人的渲染,那麼這樣的恐懼就不會被放大。舉個例子,我們小時候都懼怕猛獸,不光因為人對猛獸有先天的畏懼,也在於周圍的大人在反覆強調猛獸的可怕性,所以在幼兒教育中,成

人應當讓幼兒對危險的事情有一個合理化的理解,這樣的理解在幼兒品性教育中尤其重要。成人應當避免讓幼兒長期處於恐懼的情緒之中,要幫助幼兒消解並克服恐懼。羅素指出,恐懼會養成兒童怯懦的性格,並且會泯滅兒童的好奇心,這對其智慧的發展極其不利。

對此問題,羅素提出了以下具體的解決方法:利用其他兒童作為表率(比如幼兒的兄妹);傳授幼兒操作和控制物品的能力;在幼兒生病時,成人不必過分流露同情,要培養幼兒忍受疾苦的能力;向幼兒講解科學道理消除由無知帶來的恐懼;成人應當為兒童樹立表率。

恐懼是人類眾多情緒當中的一種,兒童需要在成長過程中形成克服恐懼的能力,這樣可以有效地保護兒童的好奇心,提高其對未知世界探索的欲望,促進兒童成長。

私心是與恐懼類似的情緒,也屬於本能。羅素認為,人人都有自我利益,這是客觀存在的,但是如果沒有自我約束或者沒有外界施壓,那麼人的私心就會不斷地膨脹。所以,除了維護個人的合法利益之外,人的其他的自我行為,應當受到監管和審視。在兒童教育中,也應當向兒童傳達這樣的觀點。羅素認為克制私欲的直接結果體現就是公正,一旦兒童理解什麼是公正,那兒童就會自然而然地明白如何克制私欲,這就類似於上公車每個人都需要投錢或刷卡扣款,這一種集體的公正行為告訴我們,不想付出金錢買票就是一種私欲的體現,但是集體的買票行為對抗個人這樣的私欲,進而促進公正。

羅素主張透過以下三個方面來促進公正:第一,不應當只向個別的兒童傳授公正的觀念,公正教育應當出現在兒童的聚集之處,必須是一個群體的行為活動,如果只有某一個人保持公正,而群體不具備共同的公正觀

念，那麼公正教育也將蕩然無存。第二，公正感並不是天生的，所以成人需要控制自我行為，在兒童面前表現出處事公平的原則，這樣兒童才可以戰勝自我的私欲、服從公正原則。第三，不應該透過道德說教來宣傳公正的概念，這樣會導致孩子產生反抗情緒，會讓他們覺得公正也是在剝離自身的特性。

羅素非常重視兒童的公正教育。公正教育實際上是對兒童早期道德觀念的初步培養，身為生活在社會群體中的人，不僅要面對自己不同情緒下的反應並學會積極地處理，而且要在成長過程中形成自己與社會主流道德觀相匹配的基本素養。

四、物盡其用發展智力功用

關於智力教育的主張。羅素認為，如果孩子在 6 歲之前已經受過良好的基礎教育，那麼進入小學後，學校應當把精力集中放在培養兒童的純智力進步上，再結合 6 歲前的品性教育，將教育的功用完全發揮出來。其實，羅素認為品性的完美不應當成為教學的目的，但是人的某些品性對於教育以及求知是非常必要的，比如「好奇心」、「虛心」、「耐心」等，其中好奇心是最基本、最重要的。如果好奇心強烈並且目標正確，其餘的品性便會隨之而來。在這裡我們不難看出，羅素認為孩童時期培養的良好品性是智力教育的基礎，他認為任何知識的獲取雖然有一定的難度，但是可以透過德行以及特質的訓練加以獲得。

智力教育的具體內容。羅素認為在兒童 14 歲以前，發現兒童身上具有某一學科的天賦應當是教育的目標之一，在早期應當對兒童進行「通才教育」，也就是讓兒童全面地了解每一個學科，這樣可以有針對性地開發

兒童在其擅長領域的可能性，進而使教育功能最大化。羅素分別列舉了不同學科所對應的教育目標。

羅素認為算術是早期教育中非常重要的一門學科，因為算術具有兩個方面的功能：一方面，算術具有實用的功能；另一方面，由於算術是一門表達基礎邏輯的學科，比如加減乘除的運演算法則，需要學習者反覆學習訓練，只有這樣才能進入更加高級複雜的運算。算術這個學科所特有的性質可以讓孩子明白，如果要獲得某一種技能，那麼就必須熟悉一些基礎甚至是乏味的規則並反覆訓練。可以說，算術不僅在智力教育階段能讓孩子學會基本的計算技能，還可以培養孩子對學習的初步理解，讓孩子明白學習是一件富有挑戰性且需要付出精力的活動。

羅素還根據自己的教學經驗提到歷史課的必要性，他認為孩童在 5 歲左右時，成人就可以採取干預教學的方法讓其學習歷史，因為學習歷史對於一個成長中的孩子來說等於讓他站在巨人的肩膀，培養他的世界觀和形成歷史觀，對孩子將來的發展有幫助。

智力教育的方法。在羅素的觀念中，教育方法往往比具體教授的內容更重要。羅素認為，教育應當尋求一種既有抽象思維又飽含智慧的狀態。在進行一些抽象複雜的學科教學時，以生物學為例，可以舉辦一些生物史的講座，也可以講解生物對科學研究和人的日常生活的影響及作用，教學者應當讓學習者在學習過程中對該學科加以肯定，覺得學習是一件令人愉快的事情，而不是扼殺學習者的學習興趣。羅素指出，學習應當是一個自然而然的過程，就和兒童吃飯睡覺一樣，不應當是一個強迫的結果。學習本身也是兒童擁有的權利，不應當是兒童為了討好大人而被迫去做的事情，教師和家長應當作為孩子的朋友，首先激發孩子學習知識的興趣，其

次給予支持與幫助,這樣就會讓孩子形成好的學習習慣,讓教育成為帶給孩子幸福快樂的事情,而不是痛苦的來源。

整體而言,教育的功用是在一個完備的機制下展開,現代教育的制定者,應當展開與兒童合適的時期對應的教育活動,將教育的力量放到最大。而且,成人應當投入非常多的精力,關注並指導兒童的智力教育,走向一條正確的智力教育道路。

五、以人為本的大學教育理念

羅素從歷史角度考察了英國大學在社會中的功能和意義。在歷史的長河中,英國的大學教育主要經歷了三個階段:第一階段是為了培養基督教學士的古典學院,主要學習古典經文(比如聖經),為的是培養能夠理解並傳遞上帝「旨意」的人才;第二階段演化到以培養紳士為目的,強調對貴族階級修養以及品性的訓練;第三階段是在經歷了工業革命之後,以培養實用性、用以發展科學技術的現代人才為主。

英國一直以來延續的貴族政治系統,所以牛津大學、劍橋大學等著名大學依然以培養紳士為主要目標。在對英國大學教育三個階段的發展進行分析研究之後,羅素從歷史觀出發,提出了自己的大學教育思想,也就是羅素提出的「個人本位」的大學教育目的。

那麼,什麼是「個人本位」?羅素認為,大學應該是培養高級實用人才進行純粹學術研究的場所,而「個人本位」提倡的是盡可能地在大學裡培養具有理想的個人學習者。在這裡提到的「具有理想的個人」指的是具有活力、勇氣、敏感和智慧這四種個人的理想特質。活力可以激發人們對世界的興趣,提高人們面對困境時的抗壓能力;勇氣是人們採取行動的催化

劑，可以讓人充滿動力；敏感可以使人產生自我審視的能力，保持相對理想的狀態；智慧則可以為人們指出正確光明的道路。

如果一個高等學府能夠培養出具有這四種特質的人，那麼在這樣的人組成的社會中，感到不快樂的人一定會是少數，大部分人可以在一群有理想的人組成的理想社會之中過著一種幸福美好的生活。羅素在表達「個人本位」的時候，目的是將大學教育這個代表國家最高教育水準的場所清晰地表達出來，也就是，培養理想優秀的年輕人是教育的重要目的。

羅素還提到，大學教育應當具有相對民主和公平的選拔制度。一戰結束後，英國大學的高等教育逐步趨向民主化，開始對普通大眾開放，但是羅素卻對這樣全盤開放的民主化大學教育持懷疑態度，他認為大學教育是社會的高等教育，如果在一個物質和財富都缺乏的社會裡，讓每一個人都接受大學教育是不現實的，因為大學教育的對象是具有科學研究能力和科學研究精神的研究型人才。大學教育應當進行適當的分類，比如研究型的大學不教授如何操縱火車這樣的應用性技術，而應當教授火車建造的理論知識，或是如何讓火車跑得更快的知識；應該在一些學習技術的場所比如職業學校，傳授應用技術。

羅素認為，大學教育的民主化應當具體問題具體分析。他並不認為每一個人都應當參加高水準的科學研究活動，因材施教才是一個有效的措施，社會培養最優秀人才的資源是有限的，而教育工作者應當利用這種有限的教育資源盡可能地培養出各個領域最合適的人，而不是一鍋端式地讓每一個人都接受同一類型的大學教育。

關於進入大學的選拔標準，羅素認為，應當以學習者個人的才能和智力為標準，要摒棄傳統貴族教育中以社會地位和經濟實力來劃分並選擇人

才的方法，比如面對一個家庭情況不好但具有科學研究能力的學生時，政府應當提供相應的資金支持，幫助這樣的人進入大學學習。

27

《技術時代重新思考教育》：在時代轉變中重新思考教育

美國教育學和心理學領域的開創者和奠基人 —— 阿蘭·柯林斯

　　阿蘭·柯林斯（Allan Collins，1937～）是美國西北大學教育與社會政策學院的榮譽退休教授、美國國家教育科學院院士，也是情境學習、認知學徒制等多個領域的開創者和奠基人。合著者理查·哈爾弗森（Richard Halverson）也曾在西北大學任職，現在是美國威斯康辛大學領導與政策分析學院的教授，他在「基於實證的教學領導力」方面有著較高的成就。

　　英文版《技術時代重新思考教育》（*Rethinking Education in the Age of Technology*）於 2009 年出版，書中描繪了一幅新穎的未來教育藍圖，即使時隔多年，這本書在教育領域依舊具有極高的價值。

　　學習科學的英文是 Learning sciences，顧名思義，這是一個研究「學習」的領域，柯林斯本人就是該領域的開創者之一。美國西北大學也是該領域的學術重地，它開設世界上第一個學習科學科系。學習科學形成於 1990 年代，如今已是一個生機勃勃、引人注目的跨學科學研究究領域，其重要性也被教育研究者和實踐者所公認。

一、為什麼要寫這本書

　　學者陳家剛在《技術時代重新思考教育》中譯本的譯者前言中，講述了他與作者柯林斯的一段往事。在本書還未正式出版的時候，陳家剛有幸對柯林斯進行訪談。訪談中，柯林斯主動提到他和哈爾弗森正在撰寫此

27　《技術時代重新思考教育》：在時代轉變中重新思考教育

書。他告訴陳家剛，數位技術正在對學校以外的社會產生巨大而深刻的影響。他說：「人們使用數位技術，可以在任何時間、任何地點，學習任何知識。然而，在學校內部，數位技術卻被邊緣化。除了電腦課，學生的大部分學習是在沒有電腦的環境下進行。因此，教育決策者和改革者應該重新思考教育。」訪談結束後，柯林斯還主動將尚未出版的書稿贈給陳家剛，陳家剛有幸成為此書最早的讀者之一。

《技術時代重新思考教育》英文版出版不久，就由陳家剛主導翻譯工作。柯林斯和哈爾弗森知道後非常高興，並在翻譯過程中給予了很大的支持。在中文版序中，兩位作者提到，原書為美國讀者撰寫，但其主題卻具有全球普適性。他們坦言，數位技術的發展要求人們重新思考教育。但這種思考也需要經過很長的一段時間，才能完全融入人們的日常觀念。因此，本書具有前瞻性和變革性，它的讀者群體是所有的教育研究者。

二、核心觀點：充分考慮數位技術的不足，積極發揮數位技術的潛能

　　歷史的演變告訴我們，每一次新技術的出現都引發社會變革，進而促使教育進入新的時代。但社會變革的過程並不是那麼順利。縱觀教育發展的歷史，學校教育系統在建立之初，受到了很多人的抵制。家長們認為，應該讓孩子在家裡接受教育，而不是去學校。當時，校長和教師們擔心，學校讓孩子太依賴於紙張和鋼筆，都不知道怎麼在石板上寫字，怎麼削鉛筆了。但大勢所趨，學校比學徒制更符合當時社會的需求，最終贏得了勝利。同樣，數位技術的出現要求學校做出轉變，不一樣的聲音也隨之而來。

　　一些人熱衷於數位技術。他們認為，數位技術已經在商業和娛樂領域

教育發展的新方向

產生變革性的影響,而這樣的影響也必然會發生在教育領域。目前,學校教育依舊高度依賴黑板、紙筆、書本,這些都是19世紀的技術,但是學校培養的卻是21世紀的學生,這就好比教學生騎腳踏車,卻希望他們以後能夠駕駛宇宙飛船。因此,教育需要變革,要讓學生做好準備,來適應這個快速變化的世界。而數位技術能夠重塑教育,運用數位技術的學習是隨時、有互動性的。學習內容可以由多媒體呈現,根據學生的程度,循序漸進地展開。學生可以定製自己的學習內容,也可以製作作品進行分享,並從他人的意見中進行反思。

另一些人對數位技術則抱懷疑的態度。他們認為,在學校裡使用數位技術要花費大量的金錢,同時,還要投入很多精力,去制定並實施相應的管理制度。他們認為,電腦畢竟不是人,很多學習內容還是需要教師教導,並且,一些家庭也無法提供相應的財力和能力支持。更重要的是,數位技術重塑的教育提倡個性化、自主性,這與當前學校教育強調的統一性、權威性背道而馳。面對具有革新性的數位技術,為了不影響傳統的教學,學校要嘛直接拒絕數位技術,要嘛選擇容易吸納且不會對現有課程結構和教學組織產生影響的數位技術,要嘛將數位技術邊緣化,只設定電腦課這樣的專門課程。

柯林斯和哈爾弗森認為,數位技術和學校教育之間的不協調確實存在,教育必須改變以適應新的時代數位技術能讓學習變得更有趣,知識變得更易得,也吸引更多商業資金的投入。學生可以根據自己的需求,在任何場所、任何時間,選擇各種途徑,以多樣的方式進行學習。比如,去學校的路上,學生可以用手機聽一則英文新聞,用App背幾個單字。放學回到家,學生可以用手機將做錯的題逐個拍照,再用行動式的列印機將錯題影印出來,製作成錯題集,進行複習和反思。假日,學生可以打開網頁,

瀏覽虛擬博物館，了解古今中外的歷史與趣事，還可以「近距離」觀看位於地球另一端的藝術作品。

但是，使用數位技術也加重因貧富差距而產生的對學生學習的影響。同時，定製化的出現也可能讓學生過於關注想要學的內容，而忽略其他內容。此外，數位技術賦予學生更多學習的自主權，學生們不再像從前一樣，只學習由教師教授的統一內容。當所學內容的差異越來越多時，學生們的觀點也會越來越多樣。一些人因此擔心整個社會的凝聚力會減弱，社會可能會因此變得不太穩定。但如果繼續將數位技術排斥在學校教育的核心內容之外，無疑是在自掘墳墓。兩位作者指出：「我們並不是要將現有的學校打碎重建，而是對當前學校系統的某些部分進行重塑、融合或是淡化。」為此，他們提出了以下三項應對之舉。

第一，實施「基於實作的評價」，也就是評價具體的實用技能。這些技能可以是學術技能、一般技術和技術技能。國家可以圍繞大學不同科系的具體要求，規劃出一套技能認證體系。如果學生想要成為醫生，他就需要有數學、化學、生物學、心理學的大學程度讀寫能力等方面的技術證書。如果學生想要從事旅遊業，他就需要有文學、地理、歷史、心理學、資源管理、日程規劃等方面的技術證書。

第二，「設計新的課程」。新的課程根據學生的目標和興趣設計，而不是學生的年齡。學生在更為複雜、真實的環境中，長時間地圍繞某個主題學習，從而形成深入的理解。可以使用數位技術模擬出難以觀察到的自然現象或歷史演變過程，讓學生更容易理解內容。數位技術也可以成為視覺化工具和分析工具，幫助學生進行深入的探究。數位技術還可以用於組織、管理學習資源，為學生提供互動的平臺。

第三,「用新的方法實現公平」。數位技術的發展為公平的實現提供了更多的途徑。一些學校的老師已經開始自己製作短影片、經營粉絲專頁或商業帳號,將知識以碎片化的方式推播讓學生知道。如果學生在課堂沒有聽懂,家長又沒有能力為他提供補習的機會,他可以透過觀看這些資源進行學習。

很多人都說數位技術是一把「雙刃劍」。數位技術熱衷者和數位技術懷疑者正是站在不同的角度,看到了這把劍的兩面。在時代的浪潮中,直接捨棄這把劍顯然不明智,但不加思考地使用這把劍也不妥當。我們要做的是,在充分考慮數位技術不足和缺陷的基礎上,積極地將數位技術應用到教育中,發揮它的潛能。

三、主要結論:在時代轉變中重新思考教育

柯林斯和哈爾弗森支持一種新的教育願景:「為社會中的每一個人提供新的教育資源,激發人們利用這些資源的動機。」為了實現這個願景,我們不能孤立地反思教育,而要考慮社會、教育和學習之間的關係。在本書的第十章,兩位作者從七個方面詳細闡述「應該如何重新思考教育」這一問題。

第一,要重新思考「什麼是學習」。在「終身教育時代」,我們不能再狹隘地將學習約束在學校圍牆之內。如果繼續重申學習等於去學校上課,那麼在數位技術的影響下,學校外的「學習」會越來越多、越來越新穎,而學校內的「學習」則維持著原貌,兩者之間的對比會越來越鮮明。

第二,要重新思考「學生的學習動機」。目前學校在提升學生內在學習動機方面是不怎麼成功的,這是因為學校需要在一定的時間內,將統一

的內容傳授給所有學生,不論學生是否感到「無聊和厭煩」。而數位技術則提供了如何激發學習動機、讓學習內容更加有活力的方向,學生可以成為學習的主導者,教師也可以轉變角色,成為輔助者。

第三,要重新思考「什麼內容才是重要的」。過去人們不得不記住大量資訊,因為「書到用時方恨少」。但在資訊時代,知識爆炸性增長,單純地用人腦記住所有知識是不現實,也是不必要的。比起記住所有知識,學生更應該知道如何獲得想要的知識,並且評價獲得的知識是否具有可信度。此外,數學作為數位技術的核心基礎,也是一個重要的領域,但是學校不應將太多的時間花費在教學生如何進行數學計算上,而是應該將大部分時間用在培養他們的數學思維上。

第四,要重新思考「職業是什麼」。現在,想要一份工作做到老,是不太可能的。即使不換工作,工作內容也時常會出現變化。這就要求年輕人具有更強的適應性,能夠不斷地重塑自己。柯林斯曾在華爾街當過審計員,也曾在科技公司就職。哈爾弗森也曾是小學歷史教師,還做過學校的管理者。他們都有過讀學位、工作、再讀新的學位的循環經歷,從而讓自己有勝任新工作的能力。

第五,要重新思考「如何從學習過渡到工作」。在一個人可能從事多份職業、多次進出職場的時代,國家需要用創造性的方式幫助公民在學習和工作之間進行過渡。有意思的是,兩位作者建議我們的教育要回到「學徒時代」。我們可以建立起類似大學就業指導中心的機構,針對高中生、職校生、成年人的具體情況和需求,提供職業指導。

第六,要重新思考「教育領導」。目前,教育領導者要面對的是政治和技術的雙重挑戰。領導們既要引入數位技術,也要知道數位技術的局限

性。在學校內部，教育領導者既要研究如何讓數位技術發揮作用，也要將學校外的資源整合到學校的學習環境中。

第七，要重新思考「政府該做什麼」。數位技術的出現，加深不同社會階層之間的鴻溝。富有的家庭可以為自己的孩子購買更多的技術產品和服務。因此政府需要在更大的範圍內，發揮其配置和排程資源的作用，為貧困家庭的孩子提供更多獲得學習資源的機會。

教育與社會的連結

28

《國家菁英》：名牌大學如何進行菁英群體的再生產

當代法國最具國際性影響的思想大師 —— 皮耶・布赫迪厄

　　皮耶・布赫迪厄（Pierre Bourdieu，1930～2002）是當代法國最具國際性影響的思想大師之一，1930年出生於法國貝恩亞，曾任巴黎高等研究學校教授，法蘭西學院院士，2002年去世。布赫迪厄的研究視域非常開闊，從人類學、社會學、教育學到歷史學、語言學、政治科學、哲學、美學和文學，他都有所涉獵。布赫迪厄的國際性學術影響力1980年代後期急速上升，進入1990年代後，其影響力勢頭非但未減，反而後勁十足。當今海內外學術界，無論是政治學、社會學、教育學等學科的學術研究都繞不開布赫迪厄。

　　《國家菁英》（*La Noblesse d'Etat*）於1989年出版，是布赫迪厄最負盛名的社會學代表作之一。在本書中，布赫迪厄運用獨特的社會學方法，分析了法國教育體制之間的關係，揭示了作為法國領導階級原動力的文化資本的重要作用，從而描繪了國家菁英的進化歷程。

一、為什麼要寫這本書

　　法國高等教育的獨特之處在於，它至今仍然奉行著不同於歐洲各國乃至全世界的兩套人才培養體系，即存在「大學」與「大學校」兩個涇渭分明的並行教育系統。也就是說，法國的高等教育主要由大學和大學校（也就是布赫迪厄書中所說的「名牌大學」）這兩類機構實施。

巴黎大學是歐洲最早的大學之一，被稱為「大學之母」，英國的牛津、劍橋都是以它為參照發展。巴黎大學最初起源於宗教神學院，後來隨著啟蒙運動和社會民主運動的發展，成為世俗化的高等教育中心，並逐漸演變為綜合性大學。1968年法國爆發學生運動，學生們走上街頭占領學校，抗議政府干涉高等教育。學生運動後，法國的高中生只需通過高中畢業會考而不必經過「高考」即可註冊就讀大學。

大學校是法國大革命期間的產物，被拿破崙所支持和倡導，為專門培養各個領域的專業性人才而設立。在法國人眼裡，「大學校」才是真正培養菁英的地方。縱觀近一兩個世紀的歷史，法國的國家首腦、行政領導、企業高層和思想文化界的大師幾乎都出自法國幾所最負盛名的大學校。所以大學校不僅擁有無可比擬的學習條件，而且從用人制度、市場規律到觀念習俗來看，法國人日後的「大學校」情結仍將隨處可見，不在那個國家生活的人很難體會到。並且，「大學校」實行異常嚴格的考試與錄取制度，淘汰率極高。

儘管大學校是大部分法國人夢寐以求的學習聖地，但是只有少數人可以進入其中求學，大學教育才是法國高等教育的主體。普通大學學生人數占大學生總數的80%以上。法國的大學不設專門的入學考試，學生只需要通過高中畢業會考即可被招收。法國的高中畢業會考既是對高中畢業生學業水準的檢驗，又是高等教育的入學資格考試，這一考試的合格率為60%～70%。但是，法國大學校的招生選拔流程則異常嚴格。根據布赫迪厄的描述，會考中的優勝者也就是那些有機會進入大學校學習的學生，還要經過兩輪篩選才有可能脫穎而出。這些優勝者要通過自己中學教育機構的首輪篩選，選出本中學最好的學生參加優等生會考。這一輪篩選的通過率，經學者研究認為只有10%左右。通過首輪篩選後，他們又要用兩年

時間準備應對大學校的入學考試，然後再通過相關評審委員會的進一步選拔，才有機會拿到夢想大學的入場券。名牌大學校在這一輪篩選的錄取率只有10%左右。透過兩個10%的比例，我們可以看出，法國人獲取進入名牌大學校學習機會的難度非常大，需要過五關斬六將，經過層層篩選。

既然進入名牌大學學習困難重重，那麼究竟是哪些人最終獲得了名牌大學的入場券呢？布赫迪厄對這個問題進行了追蹤研究。他統計了1966年至1986年法國全國中學優等生會考優勝者的社會出身差異，發現如果以父母職業作為社會出身的標準，那麼優勝者的社會出身結構具有很大的穩定性。優勝者中父親職業為教師的比例，從1966年的15%上升到1986年的24%；父親職業為高階管理人員的比例，從1966年的27%上升到1986年的40.5%。與此同時，優勝者母親職業占比變化趨勢與優勝者父親職業占比變化趨勢相同。很明顯，在法國社會中，無論是教師還是高階管理人員，都不屬於社會的底層，而屬於法國社會的中上層階級。布赫迪厄還研究優勝者的地域分布特徵，發現優勝者中有更多的人來自法國首都巴黎。所以，布赫迪厄認為，從優勝者的出身和家庭地位來看，優勝者主要來自法國社會的富裕階層和菁英階層，並且透過20年的追蹤研究發現，法國名牌大學中的學生出身存在階級固化的傾向，也就是名牌大學中家庭出身更好的學生所占比重越來越大。

階層固化是指各階層之間的流動受阻的現象。對於整個社會和國家來說，固然需要菁英來擔當社會發展和國家強盛的大任，但是階層固化卻會帶來嚴重後果：一是由於缺乏公平的競爭、選拔和退出機制，來自弱勢群體的社會菁英無法躋身社會中高層，獲得相應的政治和經濟地位；二是大量把持優勢社會地位的強勢集糰子弟，他們追求的目標就是維護自己的既得利益，甚至不惜犧牲國家利益，這很可能將整個國家和社會拖入危險的境地。

布赫迪厄的研究發現，不僅是對 1960 年代以來法國推行的教育民主化運動的無情打臉，也讓他陷入了深思和憂慮：法國高等教育日益嚴重的階級固化很可能讓法國社會陷入嚴重的動盪之中。因此，他想探究為什麼法國的高等教育呈現出階級固化的發展趨勢？這背後的原因是什麼？如何解釋法國高等教育領域存在的這一現象？這一系列的問題縈繞在布赫迪厄的心頭，並推動著他要透過自己的學術研究，提出這些問題的答案。

二、核心問題：名牌大學如何進行菁英群體的再生產

布赫迪厄認為，經濟社會因素是決定一個人能否上名牌大學的關鍵因素，資本主義社會把教育作為實現社會平等的方法，完全是一個騙人的謊話。實際情況是，法國貌似公平並具有形式平等的教育體制不僅沒有填平社會各階層之間的鴻溝，更沒有促進各階層的廣泛流動，反而促進、穩固或者確切地說，是再生產了這種社會不平等。正式的名牌大學，成為法國中上層階級進行菁英再生產的場所，並且透過名牌大學這樣的教育機構實現菁英群體的不斷複製和再生產，讓原本就處於優勢階層的人的子女可以繼承並保持他們的社會地位，這種繼承與保持具有隱祕性。

為什麼透過名牌大學進行菁英再生產具有隱祕性呢？這是因為要想獲得進入名牌大學就讀的資格，是對法國所有的適齡青年進行的統一選拔性考試。這種選拔性考試是強調公平的，即對所有人一視同仁，通過就是通過，沒有通過就是沒有通過。但這些選拔性考試看似面向所有人開放，看似是學生個人天賦和努力程度的競爭，背後實際上是學生所處家庭、所處階層的競爭。這是因為參與競爭的學生起跑點不一樣。那些上層階級的孩子，除了受家庭氛圍的耳濡目染外，還有機會接觸各種其他階層孩子接觸

不到的資源，這在無形之中開闊他們的眼界、增強他們的競爭力，這就使得選拔性考試更有利於菁英階層子弟。他們將自身所處的富有階層可得的有形或無形的學習資源轉化成自己的天賦特質，保證他們在競爭中處於優勢地位。比如，布赫迪厄調查發現，中等管理人員和小學教師的兒子，他們從六年級（法國的中學教育第一年為六年級，以後依次為五年級、四年級……直至畢業班。其中，中學第一階段為 4 年，也就是從六年級到三年級。完成第一階段的中學學習之後，學生可以選擇進入職業教育，或者繼續接受普通教育，進入中學學習的第二階段。中學第二階段為 3 年，也就是二年級、一年級和畢業班，完成之後學生就進入高等教育階段）起就進入公立中學，而且很早就聽人談起過中學優等生會考。而數學和物理學科上的優勝者，他們中的絕大多數人來自社會地位更高的家庭。以上事實說明，來自更高社會地位家庭的學生可以更早地接觸關於大學資格考試的資訊，並且能夠在相關學科的學習過程中占據優勢。

當菁英階層子女通過入學考試進入名牌大學校後，他們就完成了菁英再生產的關鍵一步。這是因為，進入名牌大學校就意味著可以享受更加優質的教育資源、獲得更加廣闊的平臺、拓展更高規格的校友資源。而且名牌大學校校友之間歷來存在抱團取暖的現象，這些都在相當程度上保證菁英階層的孩子在步入社會後，不跌出原有的菁英階層。從這個意義上來說，名牌大學並沒有發揮其促進階層流動的作用，反而成為階層固化的場所和機構。

三、核心思想內容：慣習、資本、場域與名牌大學校的菁英再生產

在布赫迪厄的社會學理論建構中，「慣習」、「資本」和「場域」是其三大核心學術關鍵詞，《國家菁英》這本書即從慣習、資本和場域三個方面來分析名牌大學校是如何再造國家菁英的。

第一，「慣習」。「慣習」是布赫迪厄社會學理論最重要的概念之一，也有人翻譯為「習性」。簡單來說，慣習指的是行動者在外在的社會規則、內在的人生經驗共同作用下，形成的「人們後天所獲得的各種生成性圖式的系統」。慣習是一個社會階級或等級群體所共有的無意識的觀念、特定的思維和共同的文化。在《國家菁英》這本書中，階層之間的文化屏障主要是由不同階層之間的慣習構成的，慣習促使了「菁英群體」的形成。

菁英群體和普通大眾之間的區隔其實是一種人為設定的屏障，這種屏障非常明顯地體現在名牌大學的學生和普通大學的學生之間。要想拿到名牌大學校的入場券，需要過五關斬六將。這樣的選拔制度就設定了一種人為的屏障，將准入名牌大學校就讀的菁英學生和普通學生做區分。考試制度作為一條神奇的選拔邊界，使菁英與普通人之間的差別得以神化，並公開得到人們的認同。同時，被錄取者開始認同自己的特別並轉變信仰，從而將自己拋入支配階層的慣習中。

菁英群體內部也存在差異和區隔。布赫迪厄將名牌大學校的教師對學生的評語收集起來，以此來研究教師評語和學生家庭出身之間的關係。布赫迪厄研究發現，學生的家庭社會地位越高且學生學習成績越好，教師回饋的評語就越好。同時，在分數相同或者接近的情況下，家庭社會地位越

低的學生，教師評價他們就越嚴格、越不委婉。這種學業評價其實是帶有某種偏見的，布赫迪厄認為這種偏見與慣習有關。出身中下階層的學生有其特有的階級秉性，即便他們進入菁英學校，努力融入菁英圈子，他們行為處世所表現出來的原有階級的慣習依然很明顯。在菁英群體內部，等級差異不會消除，支配階層的慣習居於統治地位，下層階級新晉的菁英只能向支配階層的慣習看齊。名牌大學校一方面製造新的菁英，另一方面以不平等的方式對待這些新貴們，這就讓後者不自覺地成為「同謀」，進而使階層之間的文化屏障變得更加牢固。所以，高等教育過程中的不公平總是以較為隱祕的形式呈現，大學校總在平等的假象下不斷強化現有的社會統治秩序。

第二，「資本」。資本理論是布赫迪厄社會學說的經典理論之一。布赫迪厄認為，資本主要可以分為三種類型：經濟資本、社會資本和文化資本。

經濟資本顧名思義，與金錢有關，布赫迪厄認為經濟資本可以直接轉換成金錢，且這一轉換過程是以私人產權為制度前提。

社會資本，通俗來說可以理解為關係、人脈，即一個人在社會交往過程中形成的關係網路，就是他所擁有的社會資本。

文化資本簡單來說就是指人從小到大接受的教育，人的知識和技能，人的綜合文化氣質等。

布赫迪厄指出，文化資本又有三種具體的保存形式。

第一種是「具身化的文化資本」，比如人們從小到大在生活中、學校裡學到的各種知識，很多都保存在腦海中，內化為自己的人生經驗，這種就屬於具身化的文化資本。

第二種是「客體化的文化資本」，比如書籍報刊等印刷品、影碟唱片

等數位文化產品，這些物品中凝結人類的知識成果，因此屬於客體化的文化資本。

第三種是「制度化的文化資本」，比如人們參加司法考試通過之後獲得的證書、畢業之後拿到的畢業證，這些文憑、職業資格證書等被各類社會機構廣泛認可的標誌，都是制度化文化資本的具體體現。

布赫迪厄認為，經濟資本可以透過代際傳承下去，社會資本可以透過關係網的融合得以加強，但是，文化資本卻不能透過餽贈、買賣或交換進行傳承。由於文化資本無法直接進行繼承交換，文化資本的傳承就需要透過家庭教育和學校教育來完成。

因此，文化資本的獲取一般有兩種途徑，第一種是透過年幼時期家庭氛圍的耳濡目染而獲得；第二種則是在較晚的時期透過系統的、速成的學習而獲得。且文化資本的獲得通常在人生的初期就開始了，那些出生於上層階級家庭的後代往往擁有豐富的文化資本，他們自幼就受到主流社會的文化習俗、行為習慣、社交禮儀等的薰陶，從而在日後的學業競爭中具有得天獨厚的優勢。布赫迪厄在書中指出：「那些擁有豐富的文化資本的家庭的後代更是得了先天之利……文化資本的傳承無疑成了資本繼承性傳承，也是最隱祕的方式。」可見，這些擁有豐富文化資本的學生，進入名牌大學校深造之後，他們的文化資本優勢將會得到進一步加強，從而形成強者愈強、弱者愈弱的馬太效應。總之，在名牌大學校中，社會優勢階層的子弟透過教育選拔制度，順利地進行了文化資本的再生產，從而促使他們優勢階級地位得以保持。

第三，「場域」。「場域」是布赫迪厄《國家菁英》中的核心概念之一，在布赫迪厄的理論分析框架中，慣習、資本和場域是密不可分的。布赫迪

厄指出,在高度分化的社會裡,社會是由一個個相對獨立的小世界組成的,這些大量的小世界都有自己相對獨立的邏輯和執行空間。由於這些不同的小世界的存在,社會也因此分為一個個不同的「場域」。比如,當你在家的時候,你的家庭就構成了一個場域,在這個場域裡有你和父母的關係、你和配偶的關係、你和子女的關係等。

布赫迪厄在《國家菁英》中分析了法國高等教育場域中的分化,這種分化主要體現在名牌大學和普通大學之間,以及名牌大學內部。

一是名牌大學和普通大學之間的分化。在《國家菁英》這本書中,布赫迪厄用「大門」和「小門」分別指代高等教育機構場域的對立,大門裡面是巴黎高等師範學校、國家行政學院、巴黎高等商學院等最著名的大學校,而小門裡面是普通大學的文理學院、技術學院等普通大學。透過對 84 所大學學生的社會出身等材料的分析,布赫迪厄發現「大門」內超過 60％ 的學生來自統治階級家庭,畢業後將從事高薪資的工作,有著光明的前途;而「小門」裡大約有三分之二的學生來自中下階層家庭,職業前景一般,甚至將在逐漸衰退或貶值的部門或行業工作。調查數據表明,在法國的高等教育裡,不同學校之間的等級分化與學生家庭的社會等級分化有較強的正相關關係。

二是名牌大學校內部的分化。俗話說「術業有專攻」,在法國名牌大學場域中,這句話體現得非常明顯。以巴黎高師為代表的名牌大學是科學和知識的代表,在法國學術圈中占據重要地位;而以國家行政學院、巴黎高等商學院為代表的名牌大學是經濟與政治的代表,在法國經濟界、政界影響力巨大。雖然法國的名牌大學都是在培養國家菁英,但不同的名校培養出來的菁英所服務的階層是不一樣的。比如,巴黎高師如今主要培養教

28　《國家菁英》：名牌大學如何進行菁英群體的再生產

學與科學研究人員、法國思想界的菁英，為統治階級內部文化資本相對富有的階層服務，而巴黎高等商學院則主要為經濟資本相對富有的階層服務。因此，在法國名牌大學內部，菁英群體的再生產也存在場域的劃分。

29

《意識形態與課程》：
知識如何造成社會結構與社會不平等

判教育學派代表 —— 邁克爾・W. 阿普爾

　　邁克爾・W. 阿普爾（Michael W. Apple，1942～）是美國威斯康辛大學麥迪遜分校教育學院教授、著名教育理論家，被視為「批判教育學」的代表人物。他曾擔任美國教育研究會副主席，榮獲美國教育研究會終身成就獎。身為1970年代美國新馬克思主義教育哲學的創立者和最早在北美倡導批判教育運動的領軍人物，阿普爾還被譽為「世界上致力於批判和民主教育的最為傑出的學者之一」。他在教育領域的學術成果對各國的教育系統有著極為深遠的影響，代表作有《意識形態與課程》(Ideology and curriculum)、《民主學校》(Democratic schools)、《官方知識》(Official knowledge)、《長久的革命》、《教科書政治學》、《國家與知識政治》、《教育的「正確」之路》(Educating the "right" way) 等。

　　1979年出版的《意識形態與課程》是阿普爾教育理論中最具代表性的著作。這本書與《官方知識》一起被國際社會學聯合會評為20世紀最有影響力的教育著作，被認為是西方教育史上最重要的經典之一。同時，這本書的社會影響也超越了一般的學術著作，因為書中所反映的對於自由、公平、民主的學校教育的渴望以及對現實教育體系中不平等本質的揭示，具有很強的現實價值。

29　《意識形態與課程》：知識如何造成社會結構與社會不平等

一、為什麼要寫這本書

　　邁克爾·W. 阿普爾生於 1942 年，有著猶太人的血統，他的父親是一名印刷工人，同時也是工人階級中的激進派知識分子，他的母親也是政治活躍分子，是反種族主義運動的領導人，信仰共產主義。

　　阿普爾一家生活在美國的帕森斯市，這是一個位於美國東北部的沒落的工業城市，當時整個城市充斥著階級衝突和政治鬥爭的氛圍，美國共產黨人的第一次罷工就爆發在這裡。因此，工人階級、共產主義的理念和鬥爭很早就對阿普爾產生深刻影響，迫使他對自己、對社會、對周遭的一切進行深入的反省與思考，也正是因為有這樣政治性極強的家庭背景和成長環境，阿普爾很早就開始關注社會問題，並且養成批判性思維。

　　阿普爾一家住在帕森斯市的貧民區，家庭極為貧困，因此阿普爾不得不一邊工作一邊學習。他讀大學時基本上是一邊做卡車司機和印刷工，一邊完成學業。在大學期間，阿普爾還曾經擔任過中小學教師，積極參與教育實踐和民權運動，甚至成了當地教師工會的主席。在學習、教學、工作、參與社會運動的過程中，阿普爾逐漸被捲入當時美國政治、文化、教育的鬥爭之中，並在鬥爭與實踐中不斷深化著自己對現實問題的理解，逐漸形成自己的理論。童年時貧困的經歷也讓阿普爾很早就希望透過改革教育機構和教育課程來實現教育公平，改變底層人民的生活狀況。

　　1967 年，阿普爾獲得教育學學士學位，並順利進入哥倫比亞大學攻讀課程與哲學。阿普爾天資聰慧，學習能力極強，僅僅用了 3 年的時間就完成了哥倫比亞大學碩士和博士階段的學習，畢業後留在哥倫比亞大學擔任講師。1970 年，阿普爾正式加入威斯康辛麥迪遜分校，並成為該校教育學院的教授。除了在學校參與一線的教學工作之外，阿普爾還致力於教育學

的學術研究，對課程、教學、教育政策等方面的議題進行了深入的研究與思考，積極拓展以教育為核心議題的國際交流。可以說，阿普爾的一生都在為底層人民能享有教育平等而發聲，為推動美國和全球的教育發展作出了重大貢獻。

阿普爾教育理論的誕生與當時的時代背景有密切的關係。二戰期間，美國大量青壯年被迫參軍，國內勞動力緊張，經濟發展受到嚴重影響，再加上戰爭所造成的社會不穩定，學校數量、學校規模直線下降，整個教育系統停滯不前。二戰後，美國想憑藉自己強大的軍事實力和經濟實力稱霸世界，但又陷入美蘇冷戰的緊張局勢中，複雜的國際環境間接地引發了一系列社會問題，其中就包括共產主義在美國境內被壓迫、社會運動頻頻衝擊美國社會秩序等，整個社會處在動盪之中。此時一些評論家、媒體、學者開始批評美國當時的教育制度，認為美國之所以在兩極爭霸中面臨蘇聯的巨大壓力，其中很重要的原因就在於教育制度的落後和國家不重視教育，他們認為教育制度在一定程度上決定政治、經濟、軍事等領域的競爭優勢，因此教育問題開始在美國國內受到廣泛關注。

從 1970 年代開始，原有的戰後資本主義經濟格局逐漸被打破，美國的黃金時代結束，開始面臨嚴重的經濟滯脹和失業危機，國內經濟發展遭受重創，在國際社會中的地位岌岌可危。在此背景下，美國急切地希望透過教育推動科技創新，進而重新奪回政治和經濟發展優勢。人們相信，只要實行強而有力的教育改革，就有希望扭轉當時不利的局面，也正是在全社會的期待下，美國政府開始實行一系列教育改革。但顯然，這些教育改革並沒有能夠真正改變社會不公平的現狀，反而加劇了階級、種族之間的不平等。教師和學生開始將考試成績視作評估教育成果的唯一標準，教育的分層越來越顯著，來自中下層勞動階級家庭的學生越來越難以獲得優質

的教育資源，也越來越難透過教育實現階層跨越。

面對種種現實，美國學術界開始對教育和國家之間的關係展開一系列討論，希望透過搭建教育與政治、經濟、文化之間的橋梁為教育改革提供理論支持和行動指南，同時也希望透過對當時教育現狀的批判推動教育公平的發展。阿普爾也在這樣的時代背景下，從成為教育領域的學術新星開始，就一直在為美國的教育改革和課程改革提供政策建議，一生都在為改變底層弱勢群體的教育狀況貢獻自己的力量。《意識形態與課程》就是在這樣的背景下應運而生的。

二、思想根源：「新馬克思主義」理論、再生產理論、符號互動論以及批判理論

《意識形態與課程》的理論創新在相當程度上是建立在幾個重要的理論基礎之上，包括「新馬克思主義」理論、再生產理論、符號互動論以及批判理論。

「新馬克思主義」理論。「新馬克思主義」理論是20世紀出現的，這種理論將馬克思主義的基本原則與人類現代哲學的思想相結合，注重意識形態與國家權力的分析。《意識形態與課程》這本書中的很多核心概念和理論都是建立在「新馬克思主義」理論成果之上，包括德國哲學家、經濟學家、社會學家馬克思的意識形態理論、義大利共產主義思想家葛蘭西的霸權主義理論、英國馬克思主義文化批評家雷蒙德·威廉斯（Raymond Henry Williams）的「選擇性傳統」以及法國哲學家路易·阿圖塞（Louis Althusser）的「國家機器」，這些理論和概念都為阿普爾在教育上的研究和分析提供了思想基礎。

再生產理論。再生產理論主要指的是美國經濟學家鮑爾斯和金蒂斯的「經濟再生產」理論和法國社會學家布赫迪厄的「文化再生產」理論。鮑爾斯和金蒂斯的「經濟再生產」理論建立在馬克思主義的基礎之上，認為經濟基礎決定上層建築，因而教育系統中的關係應當與社會經濟中的勞動分工和階級關係相對應，教育中的等級和權力結構最終是為了提供社會中不同的職業層次提供相應的勞動者，而學生的教育背景也與他們的社會經濟地位掛鉤。而布赫迪厄的「文化再生產」理論則強調學校作為一種場所，在傳承和再生產文化的同時，實際上也再生產不平等的社會結構。他認為學校中流行的文化往往是社會中上層階級的文化，這種文化內容使得處於社會下層的階級在競爭中處於劣勢，而教育系統卻將這種實質上的社會不平等掩蓋為學生天分、能力所造成的差異，使得教育的不公平合理化。這兩種再生產理論對阿普爾的教育理論產生了深刻的影響，在《意識形態與課程》的理論描述中也能夠清晰地看出作者對再生產理論部分觀點的認同和借鑑。

符號互動論和批判理論。符號互動論認為學校和教育過程本質上就是參與者之間以符號為媒介的社會互動過程，這一內容就被阿普爾用來研究學校內師生的互動關係。而批判理論則認為意識形態能夠透過一種隱祕的形式影響人們的日常生活，文化的傳播操縱著大眾的意識形態，最終使得工業社會成為霸權社會，這對阿普爾在教育中逐步了解並開始分析「霸權」這一概念提供引導。

三、核心特點：強烈的政治取向、批判取向和實踐取向

《意識形態與課程》這本書有三大核心特點，即強烈的政治取向、批判取向和實踐取向。這三大特點反映了阿普爾本人對教育議題的迫切關注

以及對教育實踐的深刻理解。

強烈的政治取向。之所以說阿普爾的政治取向強烈，是因為他把教育中特定的課程知識和課程改革，從一個技術性的問題轉變為不同權力集團圍繞官方知識和合法性知識的政治鬥爭。這樣強烈的政治性體現，本質上源於阿普爾課程文化觀的思想根源，尤其是「新馬克思主義」理論對阿普爾的影響。

強烈的批判取向。阿普爾在本書中不僅批判了當時教育體制的不合理性，同時在根源處還對普遍異化的資本主義社會進行了批判。他認為課程問題不僅是技術問題，還是社會問題、政治問題，學校和教育中存在的不平等只不過是社會權力關係和階級關係異化的產物。阿普爾的批判精神不止於此，他還對在此之前的重要理論進行了批判，其中主要是對結構功能主義和再生產理論的批判。

強烈的實踐取向。阿普爾認為當前的社會需要建構更加動態的課程教學，需要讓教育更加民主，因而他的教育理論始終強調課程教學實踐的意義，他個人也積極地活躍於政治活動和一線教育工作，希望透過教育政策改革和教育實踐逐步施行民主教育的理念。因此，阿普爾試圖透過《意識形態與課程》這本書揭露課程知識背後的本質，但其最終目的還是為實現教育實踐的民主化奠定理論基礎並提供行動指南。

四、核心思想：課程的意識形態特徵與階級權力鬥爭

《意識形態與課程》這本書的核心思想蘊藏於阿普爾的課程文化觀中，這種觀點認為，課程的內容並不是客觀中立的，課程本身具有很強的意識形態特徵，因而教育在本質上並不是客觀中立地作為傳遞知識的過程，而

是被深深嵌入權力關係與政治活動之中，課程和更普遍的一些教育問題也因此總是陷入階級、種族、性別和宗教衝突的歷史沼澤之中。

當我們試圖了解課程或教育時，我們就必須將它們與權力之間的關係納入考量範圍，更具體地說，是應當將對課程的分析放在政治、經濟、文化等因素與課程之間的關係中進行考察。

阿普爾認為，教育在社會經濟領域充當再生產不平等的工具，並且正在透過一種隱性的形式再生產意識形態，使得統治階級不必再以顯性的控制機制來實現對社會的控制。這裡所謂顯性的控制機制，在階級社會中往往指的是透過強制的手段剝奪、控制某一個群體的政治經濟權利，即霸權形式。阿普爾認為這種霸權已經逐漸滲透到人們的意識之中，即滲透到「我們日常看到和接觸到的教育、經濟、社會現實和我們對於常理的理解」之中。他認為霸權在這裡已經成為一個「意義的、實踐的、有組織的集合體」，同時也是「一個中心的、有效的、產生支配作用的生活意義、價值和行為系統」。

在阿普爾看來，學校不僅「加工」個體，同時也加工知識。教育機構基本上已充當文化和意識層面的霸權機構，也就是說，教育機構本身並不是中立的事業，而是階級社會中執行階級關係的經濟再生產和文化再生產的權力機構，同時也是文化與經濟再生產的加工機構，其最終目的還是為當時統治階級實現其政治目的而服務。在這裡，阿普爾著重強調了文化再生產與經濟再生產之間的關係，並認為二者之間的關係是建立在意識形態霸權基礎之上。

那麼，統治階級為什麼如此青睞這種意識形態層面的霸權呢？這種霸權又是怎樣藉助課程知識來實現其功能的呢？針對這一問題，阿普爾提出了他對課程知識與意識形態之間關係的認知。他認為課程知識本身就具有

強烈的意識形態特性，其本質就是在特定歷史階段和特定機構中，被特定的階級或群體視為合法的知識。這些知識反映了當時統治階級的價值、理念、偏好，是這一群體意識形態的集中體現。學校透過統整、分配、再造這種隱性的意識形態來實現文化、經濟、政治的再生產和分配，進而實現統治階級對於整個社會的控制。這種隱性的控制彌補顯性控制機制的弊端，使學校在不知不覺間成為統治階級控制社會的重要場所。學校在這一過程中能夠根據統治階級的利益需求來篩選和過濾特定的知識，使得最終在學校得以傳播和保存的知識帶有嚴重的階級性和價值取向，而這些知識又最終傳遞給學生，這就初步實現了整個文化與經濟不平等的再造過程。

因此，學校的課程本質上是不同階級、種族、性別、宗教等群體之間權力鬥爭和妥協的結果，統治階級可以憑藉意願賦予某個群體文化資本，也可以剝奪另一個群體的文化資本，這些文化資本和課程知識被不均勻地分配到社會各個階層，最終目的是形成統治階級所希望看到的社會權力結構。

在此基礎上，阿普爾還提出了「潛在課程」的概念。他認為「學校裡的潛在課程似乎是適合於維持這個社會統治階級意識形態霸權的唯一形式」，這裡的「潛在課程」指的就是「學校裡傳授的、教師的目的或目標陳述中並不經常談到、暗含的、但有效的規範和價值觀」，這些規範和價值觀在個體早期的教育和生活中被著重強調，逐漸滲透到個人的價值觀念裡，最終成為被社會大眾廣泛接受的社會原則和社會規範，從而讓人們不知不覺間實現統治階級的利益，並幫助他們實現對社會的控制。

總而言之，當課程被納入意識形態的分析中時，隱藏在其背後複雜的階級關係便呼之欲出。課程問題也不再只是教育層面的技術性問題，而是政治性問題、意識形態問題，是被裹挾在政治、經濟、文化之間複雜關係

之中的價值性問題。課程是主流文化的體現，而學校則為這一過程提供了條件，它一方面將不同的知識分配到不同的群體之中，另一方面又依靠這種知識上的差異將人們分配到社會經濟的不同結構之中，為社會廣泛的不平等提供了合法性。

30

《再生產》：教育背後的執行機制

法國最具國際性影響的思想大師 —— 皮耶‧布赫迪厄

皮耶‧布赫迪厄（Pierre Bourdieu，1930～2002年）是法國著名的社會學家、人類學家、哲學家，同時也是法國當代最具國際影響力的學者之一。他曾擔任巴黎高等研究學校教授，歐洲社會學研究中心主任，法蘭西學院院士。布赫迪厄的研究涵蓋多個領域，跨越多個學科，具有百科全書式的研究風格，開創了一系列社會科學領域的理論思想，其中就包括文化資本、場域、慣習、符號暴力等今天在人文社會科學領域有重要影響的諸多概念。他的代表作有《區判：品味判斷的社會批判》（*La Distinction*）、《實踐理論概要》、《文化生產的場域》（*The Field of Cultural Production*）等。

《再生產》（*La reproduction*）合著者J. C. 帕斯隆，是當代法國社會學家，跨學科雜誌《調查》的負責人，主要著作有《社會學推理》、《社會學詞語》，與布赫迪厄還合著《繼承人》（*Les héritiers*）等。

《再生產》屬於教育社會學著作，再生產理論就是學校教育不平等的一種社會學理論，它的主要貢獻者除了布赫迪厄（文化再生產理論），還有巴蒂斯（語言程式碼理論）和吉登斯（不平等再生產）等人。這本書於1970年首次出版，系統地闡述布赫迪厄等人對資本主義教育系統本質的看法，解釋教育活動和社會再生產背後的執行機制，同時也是布赫迪厄文化資本理論和符號暴力理論在教育領域的延伸，對於當代的社會分層、教育不平等、權力關係等諸多領域的研究具有重要意義。

教育與社會的連結

一、為什麼要寫這本書

　　1930 年，皮耶·布赫迪厄出生於法國南部庇里牛斯山區貝亞恩的一個普通家庭。讀書期間，由於布赫迪厄是來自農村的寄宿生，穿著打扮不如其他學生入時，說話也帶有濃重的加斯科涅口音，因此時常被同學們嘲笑。這段學校經歷使得布赫迪厄很早就明確地知道了自身的社會地位，他將這種社會地位與他受教育的經歷連繫在一起。顯然，青少年時期的求學經歷對 1960 年代後布赫迪厄關注教育和文化產生了深遠的影響。

　　不過，儘管來自農村地區，但布赫迪厄在學術領域很早就展現出天賦，他於 1951 年錄取巴黎高等師範學院，攻讀哲學。1955 年畢業之後布赫迪厄曾短暫任教一年，但很快便在年末前往阿爾及利亞服兵役。在阿爾及利亞，布赫迪厄獲得了在阿爾及爾大學人文學院任教的機會。在此期間，他收集大量素材，出版一系列關於阿爾及利亞的著作。在阿爾及利亞的經歷使布赫迪厄看到了傳統社會與現代世界的對立，感受到了這種對立對於個體的影響，這些觀察為布赫迪厄之後的創作提供了寶貴的素材和靈感。

　　布赫迪厄的學術研究始於早期針對家鄉貝亞恩地區和阿爾及利亞的民族誌研究，但在回到法國後他的研究逐步進入社會學領域。1960 年，布赫迪厄返回法國，擔任當時法國知識界領袖雷蒙·阿隆（Raymond Aron）的助手，之後被提名為歐洲社會學中心主任，在中心供職期間，布赫迪厄開始將研究重心放在教育、藝術文化、方法論這三大領域。

　　當然，除了個人的經歷，當時整個資本主義社會的鉅變與學術界的文化轉向萌芽也促成了《再生產》這本書的誕生。

　　教育之所以成為布赫迪厄等人學術研究的核心問題，與當時法國的社會環境緊密相關。1968 年法國爆發五月學生運動，布赫迪厄等人認為，

這次運動主要是因為學生與年輕教授對戰後法國高等教育過度膨脹的不滿。高等教育的過度膨脹意味著學位過分貶值，大量新的教席被擴充，大學畢業生和年輕教授日益無產階級化，因而引發了嚴峻的社會問題和教育危機。

1960年代開始，隨著資本主義的迅速發展，科學技術的創新與進步日益加快，科學、藝術、教育、文化、道德、意識形態等諸多領域同之前的資本主義社會產生了一次巨大的割裂，西方社會逐漸步入一個新的階段，即貝爾等資產階級學者定義的「後工業社會」，文化形態也被利奧塔等後現代理論家稱為「後現代社會」。這一新的資本主義歷史階段強調文化與知識作為關鍵性資源對於整個社會發展的重要意義，具體表現為勞動力向服務業轉移，更多的腦力勞動逐步取代大規模的體力勞動，白領階層在社會中的比例逐步增加。圍繞知識與創新的新興社會突出了新的生產方式與新的發展方向，但同時也蘊藏著資本主義國家的社會危機，這就是法蘭克福學派理論家于爾根・哈伯瑪斯（Jürgen Habermas）提出的晚期資本主義困境。

無論是貝爾、利奧塔，還是哈貝馬斯，這一時期的理論家都開始積極關注資本主義社會中的非經濟問題，尤其是文化領域的困境，從經濟研究向文化研究的這一轉變後來被稱為文化轉向運動。文化成為當時資本主義社會理論研究的焦點，同時也是人文社會科學探討的核心議題。中國著名學者肖俊明在其著作《文化轉向的由來》中指出，「文化轉向」雖然發生1980年代和1990年代，但其萌芽可追溯到1960年代，即正處於結構主義思潮的黃金時期。布赫迪厄的學術生涯一直深受結構主義思潮和文化轉向運動的影響。1960年代，布赫迪厄憑藉其精緻的結構主義分析在法國學術界取得巨大聲望，並透過著作翻譯本的傳播在英語國家逐漸獲得肯定，

《再生產》就是在這一時期誕生的作品，其充分反映當時以文化為核心議題的結構主義理論家從資本主義社會文化的角度，對當時的資本主義社會進行剖析與解讀的過程。

二、核心概念：符號暴力與文化資本

《再生產》一書中有兩個核心概念，就是符號暴力和文化資本。

符號暴力是一種透過語言構築已知事物的能力，在布赫迪厄的理論中，語言之間的權力關係就是符號暴力。在這種關係中，語言充當了權力的工具和媒介，並在潛移默化中形成一種「看不見的、沉默的暴力」。區別於身體暴力，符號暴力往往表現為不同階級、不同群體之間的權力差異，且並不像身體暴力那樣顯示出明顯的體力上的強加和壓迫。相反，符號暴力往往能夠使施暴者和被施暴者之間達成某種共識，被施暴者往往意識不到符號暴力的存在，但卻被禁錮於擁有更大社會權力的團體所制定的社會規範之中。符號暴力透過對符號進行破壞、扭曲、竄改或貶低，試圖對相關的意義，價值觀念、文化、政治或宗教信仰進行否定、抵制或破壞。

布赫迪厄和帕斯隆在本書中談及的另一個重要概念就是文化資本。布赫迪厄在其著名論文《資本的形式》(Forms of Capital) 中，便將資本劃分為三種類型，即經濟資本、社會資本、文化資本。布赫迪厄和帕斯隆認為文化資本的傳承深受家庭和學校的影響，經濟富足的家庭更容易將一部分經濟資本轉化為文化資本，而經濟窘迫的家庭則沒有能力為子女提供足夠的文化資本，這就會使不同家庭背景的學生之間形成文化資本的不平等鴻溝。文化資本的差距讓下層階級在學校和社會中更不容易被認可，也更難取得成功。

三、核心思想：符號暴力理論與文化再生產理論

在布赫迪厄和帕斯隆的著作和理論中可以很明顯地看出，研究社會如何運轉是他們一直追尋的一個學術大問題，而從教育和文化層面出發提出同樣的問題，就形成了本書中所闡述的教育再生產過程。

布赫迪厄認為，想探索資本主義社會教育系統的本質，就必須將教育同階級、權力、不平等、社會分化等概念結合，從布赫迪厄有關教育的早期著作《繼承人》和《再生產》，再到《學術人》(Homo academicus)和《國家菁英》，布赫迪厄將著眼點放在社會不同階級在初等教育——中等教育——高等教育這個教育系統中各個階段所包含的不同的符號暴力形式，並指出教育如何透過控制文化資本來實現對社會地位的支配，即教育的社會控制功能。

布赫迪厄和帕斯隆在《再生產》中想要傳達的核心思想，就蘊含在以此為基礎的符號暴力理論和文化再生產理論之中。

布赫迪厄認為，「那些用於建構社會現實的名稱，同這些名稱所表達的社會現實一樣，都是政治爭奪的關鍵籌碼」。社會中的階層分化與社會不平等，更多的不是來源於身體性的強制力，而是來自某種符號統治的形式，布赫迪厄稱之為符號暴力，這一概念系統化後就形成了《再生產》這本書所闡述的核心理論：符號暴力理論。

布赫迪厄和帕斯隆認為，我們身處的社會充滿了階級的差異與分化，而政治行動就是建立在對於這種社會分化正當性的追求之上，即政治活動希望使階級分化變成一種自然現象而被人們視為理所應當。統治階級藉由這種非強制力來實現統治目的並維護統治地位的方式，實際上就是符號暴力的方式。基於這種符號暴力運轉的系統能夠使政治系統自我運作，並周

而復始地維持統治階級的特權，實現統治階級的利益。

語言是權力和行動的工具，是一種統治形式。基於對法國教育系統的闡述，兩位作者將論述重心放到戰後法國社會中存在的教育分化與階級再生產上。在那樣一個菁英系統中，無法取得優異成績的學生會被系統淘汰，他們不僅需要承擔被社會邊緣化的後果，還會被認為這種後果是其天然能力和努力不足所造成。反之，依託於家庭背景和階層出身的文化資本優勢，統治階級的子女在學校教育系統中往往能夠取得學業成功，並最終奠定其社會經濟地位，這一個過程本質上是教育和文化再生產的過程。

教育就經由一種符號暴力的方式實現了文化的再生產。一旦教育過程中形成的文化資本受到制度的認可，不同階級學生之間在學業上的差距就會以學位、文憑等形式影響其進入勞動力市場的競爭力，從而將文化資本的差異轉化為社會等級的差異，維繫統治階級所認可的社會結構，實現從文化再生產到社會再生產的過程。顯然，再生產的階級祕密被隱藏在了某種看似公平競爭的布幕下，並獲得了合法性。在學校和社會中處於弱勢的群體由於承認了這一合法性而無法意識到自身失敗的真實原因，也就是社會和文化的原因，只能將一切歸於自己不夠努力或天賦有限，造成悲劇的階級命運。這一過程在代際之間循環往復，文化資本從父母傳遞到子女，形成相對固化的社會結構，加劇社會的不平等。

30 《再生產》：教育背後的執行機制

經典教育三十講,重溯思想源頭:

「完人」培養 × 體制批判 × 理念實踐……凝視教育的靈魂,
重新理解知識的力量與成長的意義

作　　　者：郭澤德,宋義平,關佳佳
發 行 人：黃振庭
出　版　者：沐燁文化事業有限公司
發　行　者：崧燁文化事業有限公司
E - m a i l：sonbookservice@gmail.com
粉　絲　頁：https://www.facebook.com/sonbookss/
網　　　址：https://sonbook.net/
地　　　址：台北市中正區重慶南路一段61號8樓
8F., No.61, Sec. 1, Chongqing S. Rd., Zhongzheng Dist., Taipei City 100, Taiwan

電　　　話：(02)2370-3310
傳　　　真：(02)2388-1990

印　　　刷：京峯數位服務有限公司
律師顧問：廣華律師事務所 張珮琦律師

-版權聲明-

原著書名《一本书读懂30部教育学经典》。本作品中文繁體字版由清華大學出版社有限公司授權台灣沐燁文化事業有限公司出版發行。
未經書面許可,不得複製、發行。

定　　　價:375元
發行日期:2025年06月第一版
◎本書以POD印製

國家圖書館出版品預行編目資料

經典教育三十講,重溯思想源頭:「完人」培養 × 體制批判 × 理念實踐……凝視教育的靈魂,重新理解知識的力量與成長的意義 / 郭澤德,宋義平,關佳佳 著 . -- 第一版. -- 臺北市:沐燁文化事業有限公司,2025.06
面；　公分
POD版
原簡體版題名:一本书读懂30部教育学经典
ISBN 978-626-7708-28-6(平裝)
1.CST: 教育哲學
520.11　　　　　114006632

電子書購買

爽讀 APP　　　臉書